La Biblia del Reiki

La biblia del Reiki

La guía definitiva sobre el arte del Reiki

Eleanor McKenzie

Primera edición: agosto de 2011
Primera reimpresión: enero de 2013
Segunda reimpresión: mayo de 2015

Título original: *The Reiki Bible*

Publicado originalmente, en 2009, en el Reino Unido,
   por Godsfield Press, una división
   de Octopus Publishing Group Ltd.,
   Endeavour House 189, Shaftesbury Avenue
   Londres WC2 H8JY

Traducción: Nora Steinbrun

© 2005, Octopus Publishing Group Ltd.

De la presente edición:
© Gaia Ediciones, 2009
Alquimia, 6 - 28933 Móstoles (Madrid)
www.alfaomega.es

I.S.B.N.: 978-84-8445-371-0
Depósito legal: M. 3.800-2015

Impreso en China

Cualquier forma de reproducción, distribución, comunicación pública o transformación de esta obra solo puede ser realizada con la autorización de sus titulares, salvo excepción prevista por la ley. Diríjase a CEDRO (Centro Español de Derechos Reprográficos, www.cedro.org) si necesita fotocopiar o escanear algún fragmento de esta obra.

El Reiki no debe considerarse un sustituto del tratamiento médico profesional; es necesario consultar con el médico todos los asuntos relacionados con la salud y, en especial, con cualquier síntoma que pueda requerir diagnóstico o atención médica. Cualquier aplicación de la información contenida en este libro debe realizarse bajo la exclusiva discreción del lector.

Índice

Introducción **6**

Parte 1 Los orígenes del Reiki **8**
- El Reiki en Oriente **14** • El Reiki en Occidente **34**
- El Reiki en la actualidad **44**

Parte 2 Descubre el Reiki **52**
- Energía y sistemas corporales **98**
- Vivir con Reiki **126**

Parte 3 Los tres grados del Reiki **138**
- El Primer Grado **140** • El Segundo Grado **158**
- El Tercer Grado **184**

Parte 4 Posiciones de manos **202**
- Posiciones de manos para la práctica del autotratamiento **206**
- Posiciones de manos para tratar a otras personas **218**

Parte 5 Reiki para la familia y los amigos **248**

Parte 6 Reiki para las distintas etapas de la vida **266**

Parte 7 Reiki para la salud y el bienestar **286**

Parte 8 Reiki para las enfermedades comunes **306**

Parte 9 Reiki y otras terapias **368**

Índice alfabético **388**

Agradecimientos **400**

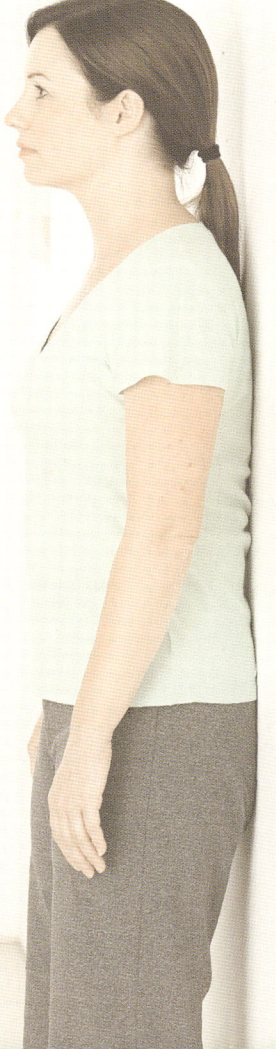

Introducción

El Reiki es una práctica muy personal, lo cual implica que tu viaje por esta disciplina no será el mismo que el mío. Pero aunque nuestras experiencias sean distintas y los métodos de práctica que has aprendido difieran de los expuestos en este libro, todos estamos practicando el uso de la energía universal conocida como Reiki. En mi opinión, si nos mantenemos abiertos a esta realidad —me refiero al hecho de que todos utilizamos el sistema básico como base de nuestra práctica, pero existen numerosas formas de emplear la energía universal y siempre podemos aprender uno del otro—, descubriremos que dichas diferencias fortalecen a la comunidad Reiki.

ARRIBA. Cada cual emprende un viaje único con el Reiki, pero todos utilizamos la misma energía universal.

El Reiki ha formado parte de mi vida durante los últimos dieciséis años, y me siento muy agradecida no sólo por haberlo encontrado —¡o porque este arte me haya encontrado a mí!—, sino por los cambios que ha introducido en mi vida y la oportunidad que me ha brindado de ayudar a muchas personas. Por eso me ha resultado tan placentero escribir este libro y divulgar mi conocimiento y experiencia. Y también me siento en deuda con todos aquellos que nos han ayudado a comprender mejor el Reiki y a impulsar este sistema de sanación, cuya belleza radica en su simplicidad. De hecho, para mí el Reiki es la representación del concepto «menos es más».

Desde mi punto de vista, las reglas, las tradiciones y el linaje no resultan imprescindibles. Recibí tanto el Primer Grado como el Segundo de maestros del Usui Shiki Ryôhô, pero cuando decidí conseguir el Tercero me atraía mucho la enseñanza de Diane Stein y di con una alumna suya que me ayudó con la iniciación, puesto que me resultaba imposible trasladarme físicamente hasta donde se impartían las clases. Puesto que les estoy muy agradecida a todos, queda claro entonces que no soy maestra ni especialista en ninguna tradición en particular, lo cual se refleja en mi forma de enfocar la práctica de este arte. En mi opinión, lo que adquiere la máxima importancia es la energía Reiki y la intención de utilizarla para beneficio de nuestra propia vida y la de los demás. Ése es el mensaje que encierra este libro, independientemente de la tradición de la que cada uno proceda, y eso es lo que nos une.

Acerca de este libro

Este libro trata sobre el trabajo con la energía mediante la aplicación del sistema conocido como Reiki. Algunos se acercarán a este arte como parte de un proyecto espiritual personal, mientras que otros tal vez se centren más en los aspectos curativos de la disciplina. En cualquier caso, todo el mundo debería emprender su viaje personal con el Reiki, porque existen tantos caminos hacia la iluminación como personas. El Reiki representa sólo una de esas vías, y cada persona que lo practica la recorrerá a su manera. Pero es cierto que quien practica Reiki cuenta con un ilimitado acceso a la energía de la fuerza vital, ya sea para su propia curación o para actuar como canalizador y transmisor de dicha energía hacia otros.

He escrito este libro con la intención de proporcionar una información lo más completa posible. He intentado ser objetiva y presentar el Reiki de un modo que resulte atractivo a los miembros de todas las escuelas y tradiciones, y espero así mismo que resulte tan útil para quienes acaban de conocer esta disciplina como para los practicantes experimentados.

ABAJO. El Reiki nos ofrece un acceso ilimitado a la fuerza vital para que podamos curarnos a nosotros mismos y a los demás.

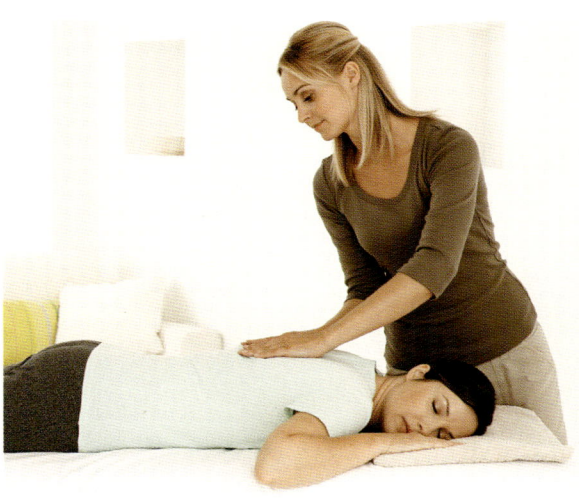

PARTE 1
Los orígenes del Reiki

La energía

El Universo es energía, y a partir de ella surge toda la creación. La energía que ha dado origen a tu cuerpo es la misma que ha creado una montaña. Puede parecer incomprensible que un objeto aparentemente desprovisto de vida e inmutable pueda tener los mismos orígenes que una planta que vive, crece y se desarrolla de forma constante, pero lo frágil tiene el mismo origen que lo denso. Esta energía une al Universo.

Fuerza vital universal

El concepto de una fuerza vital universal aparece en un gran número de tradiciones orientales. En la medicina india, llamada Ayurveda, y en el Yoga recibe el nombre de *prana;* en la medicina tradicional china, que se basa en el taoísmo, se la conoce como *chi* o *qi*, que en japonés se convirtió en *ki*. Y en la tradición cristiana, por su parte, algunos aceptan que las referencias al concepto de luz aluden a la misma idea. Según Mantak Chia en su libro *Despierta la Luz curativa del Tao*, esta fuerza vital puede ser definida como energía, aire, aliento, viento y esencia vital. En resumen, se trata de la energía activadora del Universo. Y cuando queda eliminada de un cuerpo o una planta, la vida desaparece.

A pesar de que otras culturas han aceptado hace ya muchísimo tiempo la idea de una energía universal, de una fuerza vital que lo envuelve todo, la cultura occidental ha sido más reticente a aceptar estos conceptos. En primer lugar, las creencias sobre la naturaleza del Universo resultaron influidas por una religión en la que los humanos eran superiores al resto de la Creación, y Dios había creado el mundo pero vivía «fuera» de él. En segundo lugar, como consecuencia del desarrollo científico y el hecho de que el concepto de Dios comenzó a ser cuestionado, las personas comenzaron a exigir pruebas antes de poder aceptar una idea.

En los últimos cincuenta años los físicos se han dedicado a investigar la materia, llegando a la conclusión de que en todas las formas existe energía. Esta energía, a su vez, vibra a diferentes velocidades, y por esa razón una roca es más sólida y densa que un cuerpo humano. La idea de que todo está formado a partir de una única fuente energética resulta muy importante a la hora de trabajar con la energía, ya sea mediante el Reiki, el Tai Chi u otras disciplinas. Si todo en el Universo comparte un único origen, quiere decir que todas las cosas, animadas o inanimadas, se encuentran conectadas. Esto implica, a su vez, que estamos constantemente interactuando entre nosotros e influyéndonos mutuamente, como si fuésemos un único cuerpo gigantesco.

DERECHA. Una de las maravillas del mundo es que todo se crea a partir de la misma fuerza vital universal: los árboles, las montañas, los océanos, las máquinas y los seres humanos.

LA ENERGÍA

Trabajar con la energía

A pesar de que la energía del Universo es ilimitada, en el interior de los seres vivos no lo es. La práctica del Chi Kung *(Qigong)* parte de la idea de que nacemos con abundancia de energía. Cuando somos jóvenes, podemos reponer nuestras reservas energéticas sin problemas, pero a medida que envejecemos consumimos toda nuestra energía pero nos resulta más difícil reponerla con la misma facilidad. El resultado de este ciclo es una carencia energética, que puede dañar nuestra salud o impedirnos alcanzar nuestro verdadero potencial.

Son muchas las disciplinas que se dedican a trabajar para revertir, o al menos mitigar, esta falta de energía. Por ejemplo, el Chi Kung enseña que a través de la práctica de una serie de movimientos podemos cultivar la energía y recuperar el equilibrio. En el Yoga, el ejercicio respiratorio conocido como *Pranayama* produce el mismo resultado. Con la práctica del Reiki se logra absorber energía del Universo y transmitirla a través de las palmas de las manos para conseguir una fuerza vital equilibrante. Alcanzar ese estado de equilibrio nos permite disfrutar de la vida, sentirnos satisfechos y percibir nuestra conexión con todo lo que nos rodea.

Hemos de recurrir entonces a tradiciones espirituales como el taoísmo, el budismo y el hinduismo para descubrir las prácticas físicas y mentales que nos enseñan a trabajar con la energía con el objetivo de sanar nuestra propia vida y las vidas de los demás. Resulta irónico que Jesús sea considerado por muchos —y no sólo por los cristianos— el más grande sanador de todos los tiempos, y sin embargo durante casi dos mil años nadie haya prestado atención a sus palabras sobre la sanación, una capacidad que suponía un don divino únicamente concedido a Él. Pero Jesús explicó claramente, cuando bautizó a los apóstoles con el Espíritu Santo (que se asemeja notablemente a la técnica de iniciación energética utilizada en la enseñanza del Reiki), que todo el mundo podía curar como Él.

Debo aclarar que trabajar con la energía no supone creer en Dios, ni seguir ninguna religión en particular. El trabajo con la energía puede simplemente provenir del deseo de mejorar la propia vida en todo sentido. Y si bien puede ser combinado con una práctica espiritual, es también factible que acabe convertido precisamente en eso.

ARRIBA. Alcanzar el equilibrio, simbolizado por yin/yang, nos permite disfrutar plenamente de la vida.

Ejercicio energético básico

Si hasta este momento no has trabajado con la energía, o simplemente deseas experimentar su presencia, éste es un método básico para percibirla como algo tangible que podemos emplear en nuestro trabajo.

1 Levanta las manos frente a ti, a la altura de los ojos, con las palmas enfrentadas y a unos 30 cm de distancia.

2 Lentamente acerca las palmas hasta que la separación entre ambas no supere los 15 cm, y devuélvelas a su posición original.

3 Repite este gesto varias veces hasta que consigas sentir la concentración energética entre las palmas. Cuando intentes acercarlas deberías percibir cierta resistencia, causada por la energía que encierras entre las manos.

El Reiki en Oriente

El Reiki tiene profundas raíces orientales, que abarcan desde el budismo hasta las artes marciales. El Reiki es una condensación de las filosofías de estas tradiciones, y se ha convertido en una práctica única.

Cómo comenzó el Reiki

Los orígenes del Reiki son complejos, en el sentido de que se trata de un sistema que puede ser considerado antiguo y moderno al mismo tiempo. Es moderno porque fue desarrollado en los últimos cien años aproximadamente, y antiguo porque parece originarse en varias filosofías espirituales tan tradicionales como la Ayurveda o la filosofía china, entre las que figuran, por ejemplo, el budismo, el shinto y el shugendô (véanse páginas 18-21).

El Reiki fue desarrollado en Japón por un hombre llamado Mikao Usui, en cuyo trabajo se aprecian múltiples influencias significativas, y cuando llegó a Occidente evolucionó todavía más. El Reiki japonés también progresó, pero las dos ramas siguieron diferentes direcciones. Recientemente, los occidentales han «redescubierto» la rama japonesa del Reiki, y por esa razón, en la actualidad, existen diferentes prácticas de la misma disciplina. Esta sección del libro pretende exponer con claridad los detalles de esta complicada evolución.

¿Qué significa «Reiki»?

Analicemos el término Reiki. Los primeros libros sobre el tema tradujeron los dos *kanji* (pictogramas) japoneses que representan la palabra como «energía vital universal». Se creía que *rei* significaba «espíritu universal y trascendental o esencia ilimitada», y que *ki* quería decir «energía de la fuerza vital», un concepto equivalente al *chi* o *prana*. Al parecer, sin embargo, su traducción más acertada sería «energía sagrada», de lo cual se infiere que la palabra fue creada simplemente como un modo respetuoso de referirse al *ki*. El Reiki no es una energía separada del *ki* básico del Universo, sino que *es* el *ki* básico.

Raíces japonesas

A pesar de que en la actualidad existen muchas variedades surgidas del Reiki original, el sistema, sin duda alguna, proviene de Japón. No obstante, la energía que se utiliza en el sistema es de carácter universal y común a los diversos sistemas que se basan en el trabajo energético. El Reiki como energía no es algo diferente ni especial, pero su *sistema* es único. Para intentar comprender sus orígenes debemos analizar primero algunas de las creencias y filosofías tradicionales que ejercieron una clara influencia sobre la vida de su fundador, Mikao Usui, y luego explicar de qué manera llegó él a desarrollar la práctica en medio de los vertiginosos cambios que experimentaba Japón.

DERECHA. Los *kanji* japoneses que corresponden al término Reiki pueden ser traducidos como «energía sagrada». El *ki* es la energía básica del Universo y no otra forma de energía separada de éste.

Creencias y sistemas tradicionales

La medicina tradicional china se remonta al *Clásico de Medicina Interna del Emperador Amarillo*, obra escrita aproximadamente entre los años 2697 y 2598 aC. Por su parte, los principios de la Ayurveda, que significa «ciencia de la vida», fueron transmitidos durante el período védico indio, que tuvo lugar entre el primer y segundo milenio aC. Considerada por muchos una revelación divina de Lord Brahma, su filosofía y métodos de tratamiento fueron descritos por primera vez en dos de sus textos principales, el *Charaka Samhita* y el *Sushruta Samhita*. Al igual que la medicina china, la ayurvédica se mantiene tan viva en la actualidad como hace miles de años. Y ambos sistemas, originados en las filosofías espirituales del taoísmo y el hinduismo, se centran en la energía y aplican diferentes técnicas con el fin de restablecer el bienestar de la persona.

En el antiguo Japón, el budismo, el shinto y el shugendô se convirtieron en las principales influencias de la vida espiritual.

Budismo japonés

Las prácticas budistas varían entre las ramas Theravada y Mahayana, si bien todas las sectas budistas japonesas parten de la rama Mahayana. A pesar de que cada una toma como punto de partida una serie de escrituras diferentes, suelen compartir prácticas como la repetición de mantras de forma disciplinada, o el respeto a distintos preceptos para que el practicante gradualmente descubra el conocimiento interior del que dispone.

El budismo tendai fue introducido en Japón por un monje chino en el siglo VIII dC. Inicialmente no tuvo demasiada popularidad, pero comenzó a prosperar bajo la tutela del emperador, convirtiéndose finalmente en la forma dominante de budismo más practicada durante años entre la clase alta japonesa. Sus doctrinas se basan en los textos del *Sutra del Loto*, que es también la escritura que sustenta al budismo nichiren shoshu, practicado en la actualidad en el mundo entero.

El budismo tendai, como muchas otras religiones, encierra una tradición esotérica que es practicada sólo por unos pocos —monjes y monjas, principalmente— y suele resultar inaccesible a la mayoría de los seguidores. Esta tradición dentro del tendai recibe el nombre de *Mikkyô*, que significa «enseñanzas secretas», y consiste en una serie de doctrinas basadas en un sistema de linaje. Esto implica que los alumnos de *Mikkyô*, además de aprender las enseñanzas y las prácticas, debían también recibir algo llamado *Kanjô*, que es una iniciación llevada a cabo por un maestro en las disciplinas *Mikkyô* cuya finalidad es «fortalecer» al alumno.

DERECHA. El budismo tendai fue una de las formas de budismo más popular entre la clase alta japonesa.

CREENCIAS Y SISTEMAS TRADICIONALES

Shinto

El término *shinto* puede ser traducido como «el camino de los dioses». Se trata de la religión nativa de Japón, y presenta ciertas similitudes con los sistemas de creencia de otras culturas indígenas, como la aborigen y la nativa norteamericana. No cuenta con un fundador conocido ni con textos sagrados, aunque sí dispone de clero organizado de un modo no excesivamente estricto. El shinto es una curiosa mezcla de adoración a la naturaleza, técnicas adivinatorias, chamanismo y la veneración a los *kami*, que son tanto dioses como espíritus.

ABAJO. La adoración a la naturaleza y a los *kami*, que tenía lugar en los templos shinto, fue utilizada como una fuerza unificadora durante la revolución cultural del siglo XIX.

Según las historias sobre la creación del shinto, una pareja de dioses dio a luz a las islas que componen Japón, y su hija Amaterasu Omikami se convirtió en antecesora directa de la familia imperial, por lo que el emperador de Japón comenzó a ser considerado un dios viviente. Sólo al finalizar la Segunda Guerra Mundial el soberano renunció a su divinidad.

Los *kami* del shinto difieren considerablemente del concepto de deidad que se observa en otras religiones. En una categoría distinta de la de Amaterasu, diosa del Sol, los *kami* eran considerados espíritus de la naturaleza; en efecto, ciertas zonas geográficas e incluso determinadas familias contaban con *kami* guardianes. Las prácticas shinto giraban en torno a la veneración de los *kami* y a la voluntad de mantenerlos felices. El origami, por ejemplo, nace del shinto, razón por la cual en numerosos santuarios es posible encontrar ejemplos de este arte tan intrincado. Por respeto al *kami* del árbol que entregó su vida para crear el papel, el material utilizado en la confección del origami jamás debe ser cortado.

A partir de la Restauración Meiji, el shinto se convirtió en la religión oficial de Japón en el año 1868, y quedó prohibido combinarlo con el budismo. El shinto, por consiguiente, fue considerado una fuerza unificadora en una época en la que el país experimentaba grandes cambios y las influencias foráneas amenazaban con desestabilizar la pureza de la cultura nipona.

Shugendô

En palabras simples, el shugendô era un método que permitía desarrollar poderes espirituales que combinaban elementos del shinto, el chamanismo y el budismo. A pesar de que ya ha dejado de practicarse en su forma pura, tanto en el budismo tendai como en la cultura japonesa aún se aprecian vestigios de esta disciplina, en especial la veneración de lugares sagrados, como por ejemplo las montañas.

Hay quienes llaman al shugendô «budismo de la montaña», ya que a los monjes que lo practicaban se les conocía como *yamabushi* (término que significa «el que duerme en las montañas»). Fundado por En no Gyôja alrededor del 666 dC., el shugendô era una práctica profundamente ascética en la que sus seguidores pasaban años aislados en las montañas, desarrollando poderes curativos de naturaleza mágico espiritual.

Quien iniciaba su capacitación en shugendô debía alejarse de la vida cotidiana y retirarse a una montaña aislada, realizar ayunos extremos —incluyendo una dieta a base de agujas de pino— y someterse a pruebas físicas, como mantenerse de pie bajo las cascadas heladas durante largos períodos. También debían memorizar sutras budistas y continuamente repetir mantras extraídos de los sutras.

Como en el caso del budismo tendai, el *Sutra del Loto* fue adoptado como uno de los principales textos de la práctica.

Mikao Usui y el Japón del siglo XIX

El creador del Reiki, Mikao Usui, nació en 1865, a comienzos de la Restauración Meiji. Durante los doscientos años previos, Japón había quedado aislado del resto del mundo; los extranjeros —y en particular los misioneros cristianos— habían sido desterrados, y el país había adoptado un sistema feudal dirigido por terratenientes samuráis.

Este aislamiento de dos siglos de duración finalizó a instancias del comodoro Matthew Perry, cuya superioridad militar le permitió negociar un tratado gracias al cual los norteamericanos podrían comerciar con Japón. A Perry le siguieron otros países occidentales, lo cual provocó un rápido cambio en la sociedad japonesa a medida que se fueron filtrando las influencias foráneas, y el país inició un ascenso que le llevó a convertirse en una de las más importantes naciones industrializadas del mundo.

La caída de la sociedad tradicional

Antes de esta revolución social, cultural y económica, la mayoría de los japoneses creía en una mezcla de elementos provenientes de la religión indígena —el shinto— combinados con partes del budismo y el taoísmo provenientes de su vecino, China. A medida que el país comenzó a abrirse a las ideas occidentales y los japoneses empezaron a viajar, en general por motivos de estudio o de negocios más que por placer, la sociedad tradicional (que era más formal y estructurada que cualquier otra de Europa o América) comenzó a caer.

Con este desmoronamiento paulatino de la estructura cultural, y como resultado de las reglas de la vida cotidiana (que había permanecido inalterable durante cientos de años), muchos japoneses comenzaron a experimentar el miedo que acompaña a todo cambio radical. Por ejemplo, en las áreas rurales en las que las personas solían depender de sus hijos para sacar adelante el trabajo en las granjas, ya nadie tenía la certeza de que los jóvenes siguieran los pasos que sus padres habían trazado para ellos.

La necesidad de un sistema espiritual

Como resultado de esta incertidumbre, muchos japoneses se volcaron a la religión en cualesquiera de sus formas, buscando en ellas la forma de avanzar y sobrellevar su apremiante sensación de aislamiento. No resulta ilógico pensar que esta búsqueda de la sociedad japonesa de algún tipo de «roca» a la cual aferrarse fuese la inspiración de Usui a la hora de crear un sistema de desarrollo espiritual que resultase accesible a todos los japoneses, pero que no acabara convertido en una religión. Y ese sistema fue el Reiki.

DERECHA. Mikao Usui nació en una era de grandes cambios para Japón, precisamente cuando el país dejaba atrás dos siglos de aislamiento.

La vida de Mikao Usui

Hasta hace pocos años, la información sobre la vida de Mikao Usui era nula. Ahora sabemos mucho más sobre él gracias al descubrimiento de un monumento en su memoria, erigido por algunos de sus alumnos en su tumba del templo budista de la Tierra Pura Saihôji, sito en Tokio. El texto fue traducido al inglés por el maestro de Reiki Hyakuten Inamoto. Además, ahora contamos también con la traducción de las notas del propio Usui, a pesar de que por el momento no es posible disponer de ellas en su totalidad. A través de sus alumnos hemos conocido más datos sobre su vida y enseñanzas, si bien muy pocos de ellos continúan con vida, como es lógico: el maestro dejó de enseñar en 1926, año en el que murió a causa de un ataque al corazón mientras viajaba por Japón.

Infancia

Mikao Usui nació el 15 de agosto de 1865 en un pueblo ahora llamado Miyamoto cho, en la prefectura de Gifu. Su familia era *Samurai Hatamoto*, que es un alto rango dentro del sistema. Gracias a un santuario familiar que se erige en su lugar de nacimiento, sabemos también que tenía dos hermanos y una hermana. Durante su infancia estudió con monjes budistas tendai, y también se capacitó en artes marciales, una práctica normal entre los niños de su clase.

Estudios y carrera

A partir del monumento erigido en su memoria, sabemos así mismo que fue un buen estudiante y un ávido lector. Le interesaban todos los temas, desde la medicina, la historia y la psicología hasta las artes más esotéricas, como la adivinación y los conjuros. Viajó a Europa y América y estudió en China, y su carrera incluyó un puesto de secretario privado de un político japonés que se convirtió en alcalde de Tokio. Según la información que aparece en su monumento, a pesar de sus excepcionales aptitudes académicas parece haber tenido problemas a la hora de abrirse camino en el mundo y experimentó dificultades no especificadas.

«El Universo soy yo, y yo soy el Universo. El Universo vive en mí, y yo existo en el Universo. La luz existe en mí, y yo existo en la luz.»

MIKAO USUI, citado por Hiroshi Doi en *Iyashino Gendai Reiki-ho*

Sin embargo, sus alumnos han escrito que, a pesar de los retos que se vio obligado a superar, Usui nunca perdió el valor ni la voluntad de seguir adelante y cumplir con su destino.

Vida familiar

Contrajo matrimonio con una mujer llamada Sadako Suzuki, y de su unión nacieron un hijo llamado Fuji y una hija de nombre Tushiko. Por desgracia, ninguno de los dos vivió demasiado tiempo. Su hija murió en 1935, a los veintidós años, y su hijo en 1946, a los treinta y ocho. Mientras estuvo casado, Usui se convirtió en sacerdote tendai laico. Y si consiguió llevar una vida familiar fue porque mantuvo su condición de miembro laico dentro de esta secta budista. Sobre su vida personal se conocen poco más que estos fragmentos, aunque gracias a sus propios escritos y a los recuerdos de sus alumnos ha sido posible conseguir más información sobre su vida espiritual y las influencias que le llevaron a desarrollar el sistema Reiki.

DERECHA. El emblema familiar de Chiba, situado bajo la lápida de Mikao Usui, indica que el creador del Reiki pertenecía a una de las más famosas familias samuráis.

Las influencias de Mikao Usui

Mikao Usui, conocido como Usui Sensei en Japón, desarrolló el sistema Reiki con el fin de proporcionar al individuo un método simple que le permitiese volver a conectar con su espiritualidad innata en un país en el que los valores de la sociedad tradicional ya habían comenzado a derrumbarse (véanse páginas 20-21). Nunca fue su intención lanzar un sistema de curación que llegase a todo el mundo. La sanación a través de las manos era sólo uno de los aspectos de sus originales ideas, que recibieron la influencia de diversos sistemas de creencia y filosofías.

El logro más notable de Usui fue el hecho de reunir todas estas prácticas —algunas de las cuales habrían llevado a un individuo unos veinte años de perfeccionamiento—, y a partir de ellas crear un sistema accesible a todo tipo de personas. También parece evidente que Usui no pretendía enseñar un método de curación, sino un sistema holístico que pudiese conducir al seguidor a un camino de iluminación desprovisto de las obligaciones de la religión organizada.

Budismo tendai

Puesto que los familiares de Mikao Usui eran practicantes del budismo tendai (véase página 24), el joven Usui se capacitó en un templo tendai de su región y años más tarde se convirtió en sacerdote, un indicio de que aquella forma de budismo le acompañaría durante el resto de su vida.

Partiendo del hecho de que Usui alcanzó la categoría de sacerdote laico, no resulta ilógico suponer que aprendió también las prácticas esotéricas (o «secretas») del *Mikkyô*, una doctrina que, con el paso del tiempo, llegó a incorporar no sólo elementos del shinto —como por ejemplo las prácticas espirituales conectadas con las montañas sagradas—, sino también una serie de enseñanzas relativas al arte de la sanación. Precisamente por esa razón, resulta verosímil que la visión del Reiki como un sistema de transmisión de energía se le presentara en el monte Kurama, un sitio de leyenda espiritual.

La forma exotérica, o cotidiana, del tendai con la que Usui estaba familiarizado incorporaba mantras y mudras (posiciones simbólicas de manos y cuerpo) a las técnicas de adoración, elementos que con posterioridad el propio Usui añadió al sistema Reiki.

Valiéndose de conceptos de linaje, transmisión de fuerzas, enseñanzas sobre sanación y empleo de mantras y mudras, parece claro que Mikao Usui utilizó esta forma de budismo como base de su sistema Reiki, y que su intención fue convertir algo secreto en accesible a una amplia población.

Comprender la relevancia de esta forma de budismo, llegada a Japón desde China, resulta fundamental para interpretar la práctica del Reiki como mucho más que un simple sistema de imposición de manos. Una de las ideas sobre los humanos que predica el budismo es que cada uno de nosotros cuenta con el conocimiento completo de nuestra divina naturaleza, pero que estamos desconectados de ese saber y no somos conscientes de nuestro propio buda. Es más: podríamos incluso llegar a ser *Bodhisattva*, o seres iluminados, durante nuestra existencia terrenal y ayudar a otras personas a alcanzar ese mismo estado.

ABAJO. Los mantras y mudras del budismo tendai se encuentran reflejados en el sistema Reiki creado por Usui.

Shinto

Por haber crecido en Japón, Usui tampoco pudo evitar la influencia del shinto (véase página 20), que no es una religión, sino una forma de vida en la que cada aspecto del entorno está cargado de espíritus o dioses llamados *kami*. Al parecer, las ideas básicas del shinto —todo lo animado o inanimado tiene «espíritu» y el contacto con la naturaleza nos aproxima al conocimiento de la creación— fueron adoptadas para el Reiki. El hecho de que se tratase de una religión sin textos ni leyes escritas también debe de haber impulsado a Usui a ofrecer esa misma flexibilidad al Reiki.

> **Ninguna influencia cristiana**
>
> A pesar de que sabemos que Usui conocía las escrituras cristianas, ahora parece evidente que nunca fue cristiano ni enseñó en ninguna escuela de dicha tendencia. El cristianismo no fue en ningún caso una influencia para el desarrollo del Reiki, al menos según lo que sugiere Hawayo Takata en sus escritos (véanse páginas 40-43). Las principales influencias fueron, definitivamente, de origen japonés.

Shugendô

Usui también recibió la influencia de una forma de budismo llamada shugendô (véase página 21). Uno de los rasgos principales de la práctica de esta disciplina eran los retiros en las montañas, y precisamente una de estas actividades desempeñó un importante papel en la creación del Reiki. Fue precisamente en el monte Kurama, una de las montañas sagradas del shugendô, donde Mikao Usui realizó un retiro —con ayuno incluido— que le condujo a la formulación de un sistema para el Reiki. El monumento erigido en su memoria asegura que recibió «inspiración divina» en la montaña, aunque a partir de investigaciones recientes parece claro que dicha inspiración no fue la misma que narra Hawayo Takata en su relato (véanse páginas 40-43), que alcanzó un elevado grado de divulgación en Occidente.

El shugendô también incluye otros dos elementos que resultan fundamentales para el Reiki. El primero es el uso de la imposición de manos para tratar la enfermedad, y el segundo es la repetición de mantras. En Occidente, el uso de mantras en la práctica del Reiki no se ha masificado, pero ahora resulta evidente, a partir de la información proveniente de Japón, que Usui pretendía que los cinco principios o preceptos espirituales (véanse páginas 60-61) fuesen utilizados de ese modo, ya que su repetición regular ayuda a integrarlos a la vida y a desarrollar la capacidad de concentración.

Samurái

Puesto que ahora sabemos que a Usui no sólo le interesaban muchos temas, sino que también estudió con monjes budistas y practicó artes marciales (véanse páginas 24-25), a nadie sorprende que al desarrollar el sistema Reiki se basara en una amplia variedad de influencias, incluida la poesía, que era un elemento esencial en la educación de toda la clase samurái. Sin exagerar en la importancia de sus orígenes samuráis, tampoco es imposible ignorarlos, ya que esta tradición, sin duda, ejerció una importante influencia en su vida y pensamiento.

La visión occidental del samurái típico suele ser la de un guerrero dotado de espada y escudo. Y si bien esta imagen es correcta, los samuráis también se enorgullecían de ser hombres y mujeres que habían cultivado su mente y su espíritu. Los miembros de esta cultura valoraban su capacidad para escribir poesía inspiradora para cualquier ocasión, tanto como respetaban la audaz búsqueda del honor en el campo de batalla. Esta combinación de disciplina física, mental y espiritual es la base ideal para una vida en pos de la iluminación.

IZQUIERDA. El monte Kurama era una de las montañas sagradas del budismo shugendô, y en él se realizaban retiros espirituales. Allí Usui formuló el sistema Reiki.

Artes marciales

Combinado con su educación de samurái, es posible que su entrenamiento en artes marciales, a pesar de no ser relevante, haya aportado otra perspectiva al modo en que Usui interpretó el funcionamiento de la energía, puesto que prácticamente todas las variedades de artes marciales van más allá de lo físico en sus formas tradicionales. Los hijos de samuráis aprendían artes marciales desde muy temprana edad. Si Usui hubiese nacido en el seno de una familia de campesinos no habría podido incorporar esta influencia al Reiki. Pero ¿qué podía aportar un arte asociado a la disciplina física y las técnicas de lucha a otro arte, en este caso de naturaleza espiritual y fines sanadores?

Usui practicó Aiki Jujutsu, una técnica que enseñaba su propio fundador, Takeda Sokaku, a finales del siglo XIX. Takeda había creado esta rama del arte marcial a partir de las prácticas de su propia familia, practicada durante siglos, y decidió hacerla conocer a otras personas ajenas a su grupo familiar. Uno de los alumnos más famosos de Takeda fue Ueshiba Morihei, quien posteriormente se convirtió en el fundador del Aikido.

El Aiki se compone de numerosos movimientos físicos, y ha sido descrito como un método que permite al estudiante «superar al oponente mentalmente con solo una mirada y derrotarlo sin luchar». Sin embargo, practicar Aiki también implica aprender formas de armonizar el *ki* que permitan al estudiante experimentar la paz interior, el control y el uso de su fuerza de voluntad para mejorar su vida cotidiana. Según los primeros alumnos de Usui, con quienes algunos investigadores han tenido la oportunidad de conversar, sus enseñanzas iniciales incluían elementos que había adoptado de sus entrenamientos de artes marciales.

También se sabe que en ciertas ocasiones el *Mikkyô* y las artes marciales se fusionaban en Japón. Los monjes enseñaban técnicas de *Mikkyô* a practicantes de artes marciales e incluso a ninjas (guerreros no ortodoxos entrenados en todos los aspectos de las artes marciales, que en la actualidad gozan de una posición única en la cultura popular), y que a cambio los monjes recibían clases de técnicas de lucha. Por consiguiente, la idea de combinar la manipulación de la energía con estas dos actividades aparentemente contrarias habría sido completamente normal para Usui y sus compañeros. Si consideramos que las artes marciales parten de la disciplina para desarrollar la habilidad de vencer sin luchar, valiéndose únicamente del *ki* del oponente, parece lógico que Usui utilizase elementos de aquéllas, e indica que su intención era lograr que los practicantes de Reiki aplicaran el mismo tipo de disciplina de las artes marciales al nuevo sistema.

DERECHA. A pesar de que las artes marciales son consideradas actividades principalmente físicas, también enseñan a los alumnos tanto a armonizar su energía como a comprender su funcionamiento.

LAS INFLUENCIAS DE MIKAO USUI

Usui Reiki Ryôhô Gakkai

Usui Reiki Ryôhô Gakkai simplemente significa «Método Usui de Curación a través de la Energía Espiritual». Sus primeros miembros fueron principalmente marinos, tal vez porque en aquella época la mayoría de los japoneses que podían unirse a este tipo de sociedad eran militares. En alguna ocasión se ha sugerido que el hecho de que los primeros miembros fuesen militares puede haber influido sobre los aspectos más prácticos —y por consiguiente, menos esotéricos— del sistema, como por ejemplo la creación de una rutina para la imposición de las manos sobre el cuerpo.

La sociedad contaba con tres niveles de enseñanzas: *shoden*, *okuden* y *shinpoden* —el nivel del maestro—, y a su vez cada uno de ellos estaba formado por seis subniveles. En cada uno de éstos los estudiantes adquirirían nuevos conocimientos, lo cual parece reflejar que al alumno se le exigía un grado específico de dedicación similar al requerido para superar los niveles de cualesquiera de las artes marciales.

A partir de una serie de entrevistas realizadas a los primeros alumnos de Usui, sabemos que lo primero que éste les enseñó fueron los cinco principios o preceptos espirituales (véanse páginas 60-61), y que con posterioridad aprendieron meditación y mantras, incluido el uso del *waka* japonés (véanse páginas 90-91). En la actualidad, el Reiki como método de sanación a través de la imposición de manos difiere considerablemente de las enseñanzas de Usui en el momento en que éste fundara el Usui Reiki Ryôhô Gakkai en 1912. De hecho, la práctica de la sanación mediante las manos fue incorporada por Usui en sus últimos años de enseñanza, antes de su muerte en 1926.

El Usui Reiki Ryôhô Gakkai continúa existiendo en Japón, aunque en dimensiones considerablemente menores, puesto que durante y después de la Segunda Guerra Mundial la existencia de este tipo de sociedades resultó notablemente afectada. Sus miembros han compartido algunas de las antiguas enseñanzas con los occidentales, si bien en la cultura japonesa este tipo de conocimiento es considerado sagrado y su transmisión, en ningún caso, debe resultar irrespetuosa. Por consiguiente, es posible que nunca conozcamos todos los detalles de las enseñanzas originales de Usui en Japón, si bien no cabe duda de que su creador se sorprendería frente a algunos de los cambios introducidos.

En su libro *El arte japonés del Reiki*, Bronwen y Frans Stiene revelan que, en una serie de entrevistas con una monja budista tendai llamada Sukuzi san —alumna directa de Mikao Usui—, el único elemento común que ella reconoció entre lo que le habían enseñado y lo que se enseña actualmente en Occidente es el nombre de Mikao Usui.

IZQUIERDA. Lo primero que Usui enseñaba a sus alumnos eran los cinco principios espirituales, seguidos de técnicas de meditación y artes marciales.

El Reiki en Occidente

El Reiki surgió en Occidente debido a la decisión de una mujer, Hawayo Takata, quien convirtió esta disciplina en su vida después de haberla descubierto en Tokio en 1935.

Cómo llegó el Reiki a Occidente

Chujiro Hayashi nació en Tokio en 1880. Después de finalizar las carreras de médico y cirujano, se alistó en la marina japonesa y hacia 1918 ya había alcanzado el rango de comandante. En esa época se unió a la escuela de Mikao Usui y abandonó la marina, aproximadamente menos de un año antes de la muerte de Usui. Otros marinos retirados también se unieron a Hayashi en la escuela, y este reducido grupo continuó el trabajo de Usui en el campo del Usui Reiki Ryôhô Gakkai después de la muerte de su creador. Hayashi, sin embargo, siguió su propio camino.

Cinco años después del fallecimiento de Usui, Hayashi se apartó de la sociedad y abrió su propia clínica y escuela, llamada *Hayashi Reiki Kenkyu Kai*, que significa «Sociedad Hayashi de Investigación sobre la Energía Espiritual». Algunos investigadores sugieren que Usui, pensando en los conocimientos médicos de Hayashi, pudo haberle solicitado que escribiese una guía sobre el sistema Reiki que ampliase su propia guía para el tratamiento de dolencias particulares, y que la guía de Hayashi, casi con toda certeza, se convirtió en la base de las enseñanzas de Hawayo Takata (véanse páginas 38-39).

Chujiro Hayashi y Hawayo Takata

En la clínica de Hayashi, él mismo se ocupaba de tratar a los clientes con la colaboración de sus alumnos. Y fue allí donde Hawayo Takata acudió en busca de un tratamiento en el año 1935. Inicialmente la mujer siguió un tratamiento de seis meses de duración, y con posterioridad se unió a la clínica como voluntaria, no sin antes haber convencido a Hayashi de que le enseñara. El hombre primero se negó, porque a pesar de que Hawayo era hija de japoneses había nacido en Estados Unidos, y se suponía que el sistema no debía salir de Japón (respetando las «reglas» no escritas provenientes de la cultura japonesa, su aislamiento de Occidente y sus tradiciones religiosas). Sin embargo, años más tarde Hayashi ayudó a Takata a montar una clínica en Hawaii en 1938.

El legado de Chujiro Hayashi en Occidente fue la capacitación de Hawayo Takata y la creación de la primera clínica fuera de Japón. Sin estos factores, el Reiki nunca habría llegado al resto del mundo. Sin embargo, no resulta muy veraz que Usui haya nombrado a Hayashi su sucesor en el linaje del Reiki, como afirma la historia de Takata. Sí es cierto que Hayashi se suicidó en 1940. La versión de los acontecimientos ofrecida por Takata es que el hombre sufrió un ataque cardíaco autoinducido. Sin embargo, es mucho más probable que se suicidara mediante el ritual *seppuku* (que consiste en cortarse el abdomen con una espada) por no desear entrar en la Segunda Guerra Mundial y dejar en manos de una mujer la responsabilidad de transmitir el Reiki al mundo occidental.

DERECHA. Chujiro Hayashi no sólo continuó la obra de Usui después de la muerte de éste, sino que además resultó fundamental a la hora de dar a conocer el Reiki en Occidente.

CÓMO LLEGÓ EL REIKI A OCCIDENTE

Hawayo Takata

Nacida en Hawaii y descendiente directa de japoneses, el destino de esta mujer fue transmitir el Reiki a todo el mundo. Si bien el sistema que ella enseñaba difería de las enseñanzas originales de Usui, los cientos de miles de personas que practican Reiki en la actualidad no habrían podido hacerlo si ella no hubiese decidido regresar a Estados Unidos después de capacitarse con Chujiro Hayashi.

Hawayo Takata llegó a Tokio en 1935 para someterse a una operación. Había quedado viuda a poco de casarse, y sufría diversas enfermedades debilitantes como asma y cálculos biliares. Mientras se encontraba en la mesa de operaciones, escuchó una voz que le decía que aquella intervención quirúrgica era innecesaria. Después de discutir con el cirujano y otro miembro del equipo médico, se dirigió a la clínica de Chujiro Hayashi (véanse páginas 36-37) donde recibió tratamiento, y su estado de salud mejoró rápidamente.

La enseñanza

Después de su capacitación en Tokio, la mujer regresó a Hawaii, donde instaló una clínica que alcanzó gran popularidad en poco tiempo. Hayashi la visitó allí, y es probable que durante su viaje a Hawaii le concediese el título de maestra (véanse páginas 186-197). Takata se convirtió en su decimotercera y última maestra de Reiki, y continuó trabajando en Hawaii hasta que introdujo el Reiki en el continente norteamericano en los años 70.

Después de enseñar en Estados Unidos y Canadá, Takata decidió que había llegado el momento de instruir a otras personas sobre cómo enseñar el sistema. Así, su primera discípula convertida en maestra fue Virginia Samdahi, en el año 1976, y antes de fallecer, en 1980, ya había concedido el título de maestro a otros veintiún alumnos suyos, que se convirtieron en los responsables de la expansión inicial del Reiki. Así nació el explosivo fenómeno mundial.

La «occidentalización» del Reiki

Basándonos en la reciente información sobre los orígenes del Reiki, hemos de aclarar que Hawayo Takata demostró ser astuta y decidida a la hora de asegurar la expansión del Reiki. Fue astuta porque eliminó varios de los elementos intrínsecamente japoneses del Reiki, en particular los factores de naturaleza espiritual derivados del budismo, que sabía que a los occidentales les provocarían dificultades. Y al parecer ella también cristianizó la historia de Mikao Usui de forma deliberada (véanse páginas 40-43) por la misma razón. Según las palabras de sus alumnos, era una excelente narradora de historias, que adoraba adaptar la verdad a lo que fuese necesario en cada momento.

IZQUIERDA. Hawayo Takata fue astuta y decidida a la hora de asegurar la expansión del Reiki fuera de Japón, y a ella se debe un fenómeno que alcanzó dimensiones mundiales.

La historia de Takata sobre Mikao Usui

Narro a continuación la historia del descubrimiento del Reiki según la historia de Hawayo Takata. También resulta interesante compararla con la nueva información y observar la astucia con la que Takata hiló un relato que combina verdad, magia e imaginación, y que bien podría ser comparado con la historia de la búsqueda del Santo Grial. En una clase de Reiki, el maestro narra la historia como parte de una tradición oral que Takata impulsaba. Por consiguiente, la historia nunca será contada de la misma manera y cada maestro enfatizará diferentes elementos de la misma.

Cuando escuché el relato por primera vez, lo consideré un cuento que combinaba hechos históricos con elementos espirituales de carácter simbólico. Ahora sé que el acontecimiento histórico no es verídico: Mikao Usui nunca fue un maestro cristiano ni doctor de ningún tipo. Sin embargo, puedo aceptar esta divergencia de la verdad como un medio para cumplir con un propósito determinado en aquella época. El hecho de referirse a Usui como «doctor» le confería en Occidente el mismo tipo de respeto que el título de «sensei» otorgaba en Japón. Como bien comprendió Takata, el respeto implícito en el término «sensei» habría quedado completamente anulado para los occidentales, pero seguiría intacto con el uso del «doctor».

Ésta es mi versión abreviada de la historia, tal como la transmitía Hawayo Takata en el Usui Shiki Ryôhô.

La historia del descubrimiento del Reiki

El Dr. Usui era un maestro que trabajaba en una universidad cristiana en Kioto. Un día, sus alumnos le preguntaron si él creía literalmente en la Biblia, y el respondió que sí. Los estudiantes le pidieron entonces que les esclareciese el misterio de las milagrosas curaciones de Jesús, pero dado que el Dr. Usui no pudo encontrar ninguna explicación, se planteó descubrir su propia respuesta a la cuestión de la curación.

En primer lugar viajó a Occidente, porque era la región del mundo donde más se practicaba el cristianismo, y estudió en una universidad de Chicago. Pero no lograba encontrar las respuestas que buscaba. Sin embargo, durante su estancia en Norteamérica aprendió sánscrito, el lenguaje de las antiguas escrituras de India y Tíbet.

Regresó a Japón y recorrió varios monasterios budistas, creyendo que podría encontrar la respuesta en el *Sutra del Loto*. Sin embargo, los monjes que conoció ya no mostraban ningún interés por curar el cuerpo y se centraban en sanar el espíritu. Por último, Usui se acercó a un monasterio zen, donde el abad le confirmó que era posible curar el cuerpo, pero que ese método se había perdido. Animado por la respuesta del

DERECHA. En la versión de la historia ofrecida por Takata, las curaciones de Jesús inspiraron a Usui a descubrir el misterio de la curación.

LA HISTORIA DE TAKATA SOBRE MIKAO USUI

41

LOS ORÍGENES DEL REIKI

abad, permaneció en el monasterio leyendo los sutras en su sánscrito original.

Y si bien encontró textos que describían el método de curación, consideraba que aun así le faltaba información para activar la energía y utilizarla él mismo.

Viajó al Tíbet para leer rollos de pergamino que documentaban los viajes de San Isa —que algunos consideran que se trataba del mismísimo Jesús—, pero regresó al monasterio zen sin haber conseguido todavía el conocimiento que necesitaba. El abad le animó a continuar su búsqueda y le recomendó entonces una práctica habitual entre los monjes: que hiciera un retiro en una montaña, con ayuno de veintiún días complementado con meditación.

Usui eligió el monte Kurama y recogió veintiuna piedras para que se convirtiesen en su calendario. Antes del amanecer del día 21, cogió la última y rezó por encontrar una respuesta. En ese momento vio una luz que cruzaba el cielo en dirección a él, y el rayo acertó a caer en su tercer ojo. En ese momento Usui comenzó a ver burbujas de los colores del arcoíris, y en ellas los símbolos del Reiki. Mientras los veía recibía información sobre cada uno, y su aplicación en la activación de la energía Reiki.

Entusiasmado por haber encontrado finalmente la respuesta, descendió la montaña a toda velocidad, y en el camino se hirió

IZQUIERDA. El *Sutra del Loto* y otros textos sánscritos proporcionaron descripciones de la curación mediante la energía, pero ninguna información sobre cómo activar dicha energía y utilizarla.

un dedo del pie. Para su sorpresa, en pocos minutos la hemorragia había cesado y el dedo estaba curado.

El objetivo de la historia

La historia continúa con otros relatos de curaciones milagrosas, y explica también el trabajo de Mikao Usui en el barrio de los Mendigos de Kioto, que en realidad se basa en la obra que él mismo llevó a cabo después del tremendo terremoto que sacudió Japón en 1923. Takata creó una parábola a partir de esto con la finalidad de inculcar en los alumnos la idea de que era necesario pagar por las clases y los tratamientos. Según su historia, los mendigos que recibieron tratamiento gratuito no mostraron mejoría alguna. Usui entonces se dio cuenta de que resultaba imprescindible realizar algún tipo de intercambio de energía para que se produjera la curación. La sociedad acepta dinero como dicha forma de energía a cambio de distintos servicios, si bien existen otras muchas formas de intercambiar energía, como el trueque. En cualquier caso, y por imprecisa que sea la historia, lo cierto es que ha impulsado a miles de personas a aprender Reiki y les ha aportado un sentido de la tradición que no habría existido sin ella. Lo que la historia nos proporciona es la sensación de «divina inspiración» que encerraba la idea de Mikao Usui: crear un sistema de curación y práctica espiritual que ofreciera a los practicantes todo lo que necesitaban para vivir una vida más plena.

El Reiki en la actualidad

El Reiki se ha extendido como el fuego por todo el mundo, y en su viaje por Oriente y Occidente ha evolucionado con el objetivo de satisfacer las necesidades de la gran diversidad de individuos que lo practican.

El Reiki en el Occidente actual

La interpretación del concepto del Reiki, tal como lo conocemos en Occidente, ha cambiado en los últimos diez o quince años. En gran medida, ello se debe a la investigación de tres personas: Frank Arjava Petter, Bronwen Stiene y Frans Stiene. Estos tres maestros de Reiki se han dedicado a descubrir el sistema que Usui enseñaba en Japón.

Pero no debemos olvidar que los practicantes de Reiki de Occidente también han podido comprender mejor la disciplina gracias a la buena voluntad de algunos maestros japoneses, en particular Hiroshi Doi, que aceptaron compartir los principios de la práctica del Reiki según el sistema utilizado en el Usui Reiki Ryôhô Gakkai, la organización que Mikao Usui creó en 1922 (véase página 33), con el fin de mejorar la práctica del Reiki en Japón.

Existen muchos maestros y escritores, además de los mencionados anteriormente, que también han resultado de vital importancia en la propagación del concepto del Reiki. Y estamos en deuda con ellos porque han aportado una nueva perspectiva a nuestra forma de comprender la práctica y nos han hecho valorar su inmenso potencial como método holístico, además de ofrecernos información sobre la vida de Mikao Usui y los orígenes del sistema.

El hecho de que la cultura japonesa resulte tan inaccesible para los occidentales, en parte debido a la barrera lingüística y a las diferentes costumbres culturales (en particular las prácticas consideradas sagradas), ha dificultado que los extranjeros consiguieran información. Y por eso hemos de valorar la obra de aquellos occidentales que se han trasladado a Japón, y de aquellos japoneses que están dispuestos a viajar a Occidente, para incrementar nuestro conocimiento.

Cómo nos referimos al Reiki

Hasta hace muy poco tiempo, en Occidente hemos considerado al Reiki como un sistema, cuando en realidad se trata de la energía que el practicante transmite. Así que cuando hablamos de los orígenes del Reiki, en realidad estamos haciendo referencia a los métodos que permiten utilizar la energía. Por consiguiente, resulta más preciso hablar del «sistema Reiki». Sin embargo, en este libro emplearemos el término Reiki para hacer referencia al método en sí, porque la mayoría de las personas lo conoce de esta manera.

DERECHA. Unos pocos maestros occidentales se han dedicado a aportarnos más información sobre el Reiki en Japón y a acercar a maestros japoneses a esta parte del mundo.

El Reiki en el Japón actual

Cuando el Reiki comenzó a popularizarse en Occidente, nada se sabía sobre lo que estaba sucediendo en Japón. Nadie había oído hablar de los maestros japoneses, y parecía prevalecer la idea de que cuando Chujiro Hayashi (el principal responsable de que el Reiki llegase a Occidente) murió, no sin antes haber transmitido su método de enseñanza del sistema Reiki a Hawayo Takata, la práctica del Reiki en Japón había muerto con él.

Ahora somos conscientes de que no fue así. Es cierto que el impacto que los años posteriores a la guerra causaron en Japón pudo haber provocado que el Reiki desapareciera por un tiempo y sus maestros mantuvieran un perfil bajo. Y es comprensible en el contexto del Japón en vías de convertirse en una nación industrial de primer orden, puesto que el cambio provocó un menor interés por la espiritualidad entre las nuevas generaciones: algo similar a lo que sucedió en Occidente.

No obstante, a medida que el Reiki se extendía por todo Occidente no faltaron maestros que sintieran curiosidad por lo que estaba sucediendo con el Reiki en su país de origen. Esto, unido al deseo de dar con las enseñanzas originales, provocó finalmente el resurgimiento del Reiki en Japón. Irónicamente, el estilo occidental de Reiki ya era mucho más popular que las enseñanzas originales impartidas en el Usui Reiki Ryôhô Gakkai, que es una sociedad absolutamente privada (véase página 33).

Intercambio de sabiduría

Una de las primeras personas que se dedicó a explorar lo que sucedía fue Mieko Mitsui, una maestra de Reiki japonesa que vivía en Estados Unidos. Con la ventaja de saber hablar japonés, la mujer regresó a su país natal llevándose consigo su versión del Reiki. Otras personas han seguido también los pasos de Mieko Mitsui, tanto para trasladar el Reiki de estilo occidental a Japón como para descubrir lo que ha estado sucediendo en Japón desde que Mikao Usui comenzó a enseñar su sistema. Y, como imaginarás, han surgido sorpresas y revelaciones a ambos lados.

Para los practicantes japoneses que se capacitaron con Usui y aún viven, la sorpresa fue el hecho de descubrir que el Reiki había salido de Japón y se había convertido en un sistema practicado por personas de casi todos los países del mundo. Para los occidentales, la revelación fue que el Reiki todavía se practicaba en Japón en su forma original, tal como Usui lo había enseñado.

DERECHA. En Japón se practica el Reiki en su forma original, tal como Usui lo enseñaba. Sin embargo, la forma occidental alcanza cada vez más popularidad.

EL REIKI EN EL JAPÓN ACTUAL

El Reiki en el siglo XXI

Hacia finales de los años 90 se produjo una fuerte disputa en el mundo del Reiki. En aquella época me parecía que la práctica, cuya simplicidad es capaz de atraer a personas de entornos sumamente variados, se estaba convirtiendo en una especie de batalla sectaria relacionada con la religión organizada. Llegaban cartas de maestros de Reiki que indicaban a los alumnos lo que éstos debían creer, y comenzaron a plantearse fuertes discusiones a través de Internet. El Reiki ahora contaba con un «nosotros» y un «ellos», que eran los tradicionalistas y los independientes.

Como suele suceder, la facción que se identificaba a sí misma como tradicionalista consideró que eran ellos quienes enseñaban el Reiki «verdadero», y que cualquier otra alternativa era incorrecta. La publicación del libro de Diane Stein, titulado *Reiki esencial,* se convirtió en la primera manzana de la dis-

cordia puesto que publicaba los símbolos del Reiki, un acto que resultó odioso para los miembros de la Alianza del Reiki, organización encabezada por la nieta de Hawayo Takata, Phyllis Lei Furumoto, quien dimitió en 1992.

Diversidad natural

En retrospectiva, ahora sabemos que siempre han existido diferencias en los métodos y las enseñanzas del Reiki. En Japón, el sistema de Chujiro Hayashi se diferenciaba del de Usui, y ahora existen otras versiones japonesas, además del Usui Reiki Ryôhô Gakkai (véase página 33). En todo el mundo existen innumerables escuelas de Reiki y también filiales, como el Seichem.

En Occidente, cuando los alumnos de Hawayo Takata que llegaron a ser maestros se reunieron tras el fallecimiento de la mujer con el fin de debatir sobre lo que habían aprendido y de qué manera enseñarlo, descubrieron que Takata les había enseñado técnicas diferentes a muchos de ellos, y que existían divergencias notables entre los símbolos que había dado a conocer a ciertos alumnos. Sin embargo, no deberíamos sorprendernos si consideramos que desde el momento en que la señora Takata se convirtió en maestra hasta que comenzó a impartir clases magistrales pasaron treinta años, y que a ningún maestro se le permitía escribir los símbolos. Había que aprenderlos de memoria.

Percibir la energía

Si partimos de la base de que Mikao Usui creó un método sencillo para acceder y utilizar el Reiki, entenderemos que habría resultado imposible que existiera un único sistema. Era evidente que evolucionaría, porque es la energía, y no el método, lo que más importa. Sé que muchas personas posiblemente no estén de acuerdo conmigo en este punto, pero sabemos por experiencia que el Reiki funciona aunque se lo enseñe de diferentes formas. Me parece, entonces, que declarar que un método de enseñanza o práctica funciona mejor que otro va en contra del espíritu del Reiki. ¿Quiénes somos nosotros para juzgarlos? Cada practicante encontrará el método que le resulte más apropiado. Algunos preferirán seguir metodologías más tradicionales, en tanto que otros se inclinarán por explorar alternativas innovadoras. Cada persona sigue su camino y tiene derecho a ser respetada por su elección. Lo más importante es que el Reiki continúe siendo enseñado y practicado en un espíritu de tolerancia y amor, y con gratitud hacia Mikao Usui por el regalo que ofreció al mundo.

IZQUIERDA. En los años 90, los miembros todavía vivos del Usui Reiki Ryôhô Gakkai original se sorprendieron al descubrir que el Reiki había abandonado Japón y se practicaba en todo el mundo.

PARTE 2
Descubre el Reiki

¿Qué es curar?

El vocablo inglés *heal* («curar») proviene de la palabra anglosajona *hal*, que en un principio significaba «íntegro», pero también «sano» y «santo». En la actualidad, estas palabras han perdido la conexión entre sí, tanto como la cultura occidental ha perdido casi por completo la conexión entre la salud y la plenitud.

En la medicina occidental, generalmente se cree que la enfermedad no cuenta con una «dimensión espiritual». La enfermedad se origina en el cuerpo físico, o en el entorno, y el tratamiento se centra en el cuerpo. Pero la mente ha comenzado a desempeñar un papel más importante en el resultado de los tratamientos, en opinión de los médicos; y si bien éstos aceptan que una actitud positiva puede llegar a influir sobre el resultado de un tratamiento, el hecho es considerado un efecto aleatorio más que un elemento integral del proceso de curación.

Sin embargo, lo cierto es que si el cuerpo, la mente y el espíritu están desconectados, no puede producirse una curación completa. Un alma que está enferma manifestará su «mal-estar» con síntomas físicos. Las terapias alternativas se alejan de la medicina convencional porque profundizan en los orígenes de la enfermedad. De hecho, el terapeuta ve al paciente como un ser completo más que como un cuerpo y, por consiguiente, también intenta tratar el espíritu que el cuerpo encierra, que es el origen del desequilibrio de la mente y el organismo.

Volver a conectar

Estar curado significa volver a conectar con el alma, aunque no siempre el resultado es una curación física. Puede darse el caso de que la curación consista en permitir que la persona acepte la transición que experimentará el alma desde el cuerpo y que, gracias a ello, comprenda su vida, complete su viaje y acepte su muerte inminente. Por eso no deberíamos confundir estar curados con gozar necesariamente de buena salud.

El amor y la compasión son el eje de la curación. El acto de desear curarte a ti mismo o de curar a otra persona es un acto de amor y compasión. Cuando estamos desconectados del amor, nos desconectamos de los demás; cuando estamos conectados con el amor, nos sentimos más próximos a las personas y a la naturaleza. A través del amor nos convertimos en Uno. Y a través del Reiki podemos conectar con el amor y expresarlo con compasión, tanto en nosotros mismos como en los demás.

El Reiki puede ayudarnos a comprender las raíces de cualquier «mal-estar» que nos esté afligiendo. Los pensamientos y sentimientos sobre nosotros mismos y el mundo son la principal causa de nuestro sufrimiento. Pero aun así debemos aprender a explorar estas creencias con compasión y sin culpa, y sin juzgar tampoco a las personas que nos transmitieron ideas tan negativas como «No valgo lo suficiente».

> «No se debería intentar curar la parte sin tratar el todo. No se debería intentar curar el cuerpo sin tener en cuenta el alma […]. Éste es el error de nuestros días: que los médicos separan el alma del cuerpo.»
>
> PLATÓN, filósofo griego, 427-347 aC.

ARRIBA. Platón consideraba que la curación completa debía adquirir una dimensión «espiritual», que el cuerpo, la mente y el espíritu necesitaban un tratamiento holístico.

DESCUBRE EL REIKI

ARRIBA. La meditación es una forma de curación que ayuda a desarrollar una buena conexión con el espíritu.

La espiritualidad y el Reiki

Espiritualidad y religión no son sinónimos. Una persona que sigue una religión puede ser espiritual, pero no todas las personas religiosas son espirituales. Los humanos tendemos a definirnos como espirituales cuando queremos expresar que creemos en el espíritu como una dimensión importante de nuestra vida, pero no seguimos ninguna religión en particular.

Una de las formas más simples de definir la diferencia entre religión y espiritualidad consiste en explicar que los seguidores religiosos buscan un poder divino fuera de ellos mismos para que los ayude y cure, en tanto que quienes siguen el camino de la espiritualidad buscan un poder en su propio interior, que pueden o no considerar divino.

La sanación que ayuda a las personas a conectar con el espíritu es de naturaleza espiritual. Y puede adoptar diferentes formas: la meditación, por ejemplo, junto con el Yoga y el Tai Chi, son excelentes medios para este fin, al igual que todos aquellos métodos en los que el sanador actúa como conducto de la energía de la fuerza vital, tal como sucede en el Reiki. En algunas formas de sanación —como la meditación—, el individuo trabaja solo, mientras que con el Reiki el individuo puede trabajar solo o con otros. Lo importante es recordar que todas estas formas de sanación se centran en la reconexión con el espíritu. La diferencia radica en el método.

El Reiki, tal como ha sido enseñado de forma masiva, no está conectado a ninguna práctica religiosa, pero se trata de un camino espiritual. No requiere creer en Dios ni en ninguna forma de ser superior, pero estimula a cada individuo a buscar la verdad por sí mismo.

La influencia de Mikao Usui

Gracias a que en la actualidad disponemos de información sobre los efectos que varias prácticas budistas ejercieron sobre Mikao Usui (véanse páginas 25-29), y conocemos los elementos que éste incluyó en su sistema Reiki, sabemos que el método encerraba una doctrina mucho más religiosa de lo que antes se creía o enseñaba. Sin embargo, queda claro que Usui nunca tuvo la intención de incorporar un dogma religioso al Reiki, sino de liberar a las personas de este tipo de limitaciones y de enseñarles una práctica espiritual que incorporase diferentes creencias personales sobre Dios o el Universo.

Quienes lo desean cuentan actualmente con la oportunidad de incorporar al Reiki ciertas prácticas que Usui extrajo del *Mikkyô*, el shugendô y las artes marciales. En mi opinión, todas ellas aportan al Reiki una dimensión espiritual que lo convierte en un sistema completo que resulta mucho más que un método «instantáneo» de sanación, que se centra únicamente en canalizar energía a través de las manos. Para apreciar íntegramente los beneficios del Reiki debemos emplear los cinco elementos del sistema que han subsistido a todos los cambios que han tenido lugar a lo largo de su historia.

Los cinco elementos del Reiki

El Reiki ha cambiado y evolucionado en muchos aspectos desde que Mikao Usui comenzó a enseñarlo. Ha sido adaptado a la cultura occidental por Hawayo Takata, y, puesto que ni siquiera los alumnos de Takata pudieron coincidir en un único sistema, muchos otros han introducido sus propias ideas.

Sólo cinco elementos originales subsisten, que son comunes al Reiki en todo el mundo. Y es importante que los identifiquemos, puesto que sólo así experimentaremos una sensación de unidad en nuestra diversidad. También son los que confieren al Reiki unas características específicas que lo diferencian de otras formas de curación espiritual. Éstos son: *Gokai*, *Kokyû Hô*, *Tenohira*, *Jumon y Shirushi*, y *Reiju*. De ellos, las técnicas de respiración no suelen ser impartidas en las clases de Reiki occidentales, pero quienes estén familiarizados con el Chi Kung o el Yoga conocerán los beneficios de los ejercicios respiratorios en el trabajo energético, razón por la cual los he incluido aquí, para que todo el mundo pueda aprenderlas.

Por desgracia, al especialista en Reiki no suele enseñársele la importancia de conectar estos elementos en una práctica completa; además, en las clases «rápidas» de Reiki el énfasis tiende a caer en las técnicas de imposición de manos y elementos tales como los preceptos suelen ser considerados de menor importancia, o enseñados de un modo desconectado con las posiciones de las manos.

En su libro *El arte japonés del Reiki*, Bronwen y Frans Stiene indican que «no es la energía la que confiere características únicas

Nombre japonés	Nombre occidental
Gokai	Los cinco principios o preceptos espirituales
Kokyû Hô	Técnicas respiratorias
Tenohira	Sanación mediante palmas o imposición de manos
Jumon y Shirushi	Símbolos y mantras
Reiju	Iniciaciones

ARRIBA. Al seguir una práctica diaria compuesta por un número de elementos armoniosos descubrimos que el camino hacia la iluminación se facilita.

a este sistema, sino el camino recorrido». Casi todos los elementos pueden ser utilizados de forma individual, y la mayoría de ellos serán puestos en práctica por el estudiante que trabaje solo, con la excepción de la sanación mediante imposición de manos, que puede ser aplicada sobre otras personas. Es evidente que Usui pretendía que sus alumnos utilizaran cada uno de los elementos de forma sistemática, creando una práctica diaria que combinase los cinco. Cada elemento encierra sus propias lecciones, así que al practicarlos todos el alumno encuentra un camino hacia la iluminación espiritual.

Los cinco principios espirituales

Cuando aprendí Reiki por primera vez, hace ya muchos años, recuerdo que me enseñaron que Mikao Usui había escrito una serie de principios o preceptos espirituales *(Gokai)* después de haber trabajado en el barrio de los Mendigos (véanse páginas 40-43). El dato forma parte de la versión de Hawayo Takata sobre la historia del creador del Reiki. A mis compañeros y a mí nos contaron que Usui había extraído las pautas para vivir una vida plena de un texto escrito por el emperador Meiji, en tanto que otros maestros consideraban que dichas ideas tenían origen cristiano. Sin embargo, ahora que sabemos que Usui no fue cristiano, debemos descartar esa información. Es muy probable que los preceptos fuesen influidos por las escrituras del emperador Meiji, pero en realidad componen una forma no religiosa de preceptos budistas tradicionales, como aquéllos del Óctuple Sendero. Los preceptos son simplemente pautas para vivir bien la vida.

Cualquiera que sea su origen, también recuerdo que se ponía poco énfasis en la aplicación de estos preceptos como parte de la práctica del Reiki. Nos explicaban que recitar los preceptos a diario, o seguir uno de los principios durante todo el día, provocaría notables efectos sobre nuestra conciencia, pero no se nos enseñaba un método para meditar sobre ellos. Así se divulgaba el Reiki, y el maestro, en aquel momento, no era consciente de que Usui había situado los principios espirituales en el corazón de su sistema por alguna razón.

La importancia de los principios

Los preceptos forman el eje del Reiki, y Mikao Usui los escribió como una guía para el viaje espiritual. Todos los demás elementos del sistema Reiki sustentan estos principios, y precisamente por eso los practicantes deberían meditar sobre ellos a diario para poder saber en verdad lo que es el Reiki y centrarse en él.

Existen múltiples variaciones en los principios enseñados, pero esta traducción de las notas de Usui realizada por Chris Marsh (en *El arte japonés del Reiki*, de Bronwen y Frans Stiene) es, en mi opinión, la más bella por su simplicidad y la más cercana al espíritu de Usui. Éstas son las instrucciones que él dejó:

> El secreto de invitar a la felicidad
> a través de múltiples bendiciones es
> la medicina espiritual para todas
>   las enfermedades.
>
> Sólo por hoy:
>
> No te enfurezcas,
> no te preocupes,
> sé humilde,
> sé sincero en tu trabajo,
> sé compasivo contigo mismo
> y los demás.
>
> Practica *Gasshô* todas las mañanas y
> noches, mantenlo en tu mente
> y recita. Perfecciona tu mente
> y tu cuerpo.

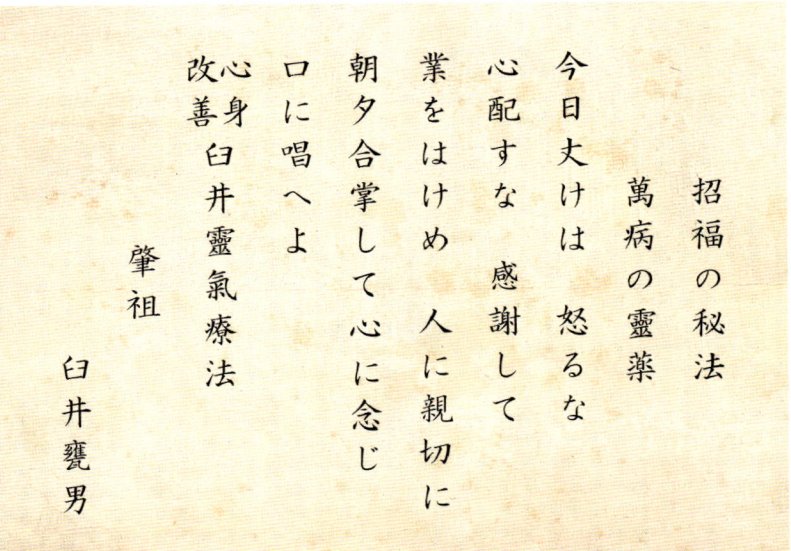

LOS CINCO PRINCIPIOS ESPIRITUALES

Lo primero que Usui nos hace saber es cuáles serán los beneficios que conseguiremos al meditar sobre los preceptos, que son la felicidad y el alivio del sufrimiento, ya sea mental, corporal o espiritual. Además, añade un consejo práctico sobre la posición en la cual meditar *(Gasshô)* y sugiere que los preceptos han de ser aprendidos de memoria para poder recitarlos con facilidad dos veces al día. Finaliza entonces explicando el objetivo último de este ejercicio, que es «perfeccionar la mente y el cuerpo».

ARRIBA. Esta ilustración de los cinco principios espirituales en japonés puede ser utilizada como foco de atención durante una meditación visual sobre los preceptos.

Posturas para la meditación

En sus breves instrucciones (véase página 60), Usui explica que es posible obtener beneficios a partir de la meditación sobre los cinco principio espirituales y la práctica del sistema Reiki. Indica al alumno que debe recitar los preceptos dos veces al día, sentado en lo posible en la tradicional postura *Seiza* (véanse páginas 78-79), con las manos en la posición *Gasshô*. Ambas posturas serán explicadas e ilustradas en esta sección.

Casi todas las prácticas espirituales contienen un número de posturas que los seguidores adoptan, y Usui recibió la influencia tanto de su capacitación budista como de la cultura japonesa, que cuenta con un preciso protocolo corporal relacionado con las muestras de respeto. También pueden adoptarse otras posturas para la meditación (como sentarse en una silla recta o con las piernas cruzadas en el suelo) si *Seiza* resulta excesivamente difícil, pero lo más importante es recordar la posición *Gasshô*.

La posición *Gasshô*

Gasshô significa «unir las palmas», y al adoptar esta postura se consigue acercar las dos mitades del cuerpo. Por tanto, mantener las manos en la misma posición ayuda a serenar y centrar la mente en la meditación, además de tratarse de una forma de mostrar respeto por lo que se está haciendo. Adopta la postura *Gasshô* cada vez que medites sobre los preceptos, tal como indicaba Mikao Usui.

1 Arrodillado, de pie o sentado, eleva las manos al nivel del corazón y acerca las palmas, como si rezaras.

2 No las presiones entre sí: deja un poco de espacio entre ambas y mantén las manos relajadas.

Principios de preparación

Debes seguir estas instrucciones al meditar sobre los principios espirituales y realizar los ejercicios respiratorios.

- Aprende la técnica o principio espiritual con el que vayas a trabajar.
- Siéntate en *Seiza* (véanse páginas 78-79).
- Libera la tensión del cuerpo.
- Céntrate en el *hara* (véanse páginas 104-105).
- Coloca las manos en posición *Gasshô*.

POSTURAS PARA LA MEDITACIÓN

Principio espiritual número 1

Antes de meditar sobre cada principio o precepto, es importante que recuerdes que Usui nos enseña a comenzar siempre por la frase «Sólo por hoy». El propósito de esta regla es mantenernos centrados en el presente. Los occidentales probablemente conocen una pauta similar asociada al Programa de Doce Pasos para el tratamiento de las adicciones. Esta regla no sólo nos mantiene en el aquí y el ahora, sino que también nos ayuda a creer que podemos hacer algo sólo por un día en lugar de planificar acciones durante largos períodos.

Una escritora explica la idea desde una perspectiva ligeramente diferente: hablo de Louise Hay, quien en su libro *Tú puedes sanar tu vida* explica que «el poder se sitúa siempre en el momento presente». Los acontecimientos de nuestra vida están creados por pensamientos y creencias que hemos albergado durante mucho tiempo. Pero todos ellos se encuentran en el pasado, y hoy en día podemos reemplazarlos por pensamientos e ideas que den paso a una vida más feliz.

No te enfurezcas

Siempre cumple con los principios de preparación (véase página 60) cuando medites sobre los principios espirituales y practiques los ejercicios respiratorios.

Sólo por hoy:
no te enfurezcas

Meditar sobre este precepto nos exige considerar la naturaleza de la ira. Sin duda, los recuerdos dolorosos nos recordarán momentos en los que perdimos los estribos u otras personas se enfadaron con nosotros y sentimos que nuestros cuerpos se encogían ante la fuerza de su furia. Intentamos evitar la ira de los demás, pero lo cierto es que en ocasiones nos preocupa menos evitar nuestra propia ira y nos sentimos libres de darle rienda suelta a voluntad.

La ira tiende a surgir a partir de la sensación de que hemos perdido el control de una persona o una situación. Y cuando nos enfadamos con la persona, sentimos que estamos recuperando dicho control. Pero ésta, por supuesto, es una percepción falsa. En realidad estamos perdiendo el control de nosotros mismos.

Si observas tu ira en el momento en que se desata, verás que refleja algo sobre ti mismo que necesita atención, más que un defecto en la persona con la que te estás enfadando. Las personas que incorporamos a nuestra vida son nuestros espejos, así que analiza con cuidado a aquellas que más te molestan porque reflejan aspectos de ti mismo que preferirías no ver. Conviértete en observador de tu ira antes de expresarla, y te darás cuenta de que no hay razones para enfadarse.

IZQUIERDA. Cuando damos rienda suelta a nuestra ira lo hacemos porque sentimos que necesitamos recuperar el control sobre los demás. Pero lo que hemos perdido es el control sobre nosotros mismos.

Principio espiritual número 2

Te recomiendo que coloques una copia de los principios espirituales en algún sitio donde puedas verlos durante el día, como por ejemplo en la puerta de la nevera. Otra posibilidad es que pongas en práctica tus habilidades caligráficas y los escribas en algún papel especial. Puedes enmarcarlos si te apetece, y colocarlos en varios rincones de tu casa o tenerlos cerca mientras trabajas para poder recordarlos constantemente.

Tienes la posibilidad de recitar los preceptos en voz alta o repetirlos en silencio para ti mismo. La ventaja de recitarlos en voz alta es que siempre podrás entablar una conexión más intensa con los significados, del mismo modo que cantar un mantra ayuda a recibir las vibraciones de sus sonidos (véanse páginas 88-89).

No te preocupes

Cumple con los principios de preparación cuando medites sobre los principios espirituales y practiques los ejercicios respiratorios.

> Sólo por hoy:
> no te preocupes

La preocupación está en todos lados. Todo el mundo parece preocupado por algo, y algunos de nosotros destacamos en este «arte» porque sólo vemos nubes oscuras por encima de nuestra cabeza, por mucho que esté brillando el Sol. La preocupación provoca un estrés innecesario, y cuando nos preocupamos por otras personas creemos que hacerlo es una forma de demostrar lo mucho que nos importan. Pero la preocupación no es una demostración de amor, sino una manifestación de nuestros miedos internos dirigidos a los demás.

Por otra parte, al preocuparnos acabamos viviendo en el futuro en lugar de hacerlo en el ahora. La frase «tal vez no suceda nunca» encierra una gran verdad, pero cuando sentimos preocupación estamos muy seguros de que sí sucederá. La preocupación nos arrebata la paz mental y nos hace perder tiempo y energía.

Cuando nos preocupamos perdemos la fe. Ya no somos capaces de ver «el panorama general» ni de confiar en lo que nos está sucediendo. Nos preocupamos por el futuro e intentamos controlarlo para protegernos del dolor, en lugar de permitir que se abra y nos invite a experimentar vivencias incluso más fabulosas de las que jamás hemos imaginado.

En la mayoría de los casos nos preocupamos porque no consideramos que el mundo esté lleno de abundancia, y sabemos que tendremos que luchar por todo lo que deseemos. Así que elige algo que te suponga una preocupación y sólo por hoy deja de inquietarte al respecto. Pide ayuda al Universo y ten fe de que recibirás una respuesta. No pierdas tiempo preocupándote.

DERECHA. Cuando nos preocupamos estamos viviendo en el futuro en lugar de hacerlo en el presente. Deberíamos confiar en que el Universo nos apoyará.

Principio espiritual número 3

Los principios tienen la finalidad de ayudarnos a vivir adoptando actitudes correctas. Las personas espiritualmente avanzadas han integrado estos principios a su vida, y les resultan tan naturales como respirar. Sin embargo, casi todos necesitamos que nos recuerden en qué tendríamos que centrar nuestra atención. Algunos de los principios nos resultarán más familiares que otros, y si tomamos conciencia de cuáles son los que nos atraen más y cuáles los que preferimos ignorar aprenderemos mucho sobre nosotros mismos. Pregúntate si tal vez aquellos con los que crees necesitar una conexión menor son los que requieren más atención por tu parte.

Sé humilde

Siempre cumple con los principios de preparación (véase página 60) cuando medites sobre los principios espirituales y practiques los ejercicios respiratorios.

Sólo por hoy:
sé humilde

Ser humilde, o mostrar humildad, tiene por desgracia algunas connotaciones negativas. Y son precisamente las que aparecen en nuestra mente cuando analizamos este precepto. Una persona descrita como «humilde»

IZQUIERDA. La gratitud es la esencia de la humildad. Despierta cada día agradeciendo todo lo que tienes.

es considerada modesta o dócil. El término también implica ser «pobre» o «no privilegiado», pero lo peor de todo es que una persona humilde puede ser calificada de servil. Y estos atributos son menospreciados en una sociedad que tiende a valorar a las personas que alcanzan sus objetivos a expensas de otras, en lugar de apreciar a quienes se ponen al servicio de los demás.

Por consiguiente, preferimos no considerarnos humildes. En términos modernos, la palabra define a un «perdedor». Sin embargo, si observamos a los líderes espirituales, los filósofos y los científicos, además de a quienes trabajan por el bien de la humanidad, probablemente reconozcamos que comparten una cualidad de humildad que les permite brillar tan intensamente.

Ser humilde no significa caer en la falsa modestia ni obligarse a adoptar un comportamiento servil. Eso sería una forma de egotismo. Por el contrario, debemos considerar que la gratitud es la esencia de la humildad.

Cuando te despiertes, da «gracias» por tu vida y todo lo que ésta contiene, sea lo que fuera, y agradece la oportunidad de experimentar otro día. La gratitud hacia el Universo, tanto por los buenos y los malos aspectos de tu vida y la de otras personas, te aporta paz y abundancia. Ser humilde supone aceptar la verdad de tu ser interior y vivirla plenamente.

Principio espiritual número 4

Cuando incorpores los preceptos del Reiki a tu vida deberías considerar qué principios guían ya tu vida. ¿Realmente eres consciente de ellos y podrías exponerlos por escrito? Se trata de un ejercicio interesante porque casi todos consideramos que contamos con principios que nos guían, pero no tenemos claro qué papel desempeñan en nuestra vida cotidiana y quizá no somos sinceros con nosotros mismos sobre las reglas que rigen nuestra existencia.

Sé sincero en tu trabajo

Cumple con los principios de preparación cuando medites sobre los principios espirituales y practiques los ejercicios respiratorios.

> Sólo por hoy:
> sé sincero en tu trabajo

Éste es quizá el principio que más cuesta comprender. Al principio podría parecer que la frase se refiere a la forma en que ejecutas tu trabajo; es decir, a cómo te desempeñas en tu empleo. Pero considero que requiere una interpretación mucho más amplia, que consiste en analizar cómo nos comportamos en la vida en todos sus aspectos cotidianos.

Cuando indagues en el significado de este principio, pregúntate qué cualidades asociadas a la sinceridad te resultan importantes. Tal vez opines que la sinceridad en la expresión y la acción es crucial, independientemente de la forma en que afecte a otras personas. ¿Es esta clase de sinceridad una forma de orgullo egotista?

Es posible que, sobre todas las cosas, este precepto nos pida que seamos sinceros con nosotros mismos. Porque solemos ser muy poco sinceros con nuestra propia persona, y lo demostramos de muchas maneras. Por ejemplo, tendemos a perdonarnos por acciones que no toleramos en los demás. Nos engañamos y nos robamos a nosotros mismos cuando descuidamos la práctica del Reiki, o cuando no seguimos nuestros impulsos pasionales en nuestro trabajo, y en lugar de ello hacemos lo que se espera de nosotros. Por eso debes considerar toda tu vida como tu trabajo y analizar en qué áreas podrías ser más sincero y qué necesitas para lograrlo.

Trabajo con espejo

Un método práctico para trabajar la sinceridad consiste simplemente en utilizar un espejo. Mira tu reflejo y expresa en voz alta algo que admires sobre ti mismo, como por ejemplo: «Soy adorable». ¿Qué te parece? ¿Sientes algún malestar al decirlo? Sé sincero contigo mismo, acepta lo que sientas y cambia lo que consideres necesario.

DERECHA. Es importante que seamos sinceros con nosotros mismos antes de comenzar a ser sinceros con los demás.

PRINCIPIO ESPIRITUAL NÚMERO 4

Principio espiritual número 5

Integrar los cinco principios espirituales a tu vida exige autodisciplina en el desarrollo de una práctica diaria. Y también significa aceptarse a uno mismo con amor. Cuando percibas defectos, no respondas con culpa y vergüenza: el lado sombrío, como algunos lo llaman, siempre tiene que ser aceptado, a pesar de que preferiríamos que no existiese y tratarlo como a un enemigo. Cuanto más nos esforcemos por luchar contra ese aspecto de nosotros, menos posibilidades tendremos de amarnos a nosotros mismos o a otras personas. Si lo deseas, puedes explicar por escrito algunas de tus creencias negativas sobre ti mismo y preguntarte quién te las ha impuesto, o si en realidad cuentas con una razón para continuar manteniéndolas.

Sé compasivo contigo mismo y con los demás

Cumple con los principios de preparación cuando medites sobre los principios espirituales y practiques los ejercicios respiratorios.

> Sólo por hoy:
> sé compasivo contigo mismo
> y los demás

Observa que lo primero que se nos pide es que seamos compasivos con nosotros mismos. Cuando actuamos con amor hacia nosotros somos más capaces de dar amor a los demás, pero nos suele resultar demasiado difícil amarnos porque hay muchos aspectos de nuestra persona que no nos gustan. La aceptación y el perdón de todo lo que encontramos imperfecto en nuestra vida es el eje de la compasión.

Valorar la contribución que las personas han hecho a nuestra vida nos permite mostrar compasión hacia ellas. Esto incluye a quienes consideramos problemáticos y nos enfurecen o nos causan preocupaciones. Meditar sobre el divino propósito del dolor y la alegría en la vida te ayudará a desarrollar la compasión y a ser Uno con todo.

Afirmaciones

Cuando repetimos una afirmación con regularidad demostramos compasión por nosotros mismos y el deseo de cambiar para mejor.

Piensa en lo que quieres cambiar de tu vida. Sumérgete en lo más profundo de ti para intentar descubrir las ideas que te impiden efectuar dicho cambio, y luego escribe una afirmación que te libere de tales creencias. Por ejemplo, si te sientes inseguro, podrías afirmar que «El Universo siempre me apoya y me protege».

IZQUIERDA. Al amar y perdonar, es más fácil manifestar nuestra compasión.

Técnicas respiratorias

La respiración es fundamental para nuestra existencia. Podemos vivir sin agua ni comida durante varios días, pero sin respirar no podemos mantenernos con vida más que unos minutos. En el momento de nacer, la primera inspiración del bebé es la primera ocasión en la que absorbe energía hacia su cuerpo por sí solo. El aire es una fuente de energía, y la respiración es el mecanismo mediante el cual lo ingerimos, aunque lo hagamos sin pensar. Tampoco consideramos el efecto que la respiración ejerce sobre nuestros sistemas corporales: la respiración es una acción que ejecutamos hasta que morimos.

Tanto nuestro estado mental como la condición de nuestro sistema nervioso ejercen un efecto sobre nuestra respiración. Cuando nos encontramos molestos o ansiosos sentimos que el pecho se tensa y que nuestra respiración se vuelve más acelerada. Y debido a que la respiración es superficial, nuestro organismo no recibe suficiente oxígeno, por lo cual respiramos incluso más deprisa por intentar absorber más. El resultado extremo de este proceso es la hiperventilación, que tiende a causar mareos o desvanecimientos, y con frecuencia está asociada a los ataques de pánico.

La ansiedad afecta a nuestra capacidad para hacer circular el *ki* por todo el cuerpo y absorber más energía. Pero si ralentizamos nuestra respiración con técnicas meditativas podremos mejorar la circulación de *ki* e incrementar la cantidad de energía que recibimos.

En japonés, las técnicas respiratorias que enseñaba Usui reciben el nombre de *Kokyu Ho*. La respiración controlada está incluida tanto en el Yoga como en el Chi Kung como herramienta de autosanación, mientras que en las artes marciales se utiliza para elevar el nivel energético.

Exhalación

Uno de los procedimientos de primeros auxilios para tratar un ataque de hiperventilación consiste en que la persona respire dentro de una bolsa de papel y la expanda. La razón por la que se aplica esta técnica es que necesitamos exhalar más cuando estamos hipeventilando, aunque nuestro instinto nos lleve a incrementar las inhalaciones. Por eso los ejercicios que aparecen en las próximas páginas enfatizan más en la espiración. En el ejercicio de respiración básico de Chi Kung (véanse páginas 76-77) se hace especial hincapié en la exhalación, puesto que es esta acción la que favorece la relajación del cuerpo. Incluso utilizamos la frase «respirar aliviados» cuando nuestra respiración refleja la liberación mental que estamos experimentando.

DERECHA. Las técnicas respiratorias son importantes para mejorar la circulación del *ki* e incrementar la energía.

Ejercicio de respiración 1

Este ejercicio básico del Chi Kung te ayudará a respirar de forma más lenta y profunda. Antes de comenzar deberías determinar cuántas respiraciones realizas por minuto. La media es alrededor de dieciséis, pero después de practicar este ejercicio respiratorio con regularidad probablemente notes que esa cifra se reduce a cinco respiraciones, o menos. Los principiantes y las personas que tienen problemas en este área no deberían forzar los cambios en su patrón respiratorio. Con sólo mantener la práctica, los cambios se producirán por sí solos de forma natural y a un ritmo adecuado. No contengas la respiración en cualquier momento por intentar ralentizarla.

Es posible que te resulte útil al principio apoyar las manos sobre el abdomen o el pecho para sentir el movimiento que llevas a cabo al respirar. Puedes practicarlo de pie o tumbado, o bien en la postura *Seiza* (véanse páginas 78-79).

Si practicas esta técnica con regularidad, notarás que comienzas a emplear esta forma de respiración naturalmente sin tener que concentrarte en su ejecución.

1 Empieza por exhalar por la nariz. Al final de la espiración, tensa los músculos del estómago y aplana ligeramente el vientre. Notarás que el diafragma empuja hacia arriba, empujando el aire en sentido ascendente y fuera de tu cuerpo. Expulsa todo el aire que puedas sin forzar la acción, hasta que sientas que tus pulmones han quedado vacíos.

2 Relaja los músculos del estómago, inspira naturalmente y lleva el aire hacia abajo, en dirección al abdomen, que entonces se expandirá bajo tus manos como un globo. No fuerces esta acción, porque crearás tensión y echarás a perder su efecto. Una vez que el abdomen esté lleno, exhala de nuevo y repite el paso 1.

Advertencia

Al principio no practiques esta técnica de forma excesiva. Comienza trabajando con tres respiraciones y gradualmente incrementa el número de repeticiones.

Postura para respirar

La respiración *ki* mejora la distribución de nutrientes por todo el cuerpo y acelera la eliminación de toxinas. También fortalece el hígado, los riñones y el sistema inmunitario. Nuestra postura afecta significativamente la calidad de nuestra respiración. Si sufres de asma o conoces a alguien con esta afección, probablemente habrás notado que durante un ataque se tiende a encorvar los hombros y redondear la espalda. Este gesto cierra el área del pecho, lo que limita la respiración todavía más. Y lo más habitual es que el cuerpo mantenga esta postura incluso una vez superado el ataque, lo que favorece que el cuadro persista.

Abrir el área pectoral (manteniendo los hombros hacia abajo y atrás, adoptando regularmente la postura *Seiza* aquí explicada, o bien haciendo ejercicios que estiren estos músculos) resulta vital para mejorar la calidad de la respiración y la circulación de la energía por todo el cuerpo.

Sentarse en *Seiza*

Sentarse en esta postura permite que la energía se desplace por la columna y abra el centro del corazón.

1 Flexiona las piernas ligeramente y apoya la rodilla derecha en el suelo.

2 A continuación, apoya la rodilla izquierda a su lado, de tal manera que los dedos «gordos» se toquen. Las rodillas deberían mantenerse a unos de 20 cm de distancia.

3 Inclínate hacia delante sobre las rodillas y luego regresa hasta sentarte sobre los talones. Mantén los ojos relajados, pero no dejes de concentrarte en un punto situado frente a ti.

Postura alternativa
A los occidentales les resulta bastante difícil mantener esta postura. Si sientes dolor muscular, coloca un cojín en la cara posterior de las rodillas.

Ejercicio de respiración 2

El objetivo de esta técnica es centrar la mente en el *hara* (véanse páginas 104-105) para fortalecerlo. No tiene ningún sentido practicar estos ejercicios respiratorios, ni meditar, de forma ocasional. No apreciarás los beneficios a menos que sigas una rutina regular, ya que los efectos de cualesquiera de estas actividades cambian con el tiempo.

Al principio es posible que experimentes cambios a nivel físico o emocional, seguidos de alteraciones en la percepción de tu propia energía. Estas modificaciones variarán en cada individuo, así que no pienses que existen resultados específicos que debas esperar. Sin embargo, estos cambios son la punta del iceberg. Sólo con la práctica regular conseguirás percibir aquello que se oculta bajo la superficie.

Es posible que al comienzo te resulte difícil visualizar la energía expandiéndose por todo el cuerpo. Si éste es el caso, te sugiero que plantees en tu mente la intención de que la energía se expanda por todo tu cuerpo y que llene el espacio físico que rodea tu persona. De todas formas, lo importante es que no fuerces la visualización porque destruirías el efecto del ejercicio.

Tal como sucede con las demás actividades, incrementa la práctica de forma gradual, y si experimentas mareos tómate un descanso de entre cinco y diez minutos, y luego reanuda el ejercicio.

Antes de comenzar, recuerda los principios de la preparación (véase página 60).

1. Después de colocar las manos en posición *Gasshô* (véase página 62), apóyalas en las rodillas con las palmas hacia arriba.

2. Comienza con una espiración, como en el ejercicio de respiración 1 (véanse páginas 76-77), ya que así dejarás salir de los pulmones el aire viciado. Durante la inhalación, respira por la nariz llevando el aire hacia el abdomen, e imagina que se llena de energía. El abdomen físicamente se hinchará, como en el ejercicio 1.

3. Durante la exhalación, visualiza la respiración como una energía que se expande para llenar todo tu cuerpo, y posteriormente lo abandona a través de la piel, para llenar el espacio que te rodea. Para ello deberás prestar menos atención al aire que deja el cuerpo a través de la nariz y concentrarte en la zona del *hara,* considerándola la fuente de la energía que de allí parte.

4. Finaliza colocando las manos nuevamente en la posición *Gasshô*.

Ejercicio de respiración 3

Ésta es una actividad respiratoria más avanzada, similar a algunas de las técnicas *Pranayama* utilizadas en el Yoga —como la respiración que alterna los orificios nasales—, puesto que la finalidad del ejercicio es unir los lados derecho e izquierdo del cuerpo y crear una sensación unificada del ser. También resulta muy útil para desarrollar la sensibilidad en las manos, tan valiosa para trabajar con la energía sanadora.

Comienza siguiendo los principios de la preparación (véase página 60), ya que te ayudarán a centrarte en el ejercicio y se convierten en una manera de subrayar el hecho de que estás entrando en un espacio especial.

Dificultades respiratorias

Las personas que sufren problemas respiratorios son muy conscientes de su respiración.

Durante mi adolescencia, mi padre me enseñó técnicas respiratorias de Yoga para mitigar mi asma. Ya de adulta, el asma desapareció, y después de aprender métodos respiratorios de Chi Kung, en los que controlas y extiendes la exhalación, comencé a mejorar todavía más. Combinados con el Reiki, estos ejercicios ayudan a eliminar las dificultades durante la respiración.

1 Sentado y con la espalda recta, ya sea en la postura *Seiza* (véanse páginas 78-79) o en una silla de respaldo recto o un taburete, coloca las manos en posición *Gasshô* (véanse páginas 62-63) y no pierdas la postura. Centra la mente en tu *hara* (véanse páginas 104-105) y mantén la atención allí.

2 Durante la inspiración, no sigas el recorrido de la respiración que entra por la nariz y se dirige hacia el abdomen. Lo que debes hacer es visualizar la energía que entra por tus manos, fluye por tus brazos y desciende por el cuerpo hacia el *hara*. Con la práctica, sentirás y visualizarás la energía que entra por tus manos.

3 En la espiración, mueve la energía desde el *hara* en sentido contrario (es decir, por los brazos en dirección a las manos), desde donde deberá salir.

Repite el proceso incrementando el número de repeticiones de forma gradual, como en el resto de los ejercicios. Si te resulta complicado percibir la energía que se mueve con la respiración, no te preocupes por si lo estás haciendo correctamente o no; limítate a creer que sí lo estás haciendo bien.

Sanación mediante las palmas o imposición de manos

Todos empleamos las manos para sanar. Cuando tocamos a alguien con intención de tranquilizarlo, o le damos un abrazo, o lo besamos para que su dolor desaparezca, estamos aplicando el tacto, pero también transmitiendo una energía a la otra persona que le ayudará a curarse. Los que trabajan con la energía saben de qué estoy hablando. Sin embargo, quienes no están familiarizados con esta actividad quizá sólo tienen el presentimiento de que detrás de su instinto de tocar a una persona o un animal que sufre existe algo más poderoso, y que no se trata únicamente de una muestra de preocupación.

Muchas personas son conscientes de que si apoyan las manos sobre su estómago cuando les duele, después de unos instantes se sienten un poco mejor. Y es posible que sus manos alcancen una temperatura más elevada, pero ellas ignorarán la razón. Nada de esto sucede porque gocen de un talento especial, porque todos podemos transmitir esta energía a nosotros mismos y a los demás apoyando nuestras manos sobre el cuerpo.

La imposición de manos con fines sanadores es una tradición propia de casi todas las culturas y sociedades. Algunos creen que los sanadores cuentan con un don especial que les ha concedido Dios. Es cierto que algunos sanadores espirituales e intuitivos son capaces de reunir suficiente energía como para sanar directamente desde la fuente sin haberse capacitado previamente en una práctica como el Reiki.

Sin embargo, la mayoría de las personas utilizan su propia energía cuando apoyan las manos sobre sí mismos u otros con la intención de sanarlos, y a largo plazo quedan desprovistas de *ki* y pueden caer enfermas. Por esa razón es tan importante aprender una práctica como el Reiki.

Accede a la energía fuerte y veloz

La sanación mediante imposición de manos del Reiki, o «sanación con las palmas», como se traduce del japonés el término *Tenohira*, no es en ningún caso el único sistema para transmitir energía sanadora, aunque sí es único en cuanto a la simplicidad del método. En comparación con otras prácticas, el practicante puede acceder inmediatamente a la energía Reiki. Además, la energía fluye a gran velocidad y con fuerza en la mayoría de las personas desde el momento de la primera iniciación (véanse páginas 96-97), y si el practicante tiene intención de utilizarla puede acceder a ella en ese mismo instante. Por eso se convierte en la práctica ideal para la mayoría de la gente.

IZQUIERDA. Con frecuencia, cuando calmamos a alguien abrazándolo o tocándolo de una manera especial, estamos utilizando nuestras manos para sanarlo, aunque no seamos conscientes de ello.

Sanación Reiki tradicional a través de las palmas

Mikao Usui incorporó la sanación mediante imposición de manos a su sistema Reiki durante los últimos años de desarrollo de la técnica, pero en la actualidad se ha convertido en uno de sus aspectos dominantes. La sanación con las palmas fue una práctica muy popular en Japón en el momento en que Usui comenzó a establecer su sistema Reiki y, según Bronwen y Frans Stiene en *El arte japonés del Reiki*, uno de los alumnos de Usui, Eguchi Toshihiro, trabajó con algunos de los grupos que practicaban esta forma de sanación. Posteriormente, este hombre publicó en 1930 una guía sobre las posiciones de las manos, y en la actualidad se sabe que otros alumnos publicaron manuales similares.

Cuando Usui comenzó a enseñar a sanar con las palmas, lo hacía principalmente con la intención de ofrecer una herramienta de primeros auxilios. Quizá este hecho refleja su primera experiencia con la energía, como el hecho de haber conseguido detener el flujo de sangre de su dedo del pie cuando descendía de su retiro en la montaña. La información recopilada entre sus alumnos sugiere que Usui no empleaba un método estructurado de posiciones de manos para tratar todo el cuerpo, sino que se centraba en la cabeza y en las partes que necesitaban cuidados especiales. Todo ello refleja que sus primeros aprendices eran también estudiantes avanzados de otras prácticas esotéricas, y que por eso no necesitaban de una técnica estructurada.

Las posiciones de las manos

Cuando Usui comenzó a enseñar a cada vez más alumnos inexpertos, se dio cuenta de que le hacía falta contar con una técnica más formalizada, y pidió a su discípulo Chujiro Hayashi que creara una serie de posiciones de manos que, sistemáticamente, funcionaran sobre todo el cuerpo. Es probable que haya solicitado esta tarea a Hayashi debido a la preparación médica con que éste contaba.

Es probable que dichas posiciones de manos hayan sido modificadas de alguna manera por Hawayo Takata, pero eso no resta efectividad al sistema. Ciertamente, la pauta de centrar el trabajo de sanación sobre los chakras, en lugar de hacerlo sobre el *hara* durante el proceso de imposición de manos, fue introducida en los años 80, y se trata de una interpretación puramente occidental de la aplicación de este sistema, si bien no es lo que enseñaba Takata.

Las posiciones de manos pueden variar ocasionalmente entre las escuelas de Reiki, pero como saben los practicantes experimentados, las reglas son sólo una guía. La esencia de la práctica radica en permitir que la sabiduría de la energía guíe la acción de las manos. (La Parte 4 incluye una guía detallada de las posiciones de manos.)

DERECHA. La sanación mediante imposición de manos fue incorporada más tarde al sistema Reiki, pero ahora se ha convertido en un aspecto dominante de esta práctica.

Mantras

Un mantra está compuesto por palabras o sonidos que se repiten como una forma de meditación. Principalmente, los mantras están asociados a las prácticas religiosas o espirituales orientales. Quizá uno de los mantras más famosos (conocido por muchas personas, sean religiosas o no) es el *Om mane padme hum*, que es el principal para los budistas tibetanos.

La entonación de los mantras es también la base de la Meditación Trascendental, una práctica de gran popularidad en todo el mundo. Los seguidores del budismo japonés nichiren shoshu, otra práctica que se ha popularizado en Occidente, entonan el mantra *Nam myoho rege kyo* como parte de su ritual diario. En el sufismo, que es la rama mística del islam, sus seguidores entonan *Allah-hu*.

Es la combinación del poder de la palabra, la concentración en el cántico y el efecto sobre la respiración lo que consigue que el mantra produzca intensas transformaciones en el practicante. Con la práctica regular, aporta claridad espiritual y una sensación de conexión con el Universo.

El Reiki cuenta con sus propios mantras, que por lo general se enseñan como los nombres de los cuatro símbolos introducidos en los niveles de Segundo y Tercer Grado. Sin embargo, no se trata estrictamente de nombres. En japonés se los llama *Jumon*, que se traduce como «sonido que invoca una vibración cósmica muy específica». También se los conoce como *Kotodama*, que quiere decir «palabras que encierran espíritu».

Los mantras del Reiki, que yo abreviaré aquí como CKR (véanse páginas 166-167), SHK (véanse páginas 168-169), HSZSN (véanse páginas 170-171) y DKM (véanse páginas 190-191), provienen de una combinación de shinto y fuentes budistas. No he escrito los mantras completos, aunque cualquiera que haya alcanzado el nivel de práctica para utilizarlos los reconocerá y podrá utilizarlos cuando aparezcan en los ejercicios.

Entonación

Si deseas practicar la entonación de los mantras, sigue el siguiente procedimiento. Puesto que los mantras resultan más efectivos cuando se los entona en voz alta, busca un lugar en el que nadie te moleste y trabaja con los mantras de uno en uno, durante períodos de tres a seis meses, para que te familiarices con sus vibraciones y sus efectos únicos. Repite este ejercicio durante todo el tiempo que desees, pero ten presente que aprender a entonar y sentir la vibración interior requiere paciencia.

Ejercicio con mantra

La meditación con sonido resulta más eficaz si el cuerpo se encuentra en posición vertical.

1 Siéntate en la postura *Seiza* o en una silla con la espalda recta.

2 Apoya las palmas sobre las rodillas para mantenerte relajado. Si lo prefieres, coloca las manos en *Gasshô*.

3 Inspira por la nariz, conduciendo el aire hasta el *hara*. Durante la espiración, pronuncia el mantra con claridad y corrección.

Poemas *waka* japoneses

Es posible que Japón sea más conocido por sus coches de exportación, consolas de juego y cómics, pero su poesía es uno de sus legados culturales. La tradición de la poesía escrita entre la nobleza, junto con la práctica de la caligrafía, ha existido en Japón durante siglos. Y al pertenecer a la clase samurái, Usui creció asimilando esta tradición de la poesía escrita como una forma de expresar las emociones, conmemorar algún acontecimiento o registrar una observación de la naturaleza. Su empleo de un estilo particular de poesía *(waka)* con fines meditativos fue desconocido hasta hace poco entre los practicantes de Reiki, pero ya está adquiriendo cada vez más popularidad.

Para ayudar a sus alumnos en su crecimiento espiritual, Usui se basó en una selección de *waka* escritos por el emperador Meiji. Todos estos poemas figuran en *El espíritu del Reiki,* de W. Lubeck, F. Arjava Petter y W. Rand. En la página 91 encontrarás dos ejemplos de *waka* escritos por el emperador Meiji y traducidos por Inamoto Hyakuten.

Puedes utilizar estos poemas en tu práctica de meditación en lugar de recurrir a los principios espirituales, o recitar un *waka* como un mantra. Usui animaba a sus alumnos a entonar o cantar el *waka* y a asimilar las revelaciones que éste les ofreciera.

Una sugerencia para el desarrollo de tu práctica del Reiki es que intentes escribir tu propio *waka*. Tradicionalmente el *waka* carece de concepto de rima, ni siquiera de versos, ya que utiliza unidades y frases. La estructura del poema es típicamente cinco líneas de 5, 7, 5, 7 y 7 sílabas, aunque el ejemplo «Cielo» que encontrarás en la próxima página está formado por dos líneas, cada una de las cuales consta de ocho sílabas en su idioma original.

Un diario de Reiki

Durante años he animado a mis alumnos a llevar un diario de Reiki, en particular durante el período de veintiún días posterior a cada clase. Escribir un diario todos los días es una forma de meditación, y me atrevo a animar a todo el mundo a tomarse al menos quince minutos diarios para liberar sus pensamientos y sentimientos sobre un papel. Se trata de una forma extremadamente valiosa de eliminar la basura de la mente y permitir que el espíritu creativo emerja y se exprese. A pesar de que es posible utilizar cualquier tipo de cuaderno como diario de Reiki, es preferible que honres tus pensamientos buscando alguno que te resulte visualmente agradable, ya que inspirará todavía más a sentarte a escribir.

Asamidori sumiwataritaru ohzorano, Hiroki onega kokoro to monaga (Ten)
Como un gran cielo color verde claro, desearía que mi corazón fuese así de inmenso (Cielo)

Akino yono tuskiwa mukashini kawarenedo
yoni nakihito no ooku narinuru (Tsuki)
La Luna de una noche otoñal permanece inmutable,
pero en este mundo el número de fallecidos se ha elevado (Luna)

Traducción de I<small>NAMOTO</small> H<small>YAKUTEN</small>

POEMAS WAKA JAPONESES

Uso universal de los símbolos

Desde los tiempos más remotos todas las culturas han empleado símbolos, predecesores de la palabra escrita y poseedores de un poder que las supera. Porque, en efecto, los símbolos encierran una multitud de significados que hablan al intelecto, a las emociones y al alma. Por esa razón, muchos de los que todavía continúan resultándonos poderosos en la actualidad han nacido en culturas antiguas en las que eran utilizados tanto en el arte como en los rituales religiosos.

En términos generales, nos suele costar expresar el significado de un símbolo determinado, aunque sí sabemos que nos habla y que se trata de algo que sentimos en nuestro corazón más que en nuestra mente. Los símbolos nos retan a llegar más allá de lo obvio y, con frecuencia, los más simples encierran los significados más complejos.

Algunos símbolos parecen ser específicos de ciertas culturas, pero como sucede con las distintas creencias religiosas, notaremos que un símbolo predominantemente asociado a una cultura también aparece en otras, aunque mostrando algunas diferencias. La cruz, que aparece en distintos formatos, es un claro ejemplo (véase próxima página).

La cruz

La cruz está estrechamente vinculada al cristianismo, y debido a la expansión global de esta religión se trata de uno de los símbolos más potentes del mundo. Otro ejemplo de cruz es la celta, cuya forma combina la cruz tradicional y el círculo. Originaria de una religión anterior, representa la unidad de lo masculino y lo femenino: el círculo simboliza la energía procreadora de la mujer y la cruz la energía masculina. Por su parte, el *ankh* egipcio representa la clave para desvelar los misterios del cielo y la tierra. Como en el caso de la cruz celta, su forma combina las energías masculina y femenina. Ambas cruces son anteriores a la cristiana.

La espiral

Otro símbolo que aparece en diversas culturas, y resulta de particular interés para el practicante de Reiki, es la espiral. Las espirales y los nudos infinitos resultan especialmente evidentes en la decoración celta. La espiral representa el movimiento de la energía, y el nudo infinito simboliza la eternidad. Del mismo modo, en la tradición del Yoga, la energía *kundalini* que conduce a la iluminación es representada como una serpiente enrollada. En otras palabras, una espiral.

Asimismo, se cree que toda la energía fluye formando espirales, y que éstas representan las energías solar y lunar, masculina y femenina. Este antiguo concepto de la espiral como representación de la fuerza vital se ha visto reforzado por el descubrimiento de que el ADN humano también es una espiral.

CRUZ LATINA   CRUZ CELTA   ANKH EGIPCIO

ESPIRAL PREHISTÓRICA   ESPIRAL CELTA DE NUDOS

Los símbolos del Reiki

Los símbolos utilizados en el Reiki que se enseñan a partir del Segundo Grado han sido motivo de debate entre las diferentes escuelas de esta disciplina.

La publicación de *Reiki esencial,* de Diane Stein, en 1995 supuso un gran cambio en el Reiki occidental. Algunos maestros aconsejaban a sus alumnos que no lo leyeran porque rompía las reglas, un punto de vista nacido de la idea de que los símbolos debían ser secretos y sagrados.

Los maestros tradicionales enseñan los símbolos siguiendo el método de Hawayo Takata, lo cual supone la memorización de todos ellos durante la clase y la eliminación de todos los papeles en los que el alumno haya practicado la simbología. Pero, en realidad, este sistema suele implicar que los alumnos olvidan cómo dibujar los símbolos más complicados y no se atreven a pedir a sus maestros que se los enseñen de nuevo, por miedo a ser considerados imperfectos o faltos de dedicación.

Resulta justo decir que, en el momento en que los símbolos fueron publicados, existía cierto aire de elitismo entre la comunidad Reiki. En mi opinión personal, el debate le obligó a reflexionar sobre sus actitudes y a aceptar que era inevitable que los símbolos se hicieran públicos, dadas las múltiples formas en que se enseñaba el Reiki y, por supuesto, al creciente uso de Internet.

Los cuatro símbolos principales

También salió a la luz otra cuestión relacionada con los símbolos. Se descubrió que cuando los alumnos de Hawayo Takata que habían alcanzado la categoría de maestros se reunieron después de la muerte de su tutora, surgieron variaciones entre los símbolos que ella misma les había enseñado. Si Takata no les enseñó los símbolos exactamente de la misma manera a todos es muy probable que muchas más variaciones hayan sido transmitidas de maestros a alumnos. En la actualidad circulan numerosos símbolos adicionales, pero la mayoría de los practicantes aún se centran en los cuatro principales.

Después de este debate sobre los símbolos durante los años 90, se descubrió que Mikao Usui introdujo los cuatro símbolos en la última etapa de su enseñanza. Ciertamente, parece que la simbología para ellos no constituía el «eje» del sistema. Y en lo relativo a las posiciones de manos, las incorporó sólo como una ayuda para la práctica de sus alumnos. En la Parte 3 encontrarás más detalles sobre cada símbolo individual, además de métodos para meditar sobre ellos como parte de tu crecimiento espiritual personal e información acerca de su utilización con fines sanadores.

DERECHA. Mikao Usui introdujo los cuatro símbolos en la última etapa de su enseñanza, con la intención de que fuesen utilizados como una herramienta de concentración durante la meditación.

Iniciaciones

En el Reiki occidental, la iniciación forma parte de la clase. Los maestros y las escuelas pueden variar en el número de iniciaciones que ofrecen en cada nivel de Reiki, así como en el método que utilizan para transmitirla, pero nadie, por lo que sé, enseña Reiki sin este proceso de fortalecimiento personal.

La historia es algo diferente en el Reiki japonés. Mikao Usui ofrecía una bendición espiritual —llamada *Reiju*— a sus alumnos. Y no lo hacía en una única ocasión, sino con frecuencia.

La diferencia entre un *Reiju* y una iniciación de estilo occidental es que el primero no tiene la intención de fortalecer a la persona energéticamente de la misma manera. Resulta muy probable que Usui fuera capaz de transferir o alterar la energía de sus alumnos sin ningún ritual formal. Sin embargo, cuando sus alumnos comenzaron a enseñar necesitaron el apoyo de un ritual estructurado, lo que quizá causó que al final el proceso fuera conocido como iniciación.

¿Qué es una iniciación?

La respuesta más simple es que se trata de una forma de fortalecimiento espiritual que el maestro transmite al alumno con el objetivo de activar la capacidad de absorción energética, según la necesidad individual y de permitir que la persona se convierta en un eficaz canal de energía Reiki.

Lo que importa es el aspecto individual del proceso, por el hecho de que la experiencia de cada persona es diferente. También se trata de una herramienta real y simbólica para iniciar a la persona a la vida con Reiki. En otras palabras, la iniciación marca el momento que separa la vida sin Reiki y el renacimiento espiritual.

Cada maestro dirige la iniciación a su manera. Algunos inician a varios alumnos al mismo tiempo de un modo simple y directo. Otros crean elaborados espacios sagrados e inician a los alumnos de uno en uno. Cualquiera que sea la opción elegida, se trata de una poderosa experiencia, tanto para el estudiante como para el maestro. Con frecuencia, cuando enseño a una clase suelo comenzar sin una idea precisa del momento en el que llevaré a cabo la iniciación. Suelo dejar que la energía Reiki me impulse, y en el momento propicio siento que mi cuerpo, y toda la sala, se llenan de energía a una velocidad extraordinaria.

Si no estás familiarizado con el Reiki, probablemente el proceso te provoque cierto nerviosismo. Pide a tu maestro que te lo explique describiendo cómo se moverá a tu alrededor y qué querrá que hagas, y ten la certeza de que con ello no restarás valor al significado del proceso.

IZQUIERDA. Una iniciación es un método de fortalecimiento espiritual que activa la capacidad de la persona para convertirse en un canal eficaz de energía Reiki.

Energía y sistemas corporales

Las filosofías orientales disponen de detalladas explicaciones sobre el movimiento de la energía por el cuerpo y de la actividad del cuerpo energético, y gracias a ellas se amplía el concepto occidental de los sistemas corporales.

El cuerpo energético

El Reiki implica trabajar con el cuerpo energético. Lo que describiré en esta sección es el cuerpo energético tal como se lo interpreta en el Chi Kung, así como el sistema de chakras, puesto que este último se ha convertido en el modelo energético predominante en Occidente.

El trabajo con los chakras fue incorporado después de la muerte de Hawayo Takata. Ni Takata, ni Hayashi ni Usui utilizaron este sistema; ellos se centraban en el *hara* (véanse páginas 104-105), un elemento fundamental para el trabajo energético practicado en China y Japón, y que incluye desde las artes marciales hasta la meditación budista.

El cuerpo energético es el que no podemos ver, pero que, a través del trabajo con la energía, podemos sentir. Rodea y penetra cada una de las células de nuestro cuerpo físico, vibrando a una velocidad superior a éste. El cuerpo físico de cada persona es único, y contiene lo que podría ser definido como una firma energética que es equivalente a la identificación personal que aportan las huellas digitales.

Yo descubrí el Chi Kung hace alrededor de seis años, después de encontrar el Reiki. Me sorprendió la similitud entre la energía que percibía mientras practicaba ejercicios de Chi Kung y enviaba Reiki. Se lo comenté a mi maestra de Chi Kung, y ella coincidió con que existían similitudes, por lo que le pregunté por qué no practicaba Reiki, que es mucho más simple. Su respuesta fue que, así como evidentemente a mí me gustaban las autovías, ella prefería las carreteras secundarias, más pintorescas. Desde luego, gran parte de lo que aprendí a través del Chi Kung amplió y mejoró mi práctica del Reiki, así como mi forma de comprender el movimiento de la energía y el cuerpo energético.

Meridianos, chakras y aura

Para el Reiki, tres son los elementos más relevantes: los meridianos (véanse páginas 102-103), los chakras (véanse páginas 106-107) y el aura (véanse páginas 122-125). Los dos primeros elementos son diferentes sistemas de interpretación de los mecanismos del cuerpo energético, mientras que el aura es común a ambos.

No es fundamental para el éxito de un tratamiento de Reiki que el practicante disponga de un conocimiento profundo de todos los meridianos, ni que lo sepa todo sobre los chakras. Sin embargo, sí que ayuda conocer la ubicación de los órganos físicos.

Sistemas del cuerpo humano

En esta sección también analizaremos dos de los sistemas del cuerpo físico humano que resultan de vital importancia para el trabajo de sanación: el sistema endocrino, que se corresponde con los chakras, y el sistema nervioso, que es nuestro centro de comunicación corporal.

ARRIBA. El aura es un escudo energético de forma oval que rodea nuestro cuerpo y puede expandirse y contraerse.

EL CUERPO ENERGÉTICO

Los meridianos

En la medicina tradicional china (MTC), los meridianos son invisibles canales energéticos que circulan en paralelo al sistema anatómico físico, pero vibran a una velocidad superior. La ciencia occidental sugiere que la energía que vibra a una velocidad superior produce un efecto sobre toda la materia que vibra a una velocidad inferior. Podemos deducir de esto que si los meridianos resultan adversamente afectados, el cuerpo físico manifestará síntomas de mala salud. La solución consiste en tratar el cuerpo energético, tanto previniendo el desequilibrio como trabajando para recuperar la armonía.

En el sistema de la MTC existen 35 meridianos que conducen el *ki* por todo el cuerpo. Entre ellos figuran doce meridianos principales, ocho meridianos adicionales y quince canales o vasos colaterales. Los principales puntos de acupresión se localizan sobre los meridianos mayores y los vasos del gobernador y la concepción. Resulta útil conocer algunos de ellos, puesto que pueden ser utilizados como herramientas de primeros auxilios.

Cada uno de los doce meridianos principales se relaciona con un órgano específico del cuerpo. Pero no están «conectados» con el órgano en sí, sino con su función. Así que existen meridianos del corazón, el pulmón, el riñón, etc. Cada meridiano está también vinculado a los aspectos físico y emocional de la persona, y a los elementos. Por ejemplo, el meridiano del estómago está conectado con el elemento tierra, el color amarillo, la comprensión, la dulzura, la carne y la humedad.

En la MTC el flujo de la energía también sigue ciclos naturales. Todos conocemos bien el efecto del ciclo lunar sobre el cuerpo, pero somos menos conscientes del ritmo diario del ciclo solar. La energía fluye constantemente alrededor del cuerpo y el flujo de *ki* alcanza picos máximos en cada uno de los doce órganos principales durante dos horas al día. Por ejemplo, entre las tres y las cinco de la madrugada, el ciclo de *ki* alcanza su máximo en los pulmones. Si sufres dificultades respiratorias, es posible que notes que durante esas tres horas te despiertas a causa de estos problemas como una reacción ante el incremento de la energía.

Parte del cuerpo	Horarios de energía máxima
Corazón	11 – 13 horas
Vesícula biliar	23 – 1 horas
Intestino delgado	13 – 15 horas
Hígado	1 – 3 horas
Vejiga	15 – 17 horas
Pulmones	3 – 5 horas
Riñones	17 – 19 horas
Colon	5 – 7 horas
Pericardio	19 – 21 horas
Estómago	7 – 9 horas
Triple calentador	21 – 23 horas
Bazo	9 – 11 horas

Los meridianos

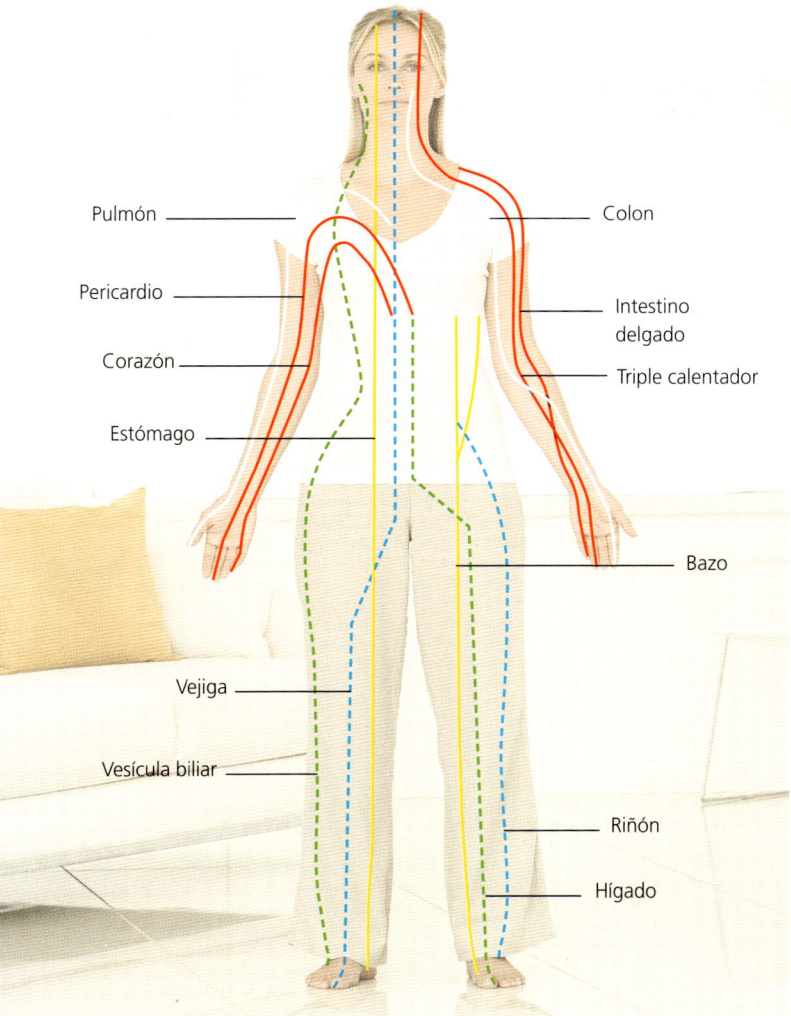

La órbita microcósmica y los *Dantian*

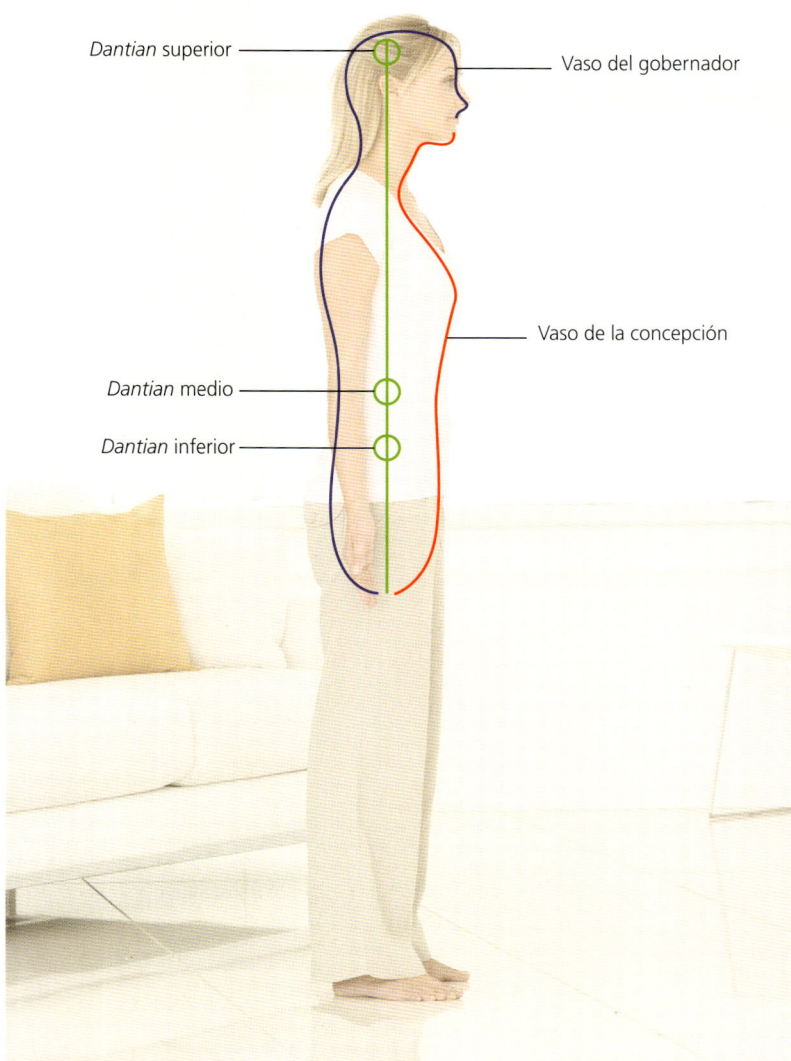

La órbita microcósmica y los centros de energía

El *ki* que circula alrededor de los chakras del cuerpo favorece el proceso de sanación e incrementa la noción del ser superior. Los dos canales o meridianos principales sobre los que se encuentran los chakras son el vaso del gobernador y el vaso de la concepción. El primero (masculino/yang) se extiende por la espalda desde el perineo, y atraviesa la totalidad de la columna pasando por encima de la cabeza y el tercer ojo hasta llegar al paladar. El vaso de la concepción (femenino/yin) se extiende por la cara frontal del cuerpo, desde la lengua hasta el perineo, pasando por el chakra corazón. Juntos crean un circuito llamado órbita microcósmica.

Los *Dantian* y el hara

La MTC trabaja sobre el cuerpo energético a partir de tres centros de energía, conocidos como *Dantian* superior, medio e inferior, que están vinculados con los vasos del gobernador y de la concepción del sistema de meridianos. El *Dantian* de mayor interés para los practicantes de Chi Kung y Reiki es el inferior o *hara*. Se localiza debajo del ombligo, y es nuestro «almacén» de energía. Se trata de la energía con la que hemos nacido, y por esa razón no debemos confundirla con el *ki*.

El *Dantian* medio se sitúa encima del ombligo y es el centro de las emociones y el *ki*, en tanto que el *Dantian* superior tiene que ver con nuestros aspectos mental y espiritual. En Chi Kung se considera necesario aprender primero a controlar el centro inferior, asentando la energía allí antes de comenzar a trabajar con los otros dos. Si no aprendes a asentar la energía desde el principio, es posible que te desequilibres, tanto desde el punto de vista físico como emocional.

Los Tres Tesoros

En un nivel incluso más básico que los meridianos y los *Dantian* existen los llamados Tres Tesoros, considerados la base de nuestra composición total. Reciben el nombre de *Jing*, *Chi* y *Shen*.

- *Jing* es la energía genética que heredamos, y está asociada al *Dantian* inferior o *hara*. También se trata de nuestra energía sexual, que debemos preservar.
- *Chi (ki)* es la esencia vital de la que dependemos para vivir. La calidad del *Chi* depende de la calidad de su *Jing*. Así que si fortalecemos el *hara*, lo cual nos permitirá acceder a nuestro *Jing*, podremos mejorar el flujo de *Chi* en nuestro interior.
- *Shen* es nuestro espíritu o alma, que se alimenta de nuestro *Chi*.

El sistema trabaja en sentido ascendente: el *Jing* alimenta al *Chi*, y el *Chi* al *Shen*. No podemos cambiar la energía *Jing* con la que hemos nacido, pero trabajar con el *hara* puede ayudarnos a sustentar nuestro *Chi*, lo que mejorará nuestra salud y elevará nuestra consciencia espiritual.

El sistema de chakras

Chakra es un término sánscrito que significa «rueda». Existen siete chakras principales en el cuerpo energético: el primero se sitúa en el perineo, o base de la columna, y el séptimo en la parte superior de la cabeza.

Los chakras suelen ser representados como una flor de loto, lo cual —combinado con la idea de la rueda— nos remite a una forma circular que gira sobre su eje tal como se abren los pétalos de la flor. Cada chakra posee diversos atributos, incluyendo un color, la relación con un elemento y la preservación de funciones físicas y emocionales específicas.

A pesar de que la mayoría de nosotros es incapaz de ver los chakras, podremos familiarizarnos con su funcionamiento si centramos nuestra atención en sus respectivas localizaciones y nos concentramos en lo que sentimos en dichas zonas. Además de trabajar con la energía para afectar el estado de los chakras, también podemos recurrir al color y al sonido. Por ejemplo, puesto que cada chakra está asociado a un color específico, puedes meditar sobre la idea de atraer ese color al chakra, o bien lucir prendas de vestir de dicho color para fortalecerlo. Algunas personas también trabajan con la vibración sonora de cada chakra.

Chakra	Color de influencia	Elemento	Sentido corporal
Base/Muladhara	Rojo	Tierra	Olfato
Sacro/Svadisthana	Naranja	Agua	Gusto
Plexo solar/Manipura	Amarillo	Fuego	Vista
Corazón/Anahata	Verde/Rosa	Aire	Tacto
Garganta/Vishuddha	Turquesa	Eter/Akasha	Oído
Tercer ojo/Ajna	Azul oscuro	Espíritu	PES*
Corona/Sahasrara	Violeta/Dorado	Espíritu	Todos

(*Percepción extrasensorial)

Los siete chakras principales

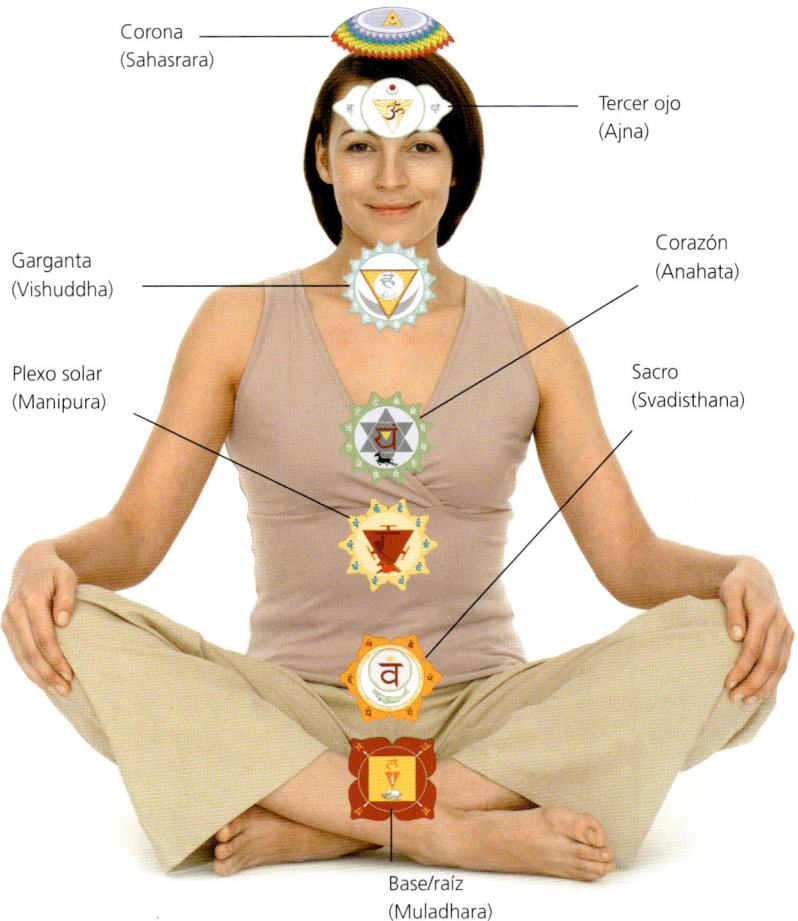

- Corona (Sahasrara)
- Tercer ojo (Ajna)
- Garganta (Vishuddha)
- Corazón (Anahata)
- Plexo solar (Manipura)
- Sacro (Svadisthana)
- Base/raíz (Muladhara)

Chakra 1
NOMBRE INDIO: **Muladhara**
NOMBRE OCCIDENTAL: **Base/Raíz**

El chakra base o raíz es el primero de los siete. Situado en el perineo, entre el ano y los genitales, este chakra se abre hacia abajo conectando al cuerpo energético con la tierra. Está relacionado con la seguridad y la estabilidad mental, así como con la supervivencia y la prosperidad.

Existen numerosas formas de trabajar con este chakra para fortalecerlo, pero el eje de todas ellas es la fortalecedora decisión de honrarte a ti mismo, independientemente de tus circunstancias, y de conectar con la naturaleza y tu propia sexualidad.

Función del chakra

Este chakra nos permite conectarnos con el mundo. La energía de la tierra asciende a través de los chakras menores situados en las plantas de los pies, y sube por las piernas para equilibrar este chakra. Si te sientes desconectado, una solución es que te quites los zapatos y apoyes los pies sobre la hierba o la arena, lo que te ayudará a absorber más energía de la tierra. (En las páginas 152-153 encontrarás un ejercicio de visualización que actúa sobre este chakra.) La energía entonces ascenderá por la columna vertebral para equilibrar los testículos y los ovarios, que forman parte del sistema endocrino asociado al chakra raíz.

Problemas de salud

Los problemas de salud asociados a este chakra son los que afectan a los pies, los tobillos y las rodillas, que se encuentran en la ruta que sigue la energía en su movimiento ascendente. Otros síntomas que expresan que estamos desconectados de la tierra son el dolor en el tercio inferior de la espalda, en particular alrededor del sacro, capaz de producir una sensación de «falta de firmeza» física, y los problemas en los órganos sexuales.

Problemas mentales y emocionales

Hacernos sentir seguros de nosotros mismos y seguros en el mundo son dos de las funciones del chakra raíz. La acción que ejerce este chakra durante toda nuestra vida resulta afectada por nuestras primeras experiencias si no le prestamos la debida atención.

Las personas nacidas en un ambiente estable y protector generalmente crecen sintiendo que pueden confiar en el mundo que les rodea. Tienen pocas dificultades para conectar con la energía de la tierra y están abiertas a recibirla. En estos casos el funcionamiento de su chakra raíz es más adecuado que si han experimentado algún trauma en el útero o han vivido una infancia inestable. Las personas que inician su vida de un modo negativo presentan estrés en dicho chakra, lo cual se manifiesta como una falta de confianza en el mundo.

Chakra 2
NOMBRE INDIO: **Svadisthana**
NOMBRE OCCIDENTAL: **Sacro**

El chakra sacro se encuentra físicamente situado debajo del ombligo, en el mismo punto que el *hara*. El elemento del chakra es el agua, y está asociado a nuestra energía sexual. Con esto me refiero a que se trata de la energía que sustenta nuestra vida y no la energía que utilizamos para el sexo, que proviene del chakra base. Este chakra también se encuentra vinculado al inconsciente y el impulso creativo.

Función del chakra

Tanto en las enseñanzas hindúes como en las taoístas, la energía sexual asociada a este centro puede ser transmutada con el fin de desarrollar una consciencia espiritual más elevada, lo cual se consigue desplazando la energía en dirección ascendente hacia los centros energéticos superiores. Estas enseñanzas derivaron en la adopción de una vida de celibato como expresión de una espiritualidad avanzada. Por supuesto, esta opción no es del gusto de todos, y de hecho intentar abandonar el sexo para avanzar desde el punto de vista espiritual puede provocar problemas psicosexuales.

Una de las principales funciones de este chakra es ayudarnos a entablar relaciones emocionales y sexuales sanas. La energía también puede manifestarse en forma de creatividad, y recarga nuestro entusiasmo y alegría de vivir. Bailar y cantar son excelentes actividades para fortalecer este chakra.

Problemas de salud

Los problemas físicos que se originan en el chakra sacro están conectados con las glándulas suprarrenales, que son las que determinan cómo reaccionamos ante el estrés. Cuando nos enfrentamos a una situación estresante, liberamos adrenalina para reforzar nuestra capacidad física y mental para soportarla. Sin embargo, si el estrés es constante acabamos siendo incapaces de interrumpir el flujo de adrenalina y nuestro organismo resulta dañado.

El chakra sacro está regido por el elemento agua; en consecuencia, cualquier disfunción suele manifestarse como una enfermedad del tracto urinario y los riñones.

Problemas mentales y emocionales

La disfunción de este chakra suele provocar incapacidad para recibir amor. Y esto puede traducirse en la incapacidad de entablar relaciones con el sexo opuesto. La actividad sexual también puede resultar insatisfactoria, ya que cuando la energía intenta ascender por los chakras durante el acto sexual no consigue superar los bloqueos del segundo chakra. Una vez desbloqueado, este chakra nos permite experimentar el amor incondicional.

Chakra 3
NOMBRE INDIO: **Manipura**
NOMBRE OCCIDENTAL: **Plexo solar**

El chakra plexo solar está asociado con el Sol y, en consecuencia, se conecta con el elemento fuego. Se sitúa a nivel del plexo solar físico, en el centro de las costillas inferiores, y en términos generales está asociado al poder personal. Es el punto en el que sentimos «mariposas en el estómago» cuando nos encontramos en situaciones que afectan nuestra sensación de poder, tanto de forma positiva como negativa.

Función del chakra
Imagina que es una especie de sol en tu organismo, ya que atrae la energía solar que favorece el flujo energético por todo el cuerpo físico. Podría ser descrito como un cubo de energía que abastece una serie de canales llamados *nadis*, similares a los meridianos.

Se trata del último de los chakras antes de llegar al del corazón, y en él sentimos el poder, pero también el miedo y la ansiedad.

Problemas de salud
Este chakra está principalmente asociado a la digestión, pero sobre todo al estrés. La conexión entre los problemas digestivos y el estrés puede verse claramente en las úlceras, como caso extremo, pero también en los simples malestares estomacales. En comparación con los demás chakras, los cambios en su funcionamiento nos resultan más fácilmente perceptibles porque todos sentimos los efectos del estrés en esa zona. En general, lo que comienza como una sensación emocional allí adquiere rápidamente una naturaleza física. La diabetes también está relacionada con este chakra, puesto que Manipura está vinculado con el páncreas.

Uno de los principales métodos para fortalecer este chakra consiste en recurrir a técnicas de reducción del estrés. El Reiki, aplicado con regularidad, resulta perfecto para estos casos, incluso añadiéndole otras actividades físicas, como el Yoga o el Chi Kung.

Problemas mentales y emocionales
El plexo solar desempeña un papel importante en la percepción que los demás tienen de nosotros. Cuanta más energía seamos capaces de absorber a través de este chakra, más atractivos pareceremos a otras personas, ya que estaremos permitiendo que nuestra luz brille (y no de forma egoísta, sino como una manifestación de autoestima natural). El equilibrio en este chakra también nos permite asimilar una sabiduría superior en nuestro inconsciente y acceder a ella para sanarnos.

El aspecto negativo es la disfunción de este chakra, que tiende a hacernos sentir insatisfechos con la vida y parecer arrogantes.

Chakra 4

NOMBRE INDIO: **Anahata**
NOMBRE OCCIDENTAL: **Corazón**

El eje de todo el organismo es el corazón. Localizado en el centro del pecho, está conectado con el elemento aire y es la base del ser superior. Universalmente se considera que este chakra es el lugar en el que se origina el amor, y por ese motivo está asociado a las cualidades de la pasión y la devoción.

Función del chakra

El corazón está asociado al amor y el romance en todo el mundo, lo cual convierte al órgano en objeto de reverencia. Sin embargo, el chakra corazón no está relacionado principalmente con el amor romántico, sino con la generación de la energía propia de un amor que todo lo abarca, como el amor de la creación.

También se trata del punto de acceso entre los tres chakras inferiores que están más conectados con el cuerpo físico, puesto que los tres que se localizan por encima del corazón están asociados a las emociones más sublimes, la espiritualidad y la consciencia superior.

Problemas de salud

A nadie sorprende que este chakra esté relacionado con el sistema circulatorio. La enfermedad cardíaca es probablemente la dolencia que más muertes causa en Occidente, pero no se trata de una alteración provocada sólo por un estilo de vida opulento, sino que encierra, además, un componente de estrés: en efecto, las sensaciones de frustración e ira son tan malas para el corazón como el colesterol.

Podemos hacer mucho por evitar la enfermedad cardíaca física liberando todas aquellas cuestiones negativas que encerramos en nuestro chakra corazón, como el trauma emocional, la tristeza y el dolor.

Problemas mentales y emocionales

La forma más elevada de amor es el incondicional. Incluso el amor romántico puede transformarse en incondicional si somos capaces de entablar relaciones significativas que respeten los sentimientos de la otra persona. La única manera de amar de verdad a alguien de esta manera nos exige amarnos primero incondicionalmente a nosotros mismos.

La disfunción del chakra corazón se manifiesta como la incapacidad emocional de mantener relaciones duraderas o amistades. Si continuamos en ese estado, acabaremos «cerrando» todo nuestro sistema corporal porque no daremos ni recibiremos amor.

Para sustentar al chakra corazón debes recurrir a una terapia que reduzca el estrés y te ayude a liberar la ira o reconocer la tristeza de tu corazón. Recuerda también que si te amas a ti mismo atraerás el amor del Universo.

Chakra 5
NOMBRE INDIO: **Vishuddha**
NOMBRE OCCIDENTAL: **Garganta**

Este chakra está asociado al elemento éter y se localiza entre el centro de la clavícula y la laringe. Como ésa es también la localización de nuestras cuerdas vocales, este chakra está asociado principalmente a nuestra comunicación externa y las formas en que expresamos nuestro ser interior.

Función del chakra
El chakra garganta actúa como una conexión entre el corazón y la cabeza. En general hablamos de actuar desde el corazón o la razón, y a través de la mediación de nuestro chakra garganta expresamos dicha acción. En otro sentido, podríamos decir también que este chakra se sitúa entre el cuerpo físico y el espíritu.

Podemos utilizar nuestra voz de muchas maneras: para expresar amor, para calmar o para elogiar. Pero también es posible utilizarla para expresar ira o negatividad. Cuando empleamos la voz de esa manera creamos un desequilibrio en el chakra.

Desde tu perspectiva de sanador, en varias ocasiones percibirás si una persona tiene un problema en este chakra sólo con escucharle hablar. Las palabras que use te darán, obviamente, pautas sobre sus cuestiones internas, pero si te centras en el tono de la voz y la escuchas como si se tratase de un instrumento musical, conocerás mucho del carácter de esa persona.

Problemas de salud
En general, las dolencias físicas asociadas a la disfunción de este chakra son los problemas de oído, nariz, garganta y las alteraciones respiratorias. Como la glándula tiroides también se localiza en esta zona, el hipertiroidismo y el hipotiroidismo también indican un desequilibrio.

Cuando tenemos una deficiencia en este chakra nos volvemos tímidos, temerosos y nos cuesta hablar en voz alta, mientras que las personas con un exceso de energía en la zona se expresan en voz muy alta y hablan demasiado.

Problemas mentales y emocionales
Un bloqueo en este chakra puede provocar la interrupción de las comunicaciones con otras personas. Esto, a su vez, suele causar depresión. Las personas que tienen dificultades para expresar sus sentimientos internos verbalmente deberían buscar a alguien que les preste mucha atención, como un terapeuta experto en escuchar sin juzgar. El acto de hablar sobre los problemas ayudará a eliminar cualquier posible bloqueo.

Chakra 6
NOMBRE INDIO: **Ajna**
NOMBRE OCCIDENTAL: **Tercer ojo**

El chakra tercer ojo se sitúa en el centro de la frente, justo encima de las cejas, y al igual que el chakra garganta está asociado al elemento éter. Es el chakra relacionado con la mente, y en particular con la intuición y las habilidades psíquicas. También nos centramos en él cuando meditamos.

Función del chakra

La mente es el aspecto menos comprendido del ser humano. Y no se trata simplemente del cerebro, porque abarca mucho más que la suma de las partes del órgano. Este chakra nos permite ir más allá de la mente, tal como la experimentamos a diario —con su constante parloteo y movimiento de pensamientos—, y acceder al conocimiento y la sabiduría que poseemos pero de los que no somos conscientes.

La disfunción de este chakra puede volvernos arrogantes por contar con poderes de percepción especiales o habilidades psíquicas, e impulsarnos a utilizarlos con el fin de controlar a otras personas.

Problemas de salud

Los problemas físicos asociados a este chakra son los que afectan la cabeza en general y también los ojos. Por consiguiente, las jaquecas y las migrañas son síntomas de desequilibrio en este chakra, y pueden aliviarse fortaleciéndolo a través de la meditación, que calma la mente y libera la tensión.

Por otro lado, casi todos estresamos excesivamente nuestros ojos trabajando durante muchas horas frente a una pantalla de ordenador. Ésta es otra importante causa de jaquecas, y deberías intentar alejar los ojos de la pantalla con la mayor frecuencia posible y procurar mirar una planta o contemplar el cielo a través de la ventana. Los colores de la naturaleza y la energía de la materia natural son sanadores en sí mismos.

Problemas mentales y emocionales

En comparación con los otros chakras, el del tercer ojo no se relaciona realmente con las emociones como tales. Sin embargo, un desequilibrio en la zona puede afectar la glándula pineal, que se sitúa en el centro del cerebro, directamente detrás de los ojos.

Esta glándula es responsable de la producción de serotonina y melanina, hormonas que afectan nuestro humor y nuestros patrones de sueño, respectivamente. La glándula pineal es sensible a la luz; en consecuencia, la falta de luz reduce la cantidad de serotonina liberada, provocando un trastorno afectivo estacional (SAD, sus siglas en inglés) que suele manifestarse como un estado depresivo.

Chakra 7
NOMBRE INDIO: **Sahasrara**
NOMBRE OCCIDENTAL: **Corona**

El último chakra se sitúa en el extremo opuesto al chakra raíz y se localiza en la parte superior de la cabeza, conocida como coronilla. Así como el chakra raíz se dirige hacia abajo, en dirección a la tierra, el de la corona se abre hacia el cielo. No está asociado a ningún elemento, y es el chakra que no se debe cerrar en ningún momento. Ello significa que los sanadores deben tener mucho cuidado cuando trabajen en la zona.

Función del chakra

Así como el chakra raíz nos conecta con la tierra en la que vivimos, el de la corona nos conecta con todo lo que trasciende nuestro estado terrenal. Es el chakra que nos mantiene conectados con una consciencia universal, y a través de él podemos experimentar el estado del ser puro y de la consciencia trascendental.

Problemas de salud

Tal como sucede con el chakra tercer ojo, la disfunción del chakra corona puede provocar jaquecas, en particular las causadas por la negación de determinados sentimientos. La tendencia a ser obsesivo es también un signo de desequilibrio en la zona. La epilepsia es otro síntoma asociado a este chakra. Aquellos sanadores que trabajen con epilépticos deberían asegurarse de que la persona también esté recibiendo tratamiento médico.

Problemas mentales y emocionales

La negación de la vida, la obsesión y la acumulación de ira —también relacionada con el chakra corazón— están conectadas con el chakra corona. Estas emociones pueden provocar una enfermedad física como la hipertensión, que está asociada a la emoción de la ira. Pero una enfermedad degenerativa como el Parkinson también está relacionada con la disfunción de este chakra; en efecto, el temblor sintomático podría indicar el miedo a la vida, y si nos quedamos paralizados significa que estamos negando la vida por completo, ya que somos incapaces de movernos.

El loto de mil pétalos

El nombre Sahasrara significa «mil pétalos». La flor del loto se utiliza como símbolo de todos los chakras porque crece del lodo y asciende hasta el agua para florecer completamente en la luz. Esto refleja que el ser humano permanece temporalmente unido a la tierra y que nuestros cuerpos físicos están compuestos de elementos terrenales. Por su parte, el agua representa nuestras emociones, de las que debemos ocuparnos hasta que alcancemos la luz espiritual representada por el Sol.

Caso de estudio: chakras

Un amigo me pidió un tratamiento de Reiki porque había escuchado comentarios favorables al respecto y quería probarlo. Él practicaba una religión de tierra y estaba familiarizado con el trabajo energético. Siempre parecía extravertido y seguro, y tenía una voz muy agradable. Después de finalizar el tratamiento, le dije que había percibido un desequilibrio en su garganta y le sugerí que llevara algo turquesa o plateado cerca del chakra garganta.

Él me contó que se sentía muy nervioso cuando debía hablar frente a otros estudiantes en un curso de postgrado que acababa de comenzar. Y a mí me sorprendió, dada su personalidad, pero confirmó lo que yo había observado. Después de varias semanas regresó para contarme que había llevado una piedra azul colgada al cuello, y que ahora hablar en clase no le suponía ningún problema.

El sistema endocrino y los chakras

La función del sistema endocrino es secretar unas sustancias químicas, llamadas hormonas, por todo el cuerpo a través del torrente sanguíneo, y mediante este proceso regular la acción de los órganos y los tejidos.

El mal funcionamiento del sistema endocrino conduce a problemas que reflejan desequilibrios, como la diabetes, el hipertiroidismo y la infertilidad, todos los cuales están causados por niveles hormonales que resultan demasiado elevados o excesivamente bajos.

Las glándulas que conforman el sistema endocrino son:

- pituitaria;
- pineal;
- tiroides y paratiroides;
- timo;
- isletas de Langerhans del páncreas;
- suprarrenales;
- gónadas (testículos y ovarios).

La principal glándula del sistema endocrino es la *pituitaria,* que se localiza en el cerebro junto con la glándula *pineal*. La pituitaria coordina a las glándulas y produce las hormonas que influyen en el crecimiento.

La glándula *tiroides,* situada en el cuello, controla nuestro metabolismo. Las *paratiroides,* que están unidas a la tiroides, son esenciales para mantener la salud de los huesos, los nervios y los músculos, así como el equilibrio del calcio y el fósforo en el organismo. El *timo,* que se sitúa cerca del corazón, mantiene sano nuestro sistema inmunitario.

Las *isletas de Langerhans del páncreas* son responsables de la secreción de insulina y glucógeno, que mantienen los niveles de glucosa. Cuando el organismo produce una cantidad insuficiente de insulina, los niveles de glucosa ascienden y el resultado es la diabetes.

Las *suprarrenales* se encuentran en la parte superior de los riñones y producen dos tipos de hormonas. La capa externa es la fuente de hormonas esteroides, que equilibran la concentración de sal, azúcar y agua en el cuerpo, mientras que la capa interna suministra la adrenalina para estimular la reacción que se desencadena en situaciones estresantes.

Las *gónadas* (testículos y ovarios) secretan las hormonas para la reproducción. Las mujeres que presentan un desequilibrio en la secreción hormonal manifiestan síntomas que oscilan entre la infertilidad y la menstruación irregular y el síndrome premenstrual (SPM).

Familiarízate con el sistema endocrino

Como verás en el diagrama de la página 119, este sistema muestra correspondencias con el de los chakras. Las personas que trabajan con la energía deberían familiarizarse con el sistema endocrino con el fin de comprender mejor las distintas dolencias.

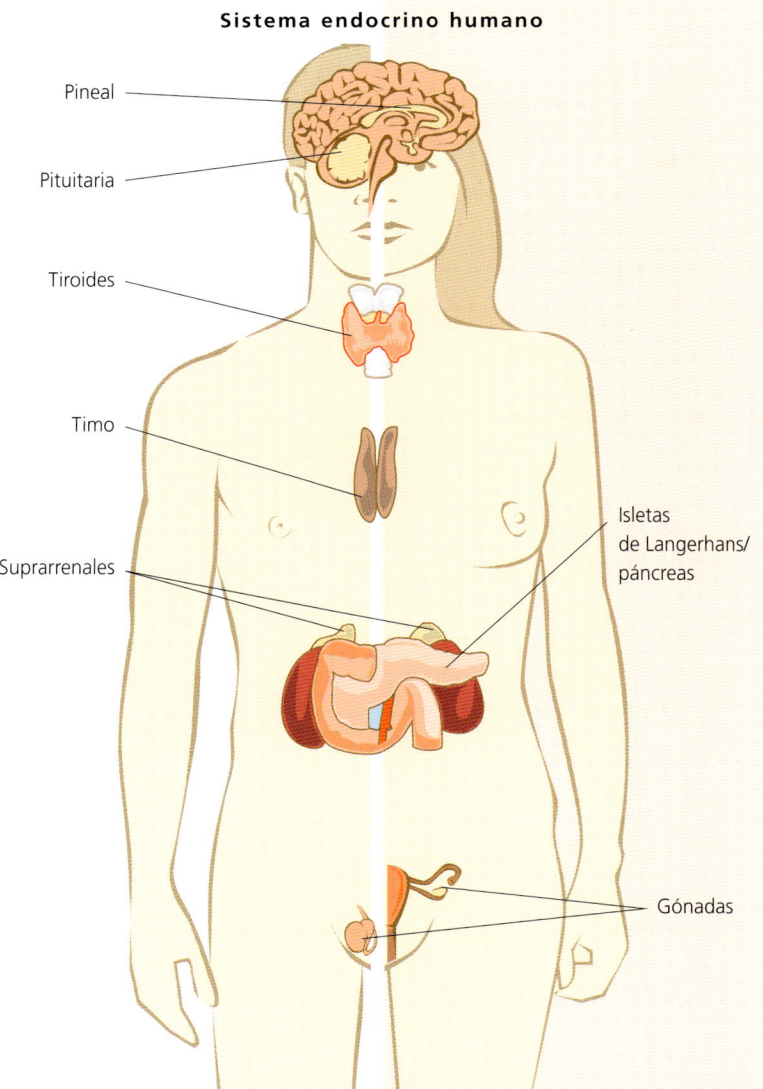

Cada uno de los siete chakras se corresponde con una o más de las principales glándulas endocrinas (véanse páginas 114-115).

Chakra raíz

Está vinculado a los ovarios y a los testículos. Los ovarios producen las hormonas estrógeno y progesterona. El estrógeno está relacionado con el ciclo menstrual, en tanto que la progesterona prepara al útero para recibir al óvulo fertilizado. La hormona de los testículos recibe el nombre de testosterona, cuya función es promover las características masculinas y la producción de esperma.

Chakra sacro

Está conectado a las glándulas suprarrenales, que se sitúan encima de los riñones y producen adrenalina y cortisol. La adrenalina prepara al cuerpo para reaccionar ante el estrés, elevando tanto el ritmo cardíaco como la presión sanguínea. El cortisol es nuestro antiinflamatorio natural, y los tratamientos basados en la cortisona son muy habituales en Occidente para tratar aquellos síntomas que incluyan inflamación, como la artritis.

Chakra plexo solar

Está asociado a las isletas de Langerhans, que producen insulina para reducir los niveles de azúcar en sangre y glucógenos para elevarlos. La diabetes y la hipoglucemia parten del mal funcionamiento de esta glándula.

Chakra corazón

Se encuentra estrechamente vinculado con la glándula del timo, que es el centro de control de nuestro sistema inmunológico, y controla nuestra defensa contra las infecciones de tipo viral y los microbios que se transportan por el aire, como los que producen la gripe y los resfriados.

Chakra garganta

Está vinculado a la glándula tiroides, que produce tiroxina e iodotironina. Estas sustancias promueven el crecimiento humano y son responsables de la reparación celular. Los problemas de tiroides son el resultado de una falta o un exceso de dichas hormonas.

Chakra tercer ojo

Se lo asocia a las glándulas pineal y pituitaria. La glándula pineal secreta tanto serotonina como melatonina, que son responsables de mantener los patrones anímicos y de sueño. La glándula pineal, en particular, es sensible a la luz y su estructura es similar a la de la retina del ojo.

Chakra corona

Al igual que el del tercer ojo, está asociado a las glándulas pineal y pituitaria. La glándula pituitaria coordina al resto de las glándulas del organismo y, como tal, secreta diversas hormonas. Obviamente, cualquier problema relacionado con esta glándula provocará un efecto de gran repercusión sobre todo el sistema endocrino.

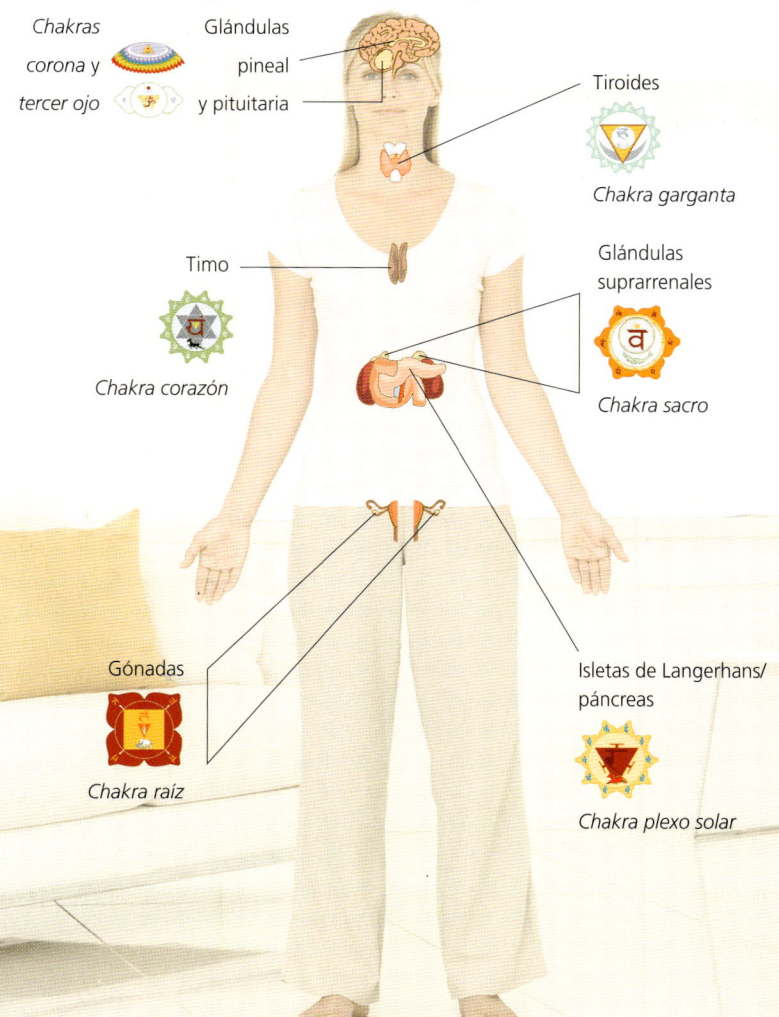

El sistema nervioso

Así como el sistema endocrino controla la producción hormonal, el sistema nervioso es el controlador del cuerpo y el centro de comunicaciones.

El sistema nervioso central está situado en el cerebro y la médula espinal, y dirige nuestras funciones, tanto conscientes como inconscientes. El sistema nervioso periférico, formado por nervios sensoriales y motores, envía mensajes a este sistema central.

Los problemas más comunes asociados al sistema nervioso central son aquéllos relacionados con el cerebro, como el infarto o las hemorragias cerebrales. La migraña es otro problema, al igual que la meningitis. Los problemas psicológicos, como la depresión, la ansiedad y el insomnio, se relacionan también con el sistema nervioso y pueden ser provocados por desequilibrios químicos en el cerebro.

Sistema nervioso autónomo

Todos los sistemas de nuestro cuerpo están interconectados para que el organismo funcione de forma armoniosa. El sistema que demuestra esta interconexión e interdependencia —y resulta de particular interés para las personas que trabajan con la energía— es el sistema nervioso autónomo, que incluye parte del sistema nervioso periférico y central, y controla las funciones que se producen sin ningún esfuerzo consciente.

Lo más importante es que el sistema nervioso autónomo está compuesto por dos subsistemas, el simpático y el parasimpático, que son responsables de regular el ritmo cardíaco, la tensión arterial, el ritmo respiratorio y la temperatura corporal, entre otras funciones.

Ciertos elementos de este conjunto responden también al estrés emocional. El sistema simpático se ocupa de las funciones corporales involuntarias como la respiración, y también activa las glándulas suprarrenales en respuesta al estrés. Contrariamente, el sistema parasimpático es más activo cuando el cuerpo se encuentra en estado relajado, y también lo ayuda a recuperarse de un episodio estresante.

Estos dos sistemas necesitan encontrarse en equilibrio para mantener un buen estado de salud. Si el sistema simpático es utilizado de forma excesiva constantemente, como suele suceder en la vida moderna que impone niveles de estrés cada vez mayores, acabará por anular todos nuestros esfuerzos por mantener el equilibrio. Y si no logramos utilizar el sistema parasimpático para recuperar un estado de relajación, éste se debilitará y, tal como sucede con un músculo poco ejercitado, necesitará más tiempo para volver a funcionar a pleno.

La meditación regular, el Yoga, el Chi Kung y el Reiki son excelentes métodos para equilibrar este importante sistema corporal.

El sistema nervioso humano

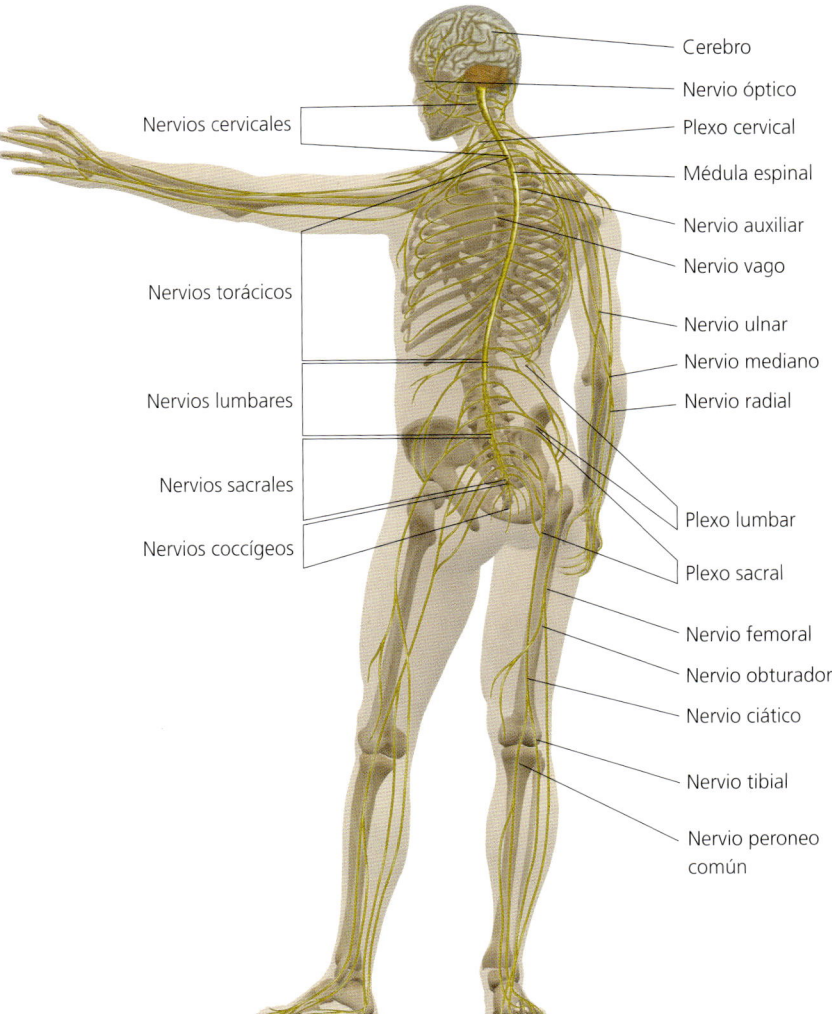

El aura

El elemento final del cuerpo energético, y factor común entre los meridianos y los chakras, es el aura. El aura es un campo de energía de forma oval que rodea por completo al cuerpo humano, incluso extendiéndose más allá de los pies. En ocasiones se lo describe como un «arcoíris de luz» puesto que contiene todos sus colores, al igual que los chakras (véase página 106). El propósito de este campo energético es sustentar el crecimiento del cuerpo físico, y a este respecto es comparable a unas coordenadas energéticas que existen antes que el cuerpo. En otras palabras, es posible que el aura se forme en el momento de la concepción, aunque no es detectable después de la muerte. Imitando el número de colores del arcoíris, el aura cuenta con siete capas (véase página 101).

Capa	Color	Aspecto del cuerpo energético	Cualidad
1	Rojo	Cuerpo etéricos	Los cinco sentidos
2	Anaranjado	Cuerpo emocional	Todas las emociones
3	Amarillo	Cuerpo mental	Actividad intelectual
4	Verde	Cuerpo mental superior	Interacción con otras personas, plantas, animales; relaciones de todo tipo
5	Azul	Cuerpo espiritual	Conexión con lo divino
6	Índigo	Cuerpo causal	Experiencia del mundo espiritual
7	Violeta	Cuerpo ketérico	Conexión con el ser superior y la superconsciencia

La primera capa de energía, la más próxima al cuerpo, muestra las vibraciones más densas; progresivamente, éstas se hacen más ligeras y rápidas, y las capas se alejan del cuerpo. La primera capa es roja, que es el color del chakra base o raíz. La segunda es anaranjada, y se corresponde con el segundo chakra, y así sucesivamente. La última capa es violeta y está asociada al chakra corona. Cada una de las capas está conectada con un aspecto del cuerpo energético, tal como se aprecia en la tabla de la página anterior.

Ver el aura

Algunas personas pueden percibir el aura, y ciertamente numerosas culturas han sido conscientes de su existencia durante bastante tiempo; de hecho, muchas lo han representado visualmente en su arte como campos de energía que rodean al cuerpo. En Occidente, el halo o aureola es su representación más común, y simboliza el carácter espiritual de la persona.

Quienes son capaces de ver el aura pueden haber nacido con este don, pero lo cierto es que también es posible desarrollarlo. Las personas que perciben el aura aseguran que en cada individuo este halo cambia permanentemente, dependiendo de su estado anímico, salud y nivel de desarrollo espiritual. El tamaño del aura también varía. Puede expandirse hasta llenar una habitación completa y tocar todas las demás auras presentes, o bien aproximarse al cuerpo como si se tratara de un escudo protector.

Esta expansión y contracción del aura revela que también podemos recibir información de las auras de las personas que nos rodean. Por ejemplo, es posible que te sientas atraído por una persona, lo cual indica que quizá haya algo en su aura que armoniza con la tuya. Del mismo modo, tu aura puede contraerse si percibes algo que no te gusta.

ABAJO. El arte religioso lleva siglos describiendo el aura (en general como una aureola o halo), lo cual indica que su existencia fue reconocida hace ya mucho tiempo.

Cómo percibir el aura

Existen varios métodos simples de practicar esta acción. En todos ellos, sin embargo, tienes que relajar los músculos oculares para que mientras estés mirando directamente a la persona o la planta no estés haciendo foco con los músculos de los ojos. No esperes ver la energía del aura claramente y desde el principio: relájate y sólo permítete percibir un ligero resplandor alrededor de lo que estés observando.

Método 1 Siéntate al aire libre y mira una planta o un árbol cuya silueta se recorte contra un fondo liso, como un cielo despejado. Los árboles tienen campos energéticos muy fuertes.

Método 2 Eleva una mano hacia el cielo y separa los dedos. Mira entre ellos y alrededor del perímetro de la mano.

Método 3 Pide a un amigo que se ponga de pie o se siente contra una pared blanca. Baja la luz de la habitación y observa alrededor de su cuerpo.

Método 3

Limpiar el aura

Si lo deseas, puedes utilizar un ramillete de hierbas y una pluma para limpiar tu aura y el espacio de sanación (aunque resulta más sencillo si otra persona lo hace por ti).

1 Enciende el ramillete de hierbas, pero no olvides contar siempre con un cuenco lleno de arena o tierra para apagarlo.

2 Mientras mueves el ramillete alrededor del cuerpo, usa la pluma para dispersar el humo a través del aura. De esta forma eliminarás cualquier elemento perjudicial.

Vivir con Reiki

El Reiki sana todos los aspectos de nuestra vida. Es una práctica que cura nuestros males, calma nuestras emociones y nos permite crear la vida que deseamos.

Razones para practicar Reiki

Todos seguimos nuestro propio camino a la hora de trabajar con el Reiki. El ansia del alma por encontrar algo más puede provocar un encuentro con esta disciplina, a partir del cual el ser interior descubre «Esto es lo que quiero». Quizá algunas personas trabajen con el Reiki durante un período breve, pero la belleza de la práctica radica en que siempre estará con ellas y ellas siempre podrán regresar al Reiki.

Existen numerosas razones para practicar este sistema, pero la más frecuente es el deseo de sanar a otras personas. De todas formas, hay quienes lo eligen porque se trata de un sistema holístico de autocuración, pero ambas posturas son válidas. Si bien parecería un tanto egoísta desear sanarnos a nosotros mismos primero cuando deberíamos estar haciendo el bien por el resto del mundo, nos equivocamos. Para poder ayudar a otras personas primero debemos sanarnos a nosotros mismos.

Beneficios del Reiki

Independientemente de la motivación que tenga cada persona a la hora de incorporar el Reiki a su vida —y la razón de cada individuo es correcta para él y no debe ser juzgada ni comparada con otras—, muchos son los beneficios derivados de esta práctica. En primer lugar, los percibiremos a nivel físico y emocional. El Reiki incentiva la capacidad del organismo de curarse a sí mismo restableciendo su equilibrio energético. Fortalece el sistema inmunológico para poder resistir todo tipo de enfermedades, o al menos para superarlas con mayor rapidez, y también puede ser utilizado como tratamiento para diversas dolencias (véase Parte 8), siendo uno de los más eficaces reductores del estrés. La persona afectada puede utilizarlo con total seguridad, y no tendrá que buscar tratamiento en ningún otro sitio. Además, el Reiki puede ser complementado con otras terapias (véase Parte 9).

Una vez que nos encontramos mejor desde el punto de vista físico, solemos ser más capaces de centrar nuestra atención en cuestiones menos tangibles. A nivel emocional, el Reiki promueve una sensación de paz con uno mismo y también puede revelar, en ocasiones de forma dolorosa, el origen de nuestros sentimientos y comportamiento. Sin embargo, por duro que resulte el proceso de limpieza, siempre nos enseña que nada permanece inalterable. Lo que parece desesperante hoy puede convertirse en un alivio mañana si nos libramos del peso emocional que nos ha estado abrumando.

El Reiki, asimismo, nos ofrece la oportunidad de desarrollarnos espiritualmente. Se trata de mucho más que una terapia: es una práctica multifacética que alimenta el alma si se practica a diario.

IZQUIERDA. El ansia de nuestra alma por encontrar algo más puede provocar un encuentro con el Reiki, en el que lo reconoceremos como ese «algo» que buscábamos.

El Reiki y tú

El único responsable de tu vida eres tú. Sin embargo, dado el modo en que todos hemos sido socializados, para muchos de nosotros aceptar este hecho resulta más difícil de lo que suena. Nadie nos anima a responsabilizarnos de nuestra vida, sino que la sociedad nos insta a hacer lo que otras personas quieren que hagamos. Si no seguimos esa «norma», se nos hace creer que no conseguiremos sacar provecho de los beneficios que la sociedad nos ofrece, y que si realmente no «jugamos» quedaremos marginados hasta que recuperemos la cordura.

Desde que nacemos nos enseñan a satisfacer más los deseos ajenos que los nuestros. Los padres, los maestros e incluso los amigos imponen sobre nosotros sus creencias, en la mayoría de los casos con las mejores intenciones, y también porque no conocen otra forma mejor de guiarnos. Como resultado, nos resulta muy difícil tener claro quiénes somos y en qué creemos. Y por esa razón, encontrar nuestro propio ser entre tanto condicionamiento cultural nos exige dar un paso atrás y recurrir a la introspección.

Pero eso no significa «eliminarnos» del mundo cotidiano, si bien muchos, a lo largo de la historia, han preferido buscar la tranquilidad de la vida monástica. Para permanecer en el mundo, y encontrar nuestra verdad interior, nos hace falta una ayuda que nos aporte las herramientas necesarias para abrirnos paso en la vida, manteniendo el equilibrio de nuestro cuerpo, nuestra mente y nuestro espíritu.

Las religiones han procurado actuar como esa ayuda, y lo han conseguido en gran medida y en un elevado número de personas. Sin embargo, lo que satisfacía a nuestros antepasados no siempre resulta suficiente en la actualidad. El apetito por ir más allá de las enseñanzas de las religiones ortodoxas es evidente incluso entre sus seguidores. Y esto ha provocado que muchas personas se centren en los aspectos más esotéricos de las principales religiones del mundo y los incorporen a su vida.

Reiki para todos

El Reiki es una de las herramientas que podemos utilizar para guiar nuestro paso por la vida. Su simplicidad lo hace accesible a todos y su falta de dogma implica que puede ser practicado por todo aquel que lo desee, independientemente de sus creencias religiosas. El Reiki promueve la salud física, la claridad mental y el progreso espiritual, y puede ser incorporado a cualquier estilo de vida. Además, no tienes que trasladarte a ningún sitio especial para practicarlo: está a tu alcance dondequiera que te encuentres, y nunca estarás separado de él.

DERECHA. El Reiki nos permite responsabilizarnos de nuestra propia vida y fortalecernos. Además, su poder sanador está a nuestro alcance en todo momento y en todo lugar.

El Reiki en tu vida cotidiana

Quien intente practicar Yoga o Chi Kung durante su viaje en tren al trabajo realmente puede considerarse audaz. Sin embargo, el practicante de Reiki siempre puede regalarse esta energía dondequiera que se encuentre sin que nadie más lo note. Sentado tranquilamente, con las manos apoyadas sobre las piernas o quizá cruzadas sobre el estómago, puedes aprovechar el viaje diario hasta tu trabajo para sanarte. Y durante tus horas de trabajo también puedes recurrir al Reiki, y sin que nadie se percate, para impulsar tus niveles energéticos o calmarte en medio de una situación estresante. Incluso puedes enviar Reiki para solucionar un conflicto en la oficina. Éste es otro de los beneficios de convertir este sistema en parte de tu vida cotidiana.

Flexibilidad

El método es tan flexible —en el sentido de que puedes incorporarlo a tu vida cotidiana de múltiples maneras—, que siempre encontrarás una alternativa idónea para ti. No existen reglas que indiquen que «debes» hacer esto o aquello; por el contrario, la decisión está en tus manos. Si lo deseas, puedes incluir la meditación y los cánticos a la sesión de autosanación, pero tú decides cuándo y dónde. En el Reiki nada se te impone por la fuerza. Tú asumes la responsabilidad de tu práctica y trabajas a tu propio ritmo.

Además, el sistema puede ser aplicado a un sorprendente número de facetas de tu vida. Puedes enviar Reiki a todos los miembros de tu familia, incluidas tus mascotas, como comprobarás en los próximos capítulos. Puedes enviar Reiki a tus alimentos, ya te encuentres en un restaurante o en casa, porque ese gesto elevará las vibraciones de la comida y mejorar su valor nutricional. También puedes ofrecer tratamientos de Reiki a tu propia casa, e incluso a tus electrodomésticos como la lavadora o el ordenador. Todos y todo lo que te rodea puede formar parte de tu práctica.

Tú eres el centro

Es importante que recuerdes que tú debes ser el centro de tu práctica. Tu fortalecimiento cambiará el modo en que experimentes el mundo. Las relaciones familiares mejorarán o se resolverán por el bien de todos. Los problemas se desharán en cuanto cambie tu forma de interpretarlos. Ahora cuentas con una herramienta con la cual trabajar, así que cuando te enfrentes a algún reto, por mundano que sea, te sentirás seguro de que el resultado es perfecto para tu vida.

DERECHA. El Reiki es un sistema flexible que te sitúa en el centro y que te permite desarrollarlo a tu propio ritmo.

EL REIKI EN TU VIDA COTIDIANA

Lluvia de energía

El ejercicio que explico a continuación es uno de mis favoritos de Chi Kung, pero puede ser aprovechado por los practicantes de Reiki para impulsar y purificar sus niveles de energía en pocos minutos todos los días. En Chi Kung recibe el nombre de «Lluvia de luz», y se trata de un magnífico modo de purificar el cuerpo mediante la energía después de haberlo limpiado con agua. Los practicantes simplemente deben tener la intención de que la energía Reiki fluya a través de sus manos mientras llevan a cabo el ejercicio.

1 Ponte de pie, con la espalda recta, los hombros hacia abajo y el cuerpo relajado. Con los brazos a ambos lados del cuerpo, gira las palmas para dirigirlas hacia fuera y arriba. Inspirando, lentamente comienza a elevar los brazos lateralmente.

2 Continúa levantando los brazos hasta situarlos por encima de tu cabeza. Déjalos relajados y manteniendo una forma redondeada en todo momento. (Es preferible que completes los pasos 1 y 2 mientras inhalas solamente. Sin embargo, si al principio no lo consigues, exhala cuando lo necesites en lugar de contener la respiración.)

3 4

5

3 Cuando los brazos se encuentren por encima de la cabeza, siente la conexión con la energía Reiki a través de tus palmas, e imagina que más energía del cielo entra en ellas.

4 Mientras exhalas, lentamente baja las manos, con las palmas hacia dentro, pasándolas por delante de tu cara y la parte frontal del cuerpo hasta que lleguen al ombligo.

5 Visualiza que la energía elimina cualquier energía perjudicial, y repite toda la secuencia de 4 a 6 veces.

El Reiki y la medicina occidental

Esencialmente, el Reiki complementa la medicina occidental, en el sentido de que mejora los tratamientos convencionales. No se trata de elegir una cosa o la otra. Como especialista en Reiki, procura no sugerir jamás que esta disciplina es un sustituto del tratamiento médico, independientemente de tus creencias personales.

Tampoco deberías intentar nunca hacer un diagnóstico médico. Aunque considero que es importante que el practicante de Reiki cuente con conocimientos médicos básicos y un cierto dominio de anatomía y fisiología humanas, no estamos cualificados para decir a otra persona que puede estar enferma, aunque nos parezca evidente que así es. Si un practicante sospecha que uno de sus clientes padece una enfermedad no diagnosticada, él o ella deberá encontrar el modo de sugerir a esa persona que se ponga en contacto con un médico, pero sin alarmarla.

Dolencias específicas y medicación

Del mismo modo, si una persona acude a ti con el fin de recibir tratamiento para una dolencia física específica, sugiero que averigües primero si está siguiendo algún tratamiento médico, ya que de lo contrario deberías indicarle que consulte a un profesional. A pesar de que a los practicantes de Reiki nunca se les ha exigido contar con las historias médicas detalladas de sus clientes, ni tampoco a otro tipo de terapeutas, resulta muy conveniente hablar del tema, en especial si existe alguna enfermedad crónica como la diabetes, ya que el Reiki podría afectar los niveles de insulina después del tratamiento.

Si la persona está tomando alguna medicación, infórmate de cuál se trata e investiga sobre el fármaco para saber de qué manera actúa y cuáles son sus posibles efectos adversos.

Sin embargo, en ningún momento deberías cuestionar la conveniencia del tratamiento ni aconsejar una alteración de la dosis. En el mercado existe un gran número de buenas guías médicas, y si estás tratando a otras personas con regularidad deberías familiarizarte con los fármacos más recetados para las dolencias comunes.

El trabajo en hospitales

En los últimos años, el Reiki ha llegado a los hospitales de varios países, y algunos médicos ya conocen los beneficios que puede aportar tanto a los pacientes afectados de dolencias crónicas y enfermedades terminales como a los que se están recuperando de una intervención quirúrgica. Resulta maravilloso ver que en los servicios sanitarios ya se está contratando a todo tipo de sanadores. No obstante, como estos puestos de trabajo todavía son muy limitados, los practicantes de Reiki siempre pueden trabajar como voluntarios.

DERECHA. A pesar de que los practicantes de Reiki no realizan un diagnóstico médico, resulta sensato que tomen nota de la historia clínica básica de sus clientes.

PARTE 3
Los tres grados del Reiki

El Primer Grado

Dar el primer paso en el viaje con el Reiki abre un nuevo mundo de experiencias sanadoras, que abarcan desde la autosanación y el tratamiento a otras personas hasta la aplicación de energía sobre tu hogar y el mundo.

La elección de un maestro de Reiki

En la mayoría de los casos, las personas eligen a su maestro de Reiki a partir de la recomendación de amigos. Se trata de una forma bastante fiable de comenzar, a pesar de que hay que recordar que las necesidades y creencias de nuestros amigos no son las nuestras. Muchas personas encuentran a su maestro a través de una sincronicidad que las guía hacia el individuo correcto en el momento preciso. Como sucede con otras sendas espirituales, la experimentación de este tipo de «coincidencias», en las que tienes el encuentro perfecto en el momento en que lo necesitas, sucede con frecuencia en el Reiki.

Mi propia experiencia en cuanto a la elección del maestro de Reiki cuenta con un fuerte componente de sincronicidad. Una amiga me prestó un libro sobre esta disciplina que acababa de recibir de parte de su hermana, que lo enviaba desde India. Se trataba de *Empowerment through Reiki*, de Paula Horan, y fue uno de los primeros textos sobre la materia. Lo leí, y de inmediato supe que deseaba aprender dicha práctica. Sin embargo, ni mi amiga ni yo sabíamos dónde encontrar a un buen maestro en nuestro lugar de residencia. Yo estaba segura de que lo encontraría, a pesar de que en las guías telefónicas no aparecía ninguno.

Dos semanas más tarde me encontraba en la farmacia de mi zona, que cuenta con una sección de remedios naturales. Una revista que exhibían allí me llamó la atención, así que compré un ejemplar y en los anuncios clasificados encontré a una maestra de Reiki que ofrecía tratamientos y clases.

De inmediato seguí un tratamiento con ella. Pero no recibí el Primer Grado bajo su tutela porque expresaba ciertas ideas con las que yo no coincidía, pero mi búsqueda continuó, y a través de una serie de llamadas telefónicas a varias organizaciones por fin encontré a mi primer maestro.

Haz los deberes

Si estás buscando un maestro de Reiki, es importante que consideres los diferentes enfoques de esta disciplina e investigues un poco para decidir cuál es el que mejor se adapta a tus necesidades. También es importante que hables con el maestro antes de apuntarte a sus clases. Un maestro con el que te sientas compatible, en quien confíes y al que respetes siempre será mejor para ti que cualquier otro con el que no te encuentres a gusto. Durante el viaje que estás a punto de iniciar con esta persona has de sentirte seguro, y no existe razón alguna para elegir a un maestro que no te inspire confianza sólo porque otra persona te ha dicho que es el mejor. El mejor maestro para ti existe, y darás con él o, como dice el refrán: «el maestro encontrará al alumno».

DERECHA. Cuando elijas un maestro de Reiki es importante que te sientas a gusto con él y que sus creencias sean compatibles con las tuyas.

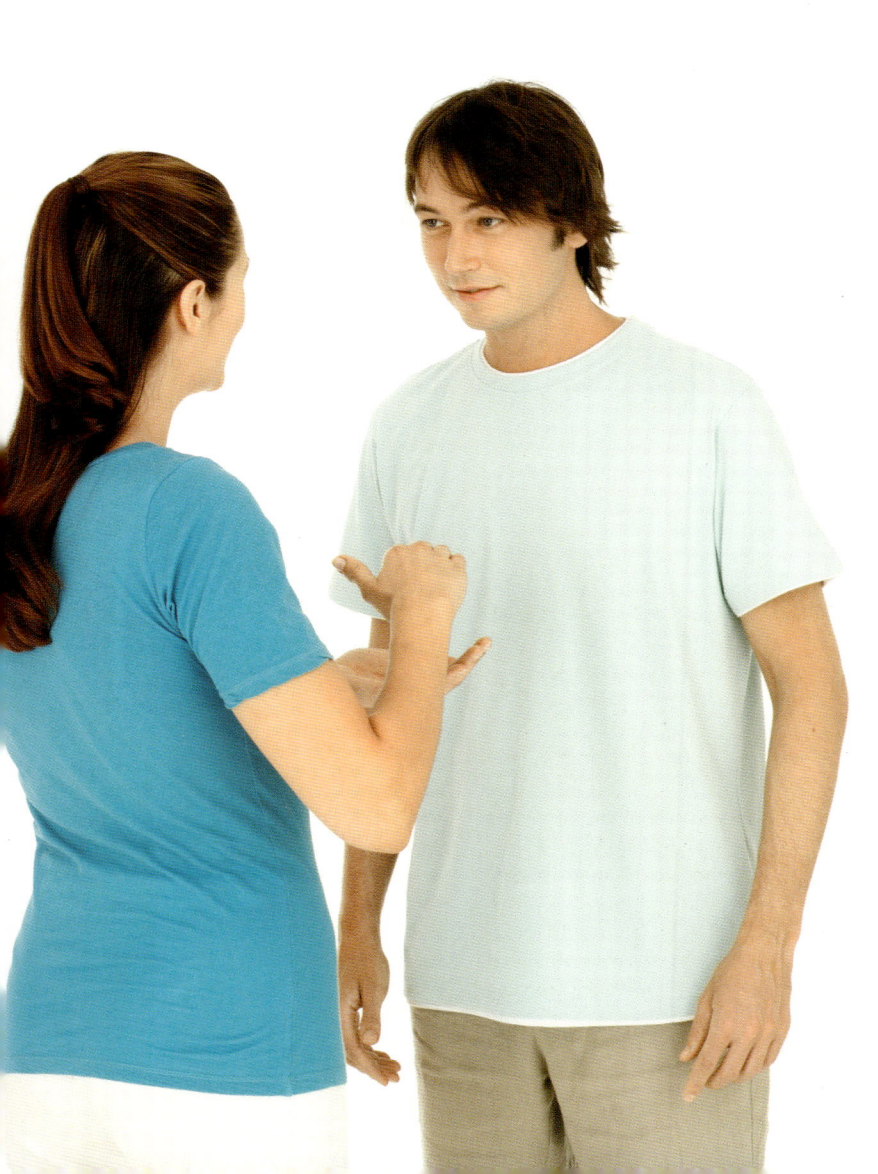

LA ELECCIÓN DE UN MAESTRO DE REIKI

Experiencias sanadoras y respuestas

La experiencia personal de un tratamiento de Reiki y la forma en que el individuo responde son únicas. Así que si no estás familiarizado con ofrecer tratamiento a otras personas no esperes encontrar una respuesta uniforme, ni tampoco supongas que tu vivencia al canalizar la energía será igual en todos los casos.

Una de mis primeras experiencias con las variaciones de energía se produjo cuando mi maestra pidió voluntarios para que le ayudasen a hacer una exhibición de Reiki. Yo me encontraba trabajando con una practicante experimentada cuando un hombre se acercó a nuestra caseta y pidió un tratamiento. Cuando apoyé las manos sobre sus hombros para conectar con la energía, recuerdo haber pensado que ésta tenía una forma diferente de las que había conocido hasta entonces. Y al visualizarla pude ver picos irregulares, si bien la energía de otras personas siempre me había parecido un conjunto de ondas redondeadas. Más tarde hablé del tema con la otra practicante, y ella me preguntó si aquél había sido el primer hombre a quien había enviado Reiki. Cuando le respondí que así era, su opinión fue que yo estaba percibiendo una energía masculina muy fuerte que contrastaba con la de naturaleza femenina a la que estaba habituada.

No todo el mundo detectará la diferencia entre la energía masculina y la femenina de la misma manera. Ésa fue mi experiencia, y una de las primeras en mi práctica, pero desde luego me resultó de gran utilidad porque me enseñó que, sin duda, encontraría diferencias entre los distintos individuos y también entre los diferentes tratamientos.

Algunas personas parecen absorber y fluir con la energía durante el tratamiento, mientras que en otras se percibe resistencia y lucha. Hay quienes viven intensas experiencias visuales y quienes experimentan fuertes sensaciones físicas. Y ciertos individuos, simplemente ven colores cambiantes cuando otros no recuerdan nada de lo experimentado. En cualesquiera de los casos, ten la certeza de que la persona está recibiendo sanación; quizá no en el modo en que lo espera, y posiblemente tampoco de la manera en que lo esperas tú. Porque aunque no deberíamos crearnos ninguna expectativa sobre el proceso, con frecuencia acabamos haciéndolo.

Las expectativas limitan la sanación. Cuando somos jóvenes aprendemos mediante la utilización de la mente lógica: si tocamos algo caliente nos quemamos, así que una vez experimentada la sensación evitamos que se repita. En el caso de la sanación no podemos aplicar la misma lógica. Supongamos que estás tratando una dolencia específica y observas una respuesta particular. La tentación de la lógica es buscar una respuesta similar la próxima vez que trates la misma afección. Sin embargo, la sanación es única en cada individuo y nos exige mantener la mente abierta.

DERECHA. Cuando envíes Reiki a una persona, no te crees ninguna expectativa sobre cómo responderá.

ARRIBA. La historia de Rose ilustra la sanación radical que experimentan algunos receptores.

Caso de estudio: la historia de Rosa

Con algunas personas se produce una inmediata y radical experiencia de sanación que suele parecer una revelación. La historia de Rosa es un ejemplo.

Rosa era una mujer de alrededor de sesenta años y con hijos ya mayores, a los que había criado prácticamente sola porque su marido la había abandonado. Ella solía visitar a su hermana, que tenía un salón de belleza y en una de cuyas salas yo trabajaba. Un día le pregunté si le apetecía recibir un tratamiento. Ella no conocía el Reiki en absoluto, pero gracias al estímulo de su hermana accedió a probar. Me explicó que sufría un problema de caderas por el que debía ser operada.

Cuando llegué a la parte posterior de su chakra corazón, percibí un repentino cambio de energía. Mientras mantenía las manos en esa zona, sentí que alguien se acercaba por detrás de mí, me rodeaba con sus brazos y apoyaba sus propias manos sobre las mías. En ese momento tuve la absoluta certeza de que se trataba Jesús. De pronto se produjo una fuerte sensación de liberación de energía, y me sentí guiada a continuar moviendo las manos.

Al llegar a las posiciones finales, con una mano apoyada sobre su cadera y la otra sobre la planta de su pie, la cadera de Rose pareció disolverse y sentí que mi palma le atravesaba el cuerpo. Al final del tratamiento no comentamos nada de lo que había sucedido y Rose se marchó a descansar.

Aproximadamente una hora más tarde, la hija de Rose vino a contarme lo que su madre había experimentado. Me explicó que al apoyar mis manos sobre la parte posterior de su chakra corazón, ella había perdonado por completo a su esposo por haberla abandonado, y que toda la ira y la amargura que había sentido hasta entonces habían desaparecido en aquel preciso instante.

Cuando Rose regresó a su casa comenzó a buscar clases de Reiki. Además, su cadera ya no volvió a darle los mismos problemas. En un único tratamiento Rose transformó su vida y recurrió, en mi opinión, a sus creencias católicas para recibir la energía sanadora de Jesús.

Éste es un ejemplo del modo en que cada individuo obtiene del Reiki exactamente lo que necesita, y de la manera en que esta disciplina interactúa con otros sistemas de creencias.

Cómo emplear el Primer Grado

El primer nivel de Reiki puede ser empleado de muchas maneras. Lo único que le falta es la transmisión de sanación a distancia, que se aprende en el segundo nivel. En consecuencia, muchas personas lo consideran suficiente. El Primer Grado de Reiki puede ser utilizado para:

- favorecer la autosanación;
- sanar a otras personas;
- sanar a animales y plantas;
- aportar energía al entorno;
- energizar los alimentos y las bebidas.

Autotratamiento

La autosanación es el más importante paso del Reiki, porque sin sanarte a ti mismo no podrás sanar a los demás. Aportarte Reiki a diario es fundamental. Siempre pido a mis alumnos que se concedan un autotratamiento completo diario durante los primeros veintiún días a partir de su clase de Primer Grado. Por supuesto, me gustaría que continuasen con el autotratamiento después de este período, pero soy consciente de que no todo el mundo tiene tiempo para un tratamiento completo. El período de veintiún días después de cualquier clase resulta de vital importancia para limpiar la energía antigua y recuperar el equilibrio.

Las posiciones de manos para el autotratamiento aparecen en la Parte 4. Cada una de ellas debe ser mantenida entre tres y cinco minutos, pero si necesitas hacerlo durante más tiempo, respeta los dictados de tu intuición. Si no dispones de tiempo para un tratamiento completo diario, recuerda que un poco de Reiki es mejor que nada. Sin embargo, cuanto más Reiki te envíes, más te familiarizarás con la energía y te sentirás a gusto con el tiempo que te exija cada posición.

Ponte cómodo cuando te des un tratamiento; la cama o el sofá son las mejores opciones. Algunas personas prefieren autotratarse antes de levantarse por la mañana y otras se decantan por hacerlo antes de dormir, como la última actividad del día. Todo depende de tus preferencias. De todas formas, te advierto que si dejas el tratamiento para la noche es muy probable que te quedes dormido antes de finalizarlo.

Los efectos del autotratamiento son acumulativos. Cuanta mayor sea la regularidad de tu práctica, más beneficios percibirás. En ciertos casos no te apetecerá darte Reiki y es normal; pero si esta actitud persiste, tómate unos instantes para pensar qué hay detrás de tu comportamiento. Quizá sientas que no mereces disponer de tiempo para ti, o tal vez estés permitiendo que la vida te dicte un ritmo que no te gusta pero del que no sabes escapar. Cualquiera que sea la razón, no te sientas culpable. Simplemente reconócela y reanuda la práctica.

DERECHA. Los tratamientos pueden energizarte y sanarte, y te ayudarán a comprender mejor la energía.

CÓMO EMPLEAR EL PRIMER GRADO

Objetos inanimados y problemas personales

Existen dos aspectos del trabajo con el Primer Grado que tal vez no están tan explicados como los demás, y son la acción sobre objetos inanimados y los problemas personales. Los últimos reciben más atención en el Segundo Grado, pero se puede trabajar con ellos en el primer nivel.

Reiki para objetos inanimados

Las personas tienden a reír si mencionas la idea de enviar Reiki a tu ordenador o tu nevera. Pero funciona, y no resulta tan raro si repasas la explicación sobre la naturaleza de la energía que aparece en la Parte 1. Todo se origina en la misma energía, incluyendo, por ejemplo, los materiales con los que se fabrica una lavadora. Simplemente vibran a una velocidad diferente que la materia animal.

Si alguno de tus electrodomésticos se estropea, coloca las manos sobre él y deja que el Reiki fluya. Intenta no transmitirle energía con una actitud de ira porque no funciona; por el contrario, hazlo con gratitud por el servicio que te ha prestado. Deberías también ofrecer Reiki sin crearte expectativas sobre un resultado en particular. Es probable que debas llevarlo a reparar, pero la situación encierra un acto de sanación.

Reiki para problemas personales

En una reunión posterior a mi clase de Primer Grado, una de mis compañeras nos contó que había intentado vender su casa durante meses pero que no había tenido suerte. Ahora contaba con varios compradores potenciales porque había enviado Reiki a los muros.

La maestra nos explicó entonces que incluso en el Primer Grado podíamos enviar Reiki a cuestiones que nos causaran problemas. Una forma de hacerlo consiste en escribir el problema en un papel, sostenerlo entre las manos y enviar Reiki a la situación. Sé claro y positivo en la frase que escribas. Por ejemplo, siempre utiliza la palabra «quiero» en lugar de «no quiero». También debes estar abierto. Si anhelas una nueva relación, no especifiques con qué persona deseas entablarla. Al final de mi «deseo», yo siempre añado las palabras: «Esto o algo mejor se manifiesta ahora para mí, de un modo absolutamente satisfactorio y armonioso para el bien de todos los involucrados».

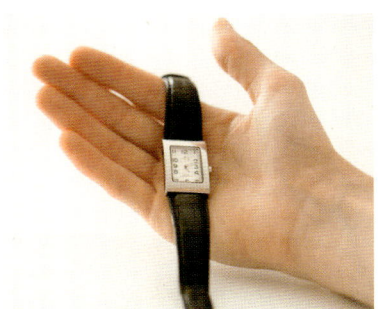

IZQUIERDA. Cuando des Reiki a un objeto, envía la energía con gratitud por el servicio que te ha prestado.

DERECHA. Escribe un problema en un papel y envía Reiki a la situación con intenciones de que sane.

CÓMO EMPLEAR EL PRIMER GRADO

Cómo asentar tu energía

Si trabajas con la energía, es importante que aprendas a asentarla, y si enseñas a otras personas u ofreces tratamientos deberías poder demostrar de qué forma hacerlo. Asimismo, tienes que saber reconocer en qué momento las demás personas necesitan conectar con la tierra.

Uno de los síntomas de desconexión más habituales es la sensación de «separación» o mareo, que también puede manifestarse como la impresión de estar saliendo del propio cuerpo. Y la causa es una insuficiente conexión con la energía de la tierra. Una forma de afianzarse consiste en pisar hierba o tierra con los pies descalzos con la mayor frecuencia posible (véanse páginas 108-109). Sin embargo, después de ofrecer un tratamiento de Reiki, o de recibir una iniciación, ese gesto puede no resultar suficiente.

Ejercicio de visualización

Yo utilizo este ejercicio para asentarme y también lo enseño en clase de Reiki. Lee las instrucciones completas varias veces. Otra alternativa es que pidas a un amigo que te las lea en tus primeros intentos, o las grabes para que puedas escucharlas las veces que necesites. Por favor, no te preocupes si no puedes «ver» lo que aquí se describe.

1 Trabaja sobre una silla de respaldo recto que te permita sentarte con los pies apoyados en el suelo. Quítate los zapatos, pero si hace frío quédate con los calcetines puestos.

2 Cierra los ojos y respira profundamente tres veces. Visualiza una soga que desciende desde el final de tu columna vertebral, atraviesa el suelo y se interna en la tierra, cruzando las diferentes capas de roca hasta hacerte sentir en el centro de la Tierra. Ancla la soga en ese preciso lugar.

3 Ahora imagina que tienes dos orificios en las plantas de los pies y que un pesado fango de color marrón rojizo los atraviesa y circula hacia la parte inferior de tu cuerpo hasta llegar a la cintura. Permite que esta energía circule hasta que tu estructura física parezca más pesada.

4 A continuación, visualiza un punto distante en el cielo desde el cual desciende un rayo de luz blanca que conecta con un punto de tu coronilla. Siente que esta luz fluye a través de dicho punto hacia el interior de tu cabeza y por toda la parte superior de tu cuerpo, purificándolo y haciéndolo más ligero.

5 Ahora percibe que las dos energías diferentes circulan al mismo tiempo. Finaliza tocando el suelo con las manos y permitiendo que el exceso de energía regrese a la tierra.

CÓMO ASENTAR TU ENERGÍA

Sana tu hogar con Reiki

Sólo cuando alcancé el Segundo Grado me di cuenta de que podía aplicar el Reiki en casa. Lo había estado utilizando para trabajar sobre objetos inanimados, como mi reloj y mi ordenador, pero no encontraba el modo de aplicarlo para llenar mi entorno: sólo conocía algunas técnicas sugeridas en el nivel del Primer Grado, pero que no me ayudaban a conseguir lo que tenía en mente.

Leí libros sobre el espacio sagrado y las técnicas de limpieza del espacio, y una vez que obtuve el Segundo Grado creé un método para combinar algunas de éstas con el uso de símbolos Reiki como parte de mi rutina doméstica. Y conseguí un gran efecto. Sin embargo, cuanto más trabajaba con la energía, más tomaba conciencia de que no necesitaba alcanzar el Segundo Grado para limpiar la energía de mi hogar, y que podría haberlo hecho con gran eficacia con el Primer Grado.

DERECHA. Muchas culturas recurren a la sal como elemento de purificación. Utilízala para purificar tu hogar y tu propia aura.

ABAJO. Para sanar una habitación traza símbolos Reiki en el centro y las esquinas, o visualiza que tu hogar se llena de dicha energía.

Después de limpiar la casa físicamente, puedes a continuación purificarla desde el punto de vista energético. Para hacerlo, entra en cada habitación y traza el símbolo CKR (véanse páginas 166-167) en cada rincón. También puedes, si lo deseas, dibujar el símbolo en el centro de la sala y visualizar todo el espacio llenándose de Reiki. Otra alternativa consiste en que entres en cada cuarto con un ramillete de hierbas, nuevamente prestando atención a los rincones, en los que la energía tiende a estancarse. Se trata de una técnica similar a la empleada para limpiar el aura con un ramillete de hierbas (véanse páginas 124-125).

Si no has alcanzado el Segundo Grado, simplemente recurre a la intención y la visualización para llenar tu hogar de Reiki. Puedes acercar la palma de tu mano a los rincones de la habitación e imaginar que la energía fluye desde la mano y limpia la zona.

Usa sal marina

Otra práctica que favorece la purificación a través de la energía consiste en arrojar sal marina pura en los rincones del cuarto que desees tratar, por supuesto después de haberlo limpiado. No olvides que con posterioridad tienes que recoger la sal y tirarla a la basura. Si observas un combate de sumo, notarás que los luchadores arrojan sal en el espacio donde se enfrentarán con la intención de limpiar el área y eliminar cualquier vibración negativa de encuentros anteriores. Las cualidades purificadoras de la sal son muy conocidas. Si la añades al agua del baño, por ejemplo, conseguirás limpiar tu aura y conectar mejor con la Tierra, así como curar heridas abiertas.

Sanar el mundo con Reiki

En el mundo siempre hay problemas. La guerra y la hambruna acaban con la vida de miles de personas a diario, y quienes no experimentamos ninguna de estas situaciones en nuestra vida somos, por desgracia, una minoría estadística entre la población mundial. De todas formas, aunque no nos afecte de forma directa, todos vivimos en un clima de temor. A través de los medios de comunicación recibimos mensajes sobre la amenaza del terrorismo, la recesión económica y el desastre medioambiental. Pero de todos estos temas, el daño sufrido por nuestro entorno es lo único que podemos controlar porque contamos con la posibilidad de centrar nuestros esfuerzos individuales en detener la profanación del planeta.

No obstante, podemos también hacer una contribución positiva a la resolución de todos los problemas que afronta el mundo enviándoles energía sanadora, cualquiera que sea el nivel de Reiki que estemos practicando. Si te encuentras en el Primer Grado, puedes recurrir a los mismos métodos aplicables a los problemas personales. Escribe la situación en un papel y sostenlo entre tus manos. Visualiza el problema y siente la intención de que la sanación fluya hasta allí y produzca una solución para el bien de todos. Recuerda que no debes pedir un resultado en particular, ya que tal vez no se trate de una alternativa beneficiosa para todos. Aunque pueda parecer contrario a la lógica que la pérdida de vidas sea un beneficio, no podemos cuestionar al Universo. Por eso sólo tenemos la posibilidad de enviar energía que impulse el mejor resultado posible. Si tienes el Segundo Grado, puedes usar el símbolo CKR (véanse páginas 166-167) para intensificar la energía, junto con el símbolo HSZSN (véanse páginas 170-171), que aportará otra dimensión a la sanación.

Otra solución podría consistir en formar un grupo con otros practicantes de Reiki y enviar esta energía regularmente a situaciones globales y locales. En todo el planeta se realizan reuniones periódicas de personas que trabajan con la luz o la energía para enviar sanación, y llevan muchos años haciéndolo. Todos podemos formar parte de esta red energética que aporta amor al mundo.

La gran invocación

A pesar de que la invocación que aparece en la próxima página no forma estrictamente parte del Reiki, expresa un maravilloso sentimiento que merece la pena tener en cuenta cuando deseemos sanar al mundo a través de la energía. La versión de la plegaria reproducida a continuación fue canalizada por la escritora esotérica Alice Bailey en los años 40. A pesar de que se refiere a Cristo, utiliza el título como una representación de todos los maestros espirituales, por lo cual no pertenece a ninguna religión en particular.

DERECHA. Al reunirnos en grupos y enviar Reiki a las situaciones mundiales podemos participar en la resolución del conflictos y respaldar al mundo con amor.

Desde el punto de Luz en la Mente de Dios,
Que fluya Luz hacia las mentes de los hombres.
Que la Luz descienda a la Tierra.

Desde el punto de Amor en el Corazón de Dios,
Que fluya el amor hacia los corazones de los hombres.
Que Cristo retorne a la Tierra.

Desde el centro donde la Voluntad de Dios es conocida,
Que el propósito guíe la voluntad de los hombres.
El propósito que los maestros conocen y al cual sirven.

Desde el centro que llamamos la raza humana,
Que el Plan de Amor y Luz se haga realidad
Y selle la puerta donde mora el mal.

Que la Luz, el Amor y el Poder restablezcan el Plan en la Tierra.

Versión de ALICE BAILEY

El Segundo Grado

El deseo de avanzar en la práctica
del Reiki te contacta más profundamente
con los misterios de la energía y las formas
en que ésta trasciende nuestras ideas
de Tiempo y Espacio.

El progreso en la práctica

El deseo de avanzar y adquirir más conocimientos es natural. El Reiki se enseña en tres niveles, pero la decisión de hasta dónde avanzar, y cuándo, debe ser tomada conjuntamente por el maestro y el alumno.

La voluntad de pasar del Primer Grado al Segundo refleja idealmente el compromiso por parte del alumno de involucrarse todavía más con la disciplina y de cambiar su vida. En otras palabras, debería tratarse de una decisión consciente y no automática, ya que la iniciación exige ciertos procesos que se encuentran profundamente conectados con el ser mental y emocional, y en este nivel la persona experimenta una purificación. Pero no siempre se trata de una experiencia agradable. El maestro también tiene que ser capaz de apoyar al alumno, que nota que el dolor o la ira que llevan mucho tiempo enterrados en su interior comienzan a aflorar y a abrumarlo. Esta purificación tan profunda resulta muy beneficiosa a largo plazo, pero los alumnos deben estar preparados para ella y contar con una guía durante todo el proceso. Ésta es una de las razones por las que existen espacios entre los grados, si bien muchos maestros no respetan esta convención en la actualidad. En mi opinión, sin embargo, el hecho de que cada persona se tome su tiempo siempre produce beneficios.

Tómate tu tiempo

Actualmente, muchos maestros siguen una serie de reglas acerca del momento en que un alumno puede pasar al Segundo o Tercer grado. Por ejemplo, cuando yo descubrí el Reiki en 1992, los maestros del Usui Shiki Ryôhô insistían en dejar pasar un período mínimo de tres meses entre el Primer y el Segundo Grado. Ahora resulta bastante frecuente hacer ambos en un fin de semana, si bien no todas las escuelas de Reiki siguen esta tendencia.

A pesar de que yo trabajo como lo que se conoce con el nombre de «maestra de Reiki independiente», creo que existe una buena razón para seguir algunas de las reglas más ortodoxas y respetar este período mínimo. En primer lugar, permite ajustarse a la nueva energía y apreciar los cambios. En segundo lugar, ofrece tiempo para comprender y percibir mejor el funcionamiento de la energía antes de profundizar en el proceso.

Vivimos en una cultura veloz y nuestras expectativas buscan resultados rápidos. Al considerar los años de capacitación que necesitó Mikao Usui para llegar a crear el sistema Reiki, deberíamos reflexionar sobre nuestra necesidad de resultados instantáneos y pensar en la posibilidad de avanzar en la práctica del Reiki de forma lenta pero segura.

DERECHA. En un mundo de soluciones veloces, resulta más fructífero avanzar en la práctica del Reiki a paso lento.

EL PROGRESO EN LA PRÁCTICA

El significado de los símbolos

En la Parte 2, nos referimos al uso universal de los símbolos y a ciertos aspectos del debate entre las escuelas de Reiki (véase página 94). En esta sección analizaré cada uno de los símbolos y la forma de aplicarlos y meditar sobre ellos.

Los símbolos no formaban parte del sistema inicial de Mikao Usui. Según fuentes japonesas, él los incorporó a su sistema cuando comenzó a enseñar Reiki a personas que no seguían ninguna práctica espiritual. En otras palabras, los utilizaba como ayuda para el desarrollo espiritual, con la finalidad de que actuasen como foco de atención mental, de un modo similar a los mantras. Los símbolos de Usui combinan tanto la concentración de la vista y el aura, a pesar de que en la tradición occidental se enfatiza más sobre el aspecto visual.

Los maestros de las diferentes escuelas exponen opiniones divergentes sobre el significado de los símbolos. La principal enseñanza es que los símbolos incrementan el poder del Reiki que la persona está canalizando. Podría decirse que la intención de Mikao Usui al introducirlos fue ofrecer elementos sobre los cuales centrar la intención, pero que no tienen poder en sí mismos.

El uso de los símbolos

Lo que se nos pide es que conectemos con cada símbolo y el aspecto de la energía Reiki que éste manifieste, ya que cuando comprendamos internamente la vibración del mantra que los acompaña podremos prescindir de los símbolos y simplemente centrarnos en manifestar la energía vinculada a cada uno de ellos. Desde luego, no se trata de un proceso simple y puede llevar muchos años de práctica de meditación sobre cada símbolo.

La mayoría de las escuelas enseña cuatro símbolos principales. También existen muchos otros nuevos, que han sido canalizados por los fundadores de los sistemas de Reiki más recientes. En este libro nos centraremos en los símbolos tradicionalmente asociados al Reiki, las características de cada uno de ellos y los aspectos de la energía Reiki que ellos manifiestan.

El secreto de los símbolos

Como explicamos en la página 94, existe una idea de secretismo en torno a los símbolos y los mantras, y por esa razón no los hemos publicado en este libro. Quien haya accedido al segundo nivel conocerá los símbolos y los mantras, y podrá seguir las instrucciones de uso que aparecen en las próximas páginas.

DERECHA. Los símbolos actúan como foco de atención para la mente y, por tanto, favorecen el desarrollo espiritual.

Cómo percibir la energía de los símbolos

Este ejercicio te ayudará a trabajar con los símbolos mediante la meditación. Si después te encuentras mareado, debes asentar tu energía. Puedes practicar el ejercicio que aparece en las páginas 152-153, o cualquier otra técnica que te dé buenos resultados. También podrías considerar la posibilidad de llevar a cabo esta meditación durante períodos más breves si consideras que te está desestabilizando.

Por lo general, los símbolos se trazan con toda la mano, dirigiendo la palma hacia fuera. Algunas personas prefieren trabajar con el dedo índice, o los dedos índice y corazón juntos, para dibujarlos en el aire. También puedes visualizar que están siendo trazados sin que tú tengas que realizar ningún movimiento con las manos, o bien marcarlos en tu paladar con la lengua. Estas dos últimas técnicas resultan obviamente útiles cuando quieres utilizar los símbolos pero no deseas que nadie te vea hacerlos, simplemente porque te encuentras en un sitio público.

Por último, podrías también visualizar los símbolos con diferentes colores mientras meditas sobre ellos. El color puede aparecer de forma espontánea, y sería interesante que escribieses un diario (véase página 90) en el que puedas reflejar la relación entre los cambios de color y las cualidades de la energía.

1 Siéntate en posición de meditación y respira hacia el *hara* hasta que sientas que tu cuerpo se ha relajado.

2 Eleva la mano derecha, con la palma plana y dirigida en dirección contraria a ti. Dibuja el símbolo en el aire, y repite tres veces en voz alta el mantra que le corresponda. Visualiza el símbolo donde lo hayas trazado, o en el ojo de tu mente. Continúa repitiendo el mantra durante la exhalación. Practica entre 5 y 10 minutos, aumentando gradualmente el tiempo de concentración.

2

EL SIGNIFICADO DE LOS SÍMBOLOS

Símbolo 1: CKR

La forma de este primer símbolo, al menos en parte, se origina en culturas no japonesas. Una alumna mía me llevó en una ocasión a una famosa catedral de Inglaterra, construida en el Medievo, para mostrarme que había descubierto el símbolo en algunas zonas de la mampostería interior. El símbolo también aparece en las culturas hindú y celta.

La característica de la energía asociada a este símbolo es el Poder en las escuelas occidentales, y la Concentración en las enseñanzas japonesas. Por favor, recuerda que lo que consideramos el nombre del símbolo es en realidad el mantra asociado a él, que al ser repetido manifestará la misma vibración que el diseño visual. Este símbolo no tiene nombre, y simplemente deberíamos hacer alusión a él como Símbolo 1.

En las enseñanzas japonesas que influyeron a Usui, este símbolo también está asociado a la energía de la tierra, aquella que necesitamos para asentarnos. Se trata, asimismo, de la energía que encontramos en el *hara*, que es exclusivamente tuya desde el momento de tu concepción. En otras palabras, se trata de tu conexión con la fuerza vital universal. Si conectas con este símbolo meditando sobre él lograrás incrementar dicha energía.

Este primer símbolo es quizá el más ampliamente utilizado y versátil de los tres que se enseñan en el nivel de Segundo Grado. Esto se debe a que centra la energía Reiki en el objeto hacia la que la dirigimos, y lo hace de tal manera que la intensifica. Su acción podría ser comparada a la aplicación de una luz intensa sobre algo, o la utilización de un láser.

Puedes visualizar el símbolo en cualquier tamaño. Por ejemplo, yo considero que cubre todo mi hogar para protegerlo, en especial cuando estoy fuera.

También es posible utilizarlo de forma independiente, como los demás. Algunas enseñanzas sugieren que es necesario recurrir a él para activar al resto, pero en realidad no es así. Por supuesto, sí que puede ser utilizado en combinación con los otros.

El mantra: CKR

Cuando trabajes con el mantra y el símbolo conjuntamente, repítelo siempre tres veces. No hace falta que conozcas el significado literal del mantra porque su poder radica en la vibración sonora que produce al ser pronunciado en voz alta. De hecho, la necesidad de conocer su significado se convierte en una distracción mental. No obstante, y con la intención de responder a algunas preguntas relacionadas con este significado, te diré que sus traducciones varían notablemente, desde «incrementar el poder» a «espíritu que proviene directamente de la existencia suprema».

DERECHA. El primer símbolo nos conecta con la fuerza vital universal a través de las energías de la tierra y el *hara*.

SÍMBOLO 1: CKR

Símbolo 2: SHK

Al igual que el Símbolo 1, éste también es puro. Está asociado al bienestar mental y emocional en las enseñanzas occidentales, y a la Armonía en la tradición japonesa. Ambas visiones lo describen bien, ya que aporta paz mental y equilibrio emocional.

En contraste con el Símbolo 1, el segundo absorbe la energía del Cielo, también conocida como Luz. Recurrir a esta energía nos ayuda a desarrollar nuestras habilidades psíquicas, reflejando su asociación con la mente. También nos conecta con la energía del ser superior o espíritu.

Resulta sumamente beneficioso trazar y visualizar este símbolo cuando anhelas conseguir más claridad mental acerca de una situación. Las enseñanzas tradicionales enseñan que debe dibujarse sobre el chakra tercer ojo, tanto en los tratamientos de autosanación como al trabajar sobre otras personas. En los casos de sanación a distancia, resulta conveniente centrarse más en este símbolo cuando el receptor parece encontrarse mental o emocionalmente afligido.

La energía de este símbolo es bastante sutil y puede resultar más difícil detectarla que la de cualesquiera de los otros dos símbolos que se enseñan en el segundo nivel. Por esta razón, los alumnos no le prestan tanta atención. Sin embargo, perseverar sobre este símbolo tiene sus recompensas, dependiendo de lo que necesites en cada momento. Puedes utilizarlo junto con el Símbolo 1 si deseas mejorar el proceso de purificación emocional.

El mantra: SHK

Como he explicado anteriormente, cuando trabajes con el mantra y el símbolo conjuntamente deberás repetirlo tres veces. Si prefieres actuar sólo con el mantra, puedes entonarlo repetidamente como se explica en las páginas 88-89.

Las traducciones del mantra varían desde «tengo la llave» a «hábito mental» o «la tierra y el cielo se unen».

Es importante pronunciar los mantras con precisión, tanto como resulta fundamental trazar los símbolos con la mayor exactitud posible, según la forma en que hayan sido enseñados. No se exige precisión porque sí, sino porque refleja concentración en lo que se está haciendo. Dibujar un símbolo o entonar un mantra produce poco o ningún efecto si mientras tanto la mente se centra en otras cuestiones. La energía parte de la intención y se dirigirá hacia donde la mente la guíe.

IZQUIERDA. El segundo símbolo está asociado a la energía del Cielo/Luz y nos conecta con nuestro ser superior.

Símbolo 3: HSZSN

El Símbolo 3 no es como los demás, porque en realidad está formado por cinco *kanji* japoneses que pueden ser leídos como una frase. Y esta oración es la que forma el mantra que le corresponde.

La característica de este símbolo en el Reiki occidental es que envía energía a distancia, mientras que en el sistema japonés, sencillamente, se lo considera una Conexión. No se trata, sin embargo, de conceptos tan dispares, puesto que cuando enviamos energía sanadora a través del tiempo y el espacio verdaderamente nos estamos conectando con el Universo y con otras personas. Si analizamos la situación desde este punto de vista, no estamos enviando sanación como si estuviésemos separados de la persona que deseamos ayudar, sino que estamos convirtiéndonos en Uno con él o ella para poder sanarle.

De hecho, cuando trabajes con este símbolo sobre otras personas posiblemente tengas la sensación de que te conviertes en parte de ellas. Quizá te parezca que te encuentras en el interior de su cuerpo o su mente, y que estás experimentando el mundo a su manera, pero esta sensación cesa en cuanto finaliza el tratamiento. Al utilizar este símbolo resulta esencial purificar la conexión, de la misma manera que se limpia el aura al final de un tratamiento físico.

Lo maravilloso de este símbolo es que te conecta no sólo con otras personas a distancia, sino también contigo mismo en cualquier momento del pasado, el presente o el futuro, permitiéndote sanar aspectos de tu vida sobre los que tal vez habías considerado que no podías hacer nada. Por ejemplo, muchas personas mejoran notablemente la relación con sus padres ya fallecidos eliminando sentimientos de culpa e ira, lo cual les permite seguir adelante con mayor libertad.

El mantra: HSZSN

A pesar de que este mantra está formado por *kanji* reales, cuenta con múltiples traducciones. A diferencia del alfabeto romano, cada *kanji* tiene distintas acepciones, así que traducirlos a otro idioma siempre de la misma manera resulta prácticamente imposible.

Algunas versiones son: «Soy consciencia correcta», lo cual significa que en un estado de consciencia correcta alcanzamos la Unidad. Otras traducciones más de la Nueva Era son «Sin pasado, ni presente ni futuro» y «Me uno a Dios».

DERECHA. El Símbolo 3 encarna nuestra capacidad para enviar energía sanadora a través del tiempo y el espacio, transformándonos en Uno con la persona sobre la que estamos trabajando, dondequiera que ésta se encuentre.

El Reiki y los rituales

El término ritual tiene varios significados. Puede aludir a algo que se hace de forma rutinaria pero que tiene un significado especial para la persona que lo está llevando a cabo, o bien puede tratarse de una ceremonia experimentada únicamente en ciertos momentos de la vida. En cualesquiera de estos dos casos, el ritual tiene la finalidad de marcar un momento o acontecimiento específico.

Tal vez tú estás acostumbrado a beber una taza de té o café todas las mañanas al levantarte; ése es tu ritual para marcar el comienzo del día. O quizá rezas todas las noches antes de dormir como una manera de trazar una línea al final de la jornada. Cada una de las religiones más importantes gira en torno a una serie de rituales, pero todas ellas tienen tres en común: el nacimiento, el matrimonio y la muerte. El ritual, sea de carácter mundano o espiritual, aporta estructura a nuestra vida.

El Reiki cuenta con varios componentes ritualísticos que nos ayudan a estructurar la práctica. Por ejemplo, las posiciones de manos para el tratamiento, a pesar de ser flexibles, nos aportan una estructura ritualista que debemos respetar a diario. La meditación sobre los mantras y los símbolos es otro elemento al que puedes recurrir para desarrollar un ritual personal.

IZQUIERDA. El ritual en cualesquiera de sus formas, ya sea espiritual o mundano, aporta estructura a nuestra vida y suele convertirse en un modo de celebrar un acontecimiento especial.

Ritual de iniciación

Quizá el más importante de los rituales asociados al Reiki es la iniciación (véanse también páginas 96-97). Esta acción define un singular momento de transformación en la vida de un alumno. No se me ocurre ninguna otra práctica espiritual que incluya un acto equivalente, capaz de producir un cambio tan profundo en un tiempo tan breve.

El ritual que rodea al proceso de iniciación varía de un maestro a otro. Algunos disfrutan preparando un lugar sagrado con incienso, flores, velas e imágenes de Mikao Usui, Chijiro Hayashi y Hawayo Takata, mientras que otros prefieren mantener la simpleza y evitar los símbolos Nueva Era o religiosos. Cada alumno, sin lugar a dudas, encontrará al maestro cuyo estilo se adapte mejor a sus gustos personales.

La decoración del espacio importa menos que la intención con la que el maestro dirige el ritual de iniciación.

Al parecer, el ritual de iniciación proviene del budismo tendai. Mikao Usui, posiblemente, no haya empleado los movimientos físicos que la mayoría de los maestros conoce bien, debido al hecho de que él dirigía el proceso a partir de la energía.

Sin embargo, la mayoría de nosotros necesita del ritual físico para apoyar el proceso energético mediante el cual el espacio que rodea y ocupa al alumno se abre con el fin de permitir el acceso de la energía Reiki.

Sanación a distancia

Una de las muchas razones por las que las personas quieren avanzar al segundo nivel de Reiki es la perspectiva de ser capaces de ofrecer tratamientos de sanación a distancia. En estos días en que los familiares y amigos suelen estar dispersos por todo el mundo, cuando están enfermos o se enfrentan a algún problema resulta maravilloso poder ofrecerles ayuda si no es posible acudir físicamente a su lado. De hecho, muchos de mis alumnos se muestran deseosos de ayudar, por ejemplo, a uno de sus padres, que está a punto de ser sometido a una intervención quirúrgica o que padece una enfermedad crónica, y exponen ese deseo como una de las razones para aprender la técnica.

En el segundo nivel aprenderás a utilizar el Símbolo 3 (HSZSN) para conectar con la persona que deseas sanar, y el uso del Símbolo 1 (CKR) para intensificar la sanación. Recuerda que es importante que pronuncies el mantra de cada símbolo mientras lo estés utilizando y lo repitas tres veces. Ofrecer sanación a distancia es simple, a pesar de que necesitarás encontrar un lugar en el que nadie te moleste por un período de 20 a 30 minutos.

Pedir permiso

Antes de ofrecer sanación a distancia, lo primero que tienes que recordar es el factor ético. Es importante que cuentes con el permiso de la persona a la que le ofrecerás un tratamiento, ya que enviar Reiki sin el consentimiento de la otra parte es como apoyar las manos sobre el cuerpo de otra persona con la intención sanarla sin consultarlo antes con ella. Si se trata de una emergencia y no puedes preguntar, visualiza a la persona, traza el Símbolo 3 sobre la visualización y consulta a nivel espiritual si desea recibir la energía. Serás capaz de percibir la respuesta. Si te parece negativa, interrumpe el tratamiento e imagina a la persona rodeada de una luz sanadora de color azul que la protegerá. En todo momento respeta la elección ajena sin juzgarla.

El momento oportuno

En la medida de lo posible, organiza la sesión de sanación en un momento en el que la persona que reciba el tratamiento también pueda encontrar un lugar para relajarse y armonizar con la energía. Así se incrementarán los beneficios que pueda recibir del tratamiento, puesto que si trabajas mientras ella se encuentra inmersa en otras actividades no podrá centrarse en sí misma. Además, también podría resultar peligroso, puesto que la energía podría hacerle sentir mareos. Por esa razón, no es recomendable conducir un coche ni trabajar con máquinas mientras se recibe tratamiento.

Cómo practicar una sanación a distancia

En el Reiki se enseñan cuatro métodos de sanación a distancia. Cada uno de ellos resulta fácil de ejecutar desde el punto de vista práctico, y sólo requiere un equipamiento mínimo. A pesar de que resulta más sencillo enviar sanación desde un espacio tranquilo, los métodos pueden ser llevados a la práctica de forma discreta en sitios públicos.

Método 1 Escribe el nombre de la persona en un papel y traza luego los símbolos encima, tapando el papel entre tus manos.

Método 2 Traza los símbolos sobre tu mano izquierda y visualiza que sostienes a la persona sobre la palma. A continuación, cúbrela con tu mano derecha para taparla.

Método 3 Traza los símbolos sobre una fotografía de la persona, tapando la foto entre tus manos.

Método 4 Recurre a un sustituto; traza los símbolos y adopta las posiciones de manos sobre el objeto.

En la medida de lo posible yo prefiero utilizar una fotografía, ya que así me concentro mejor que con los otros métodos. Cuando no cuento con fotos, recurro a la técnica de visualización.

Durante el tratamiento es fundamental que no impongas tu propia «necesidad» de que la persona sane durante la sesión. El tratamiento resulta más eficaz cuando permites que el Reiki fluya mientras te mantienes neutral y permites que el receptor absorba de ella lo que le hace falta, como sucede con un tratamiento físico.

Puedes visualizarte trabajando con todas las posiciones de manos de un tratamiento estándar, o simplemente visualizar a la persona conduciendo el Reiki hacia todo su cuerpo. Experimenta con todos los métodos hasta que descubras cuál es el que te ayuda a centrarte más.

Finaliza el tratamiento serenando el aura de la persona en tu mente y trazando el Símbolo 1 (CKR) sobre él o ella. Para finalizar, yo me desconecto soplando tres veces entre mis manos; otra alternativa consiste en aplaudir, también en tres ocasiones. Sigue este procedimiento en tu rutina habitual siempre que desees dar fin al tratamiento y limpiar tu aura.

Mis propias experiencias de sanación a distancia

He de admitir que al principio era un poco escéptica en relación con la eficacia de la sanación a distancia comparada con la imposición de manos. Pero cuando la experimenté en mí misma aprecié su verdadero poder.

Mi hijo me había contagiado la varicela y me estaba tratando a mí misma varias veces al día, gracias a lo cual había conseguido aliviar los peores síntomas. Sin embargo, me sentía muy débil y tenía que organizar un taller para un maestro de Reiki de India. Cuando el hombre me telefoneó para saber en qué etapa de los preparativos me encontraba, le expliqué la situación. Entonces me dijo que me enviaría Reiki durante los tres días siguientes. Esa noche sentí una intensa sensación de quemazón alrededor de los riñones. La segunda y la tercera noche sucedió lo mismo, y en la mañana del cuarto día descubrí que todos mis síntomas habían desaparecido. Me sentía como si jamás hubiese estado enferma.

Este hecho me hizo sentir más segura en cuanto a la utilización del Reiki a distancia con otras personas, y como respuesta el Universo me envió a personas que deseaban sanación para sus amigos y familiares.

Caso de estudio: el músico

El hijo de una de mis alumnas fue atracado y resultó gravemente herido en la cabeza. Pero a pesar de que ya estaba físicamente curado, se encontraba muy deprimido y temía salir a la calle. Su madre me pidió entonces que le enviase tratamientos, puesto que él me daba permiso para hacerlo.

Mi inmediata impresión del joven durante el primer tratamiento fue que se trataba de alguien sumergido en el agua. Esta idea continuó durante los tratamientos posteriores, aunque también percibía una sensación de ira. Un día «le vi» salir de la cama y sentarse frente a una mesa. Estaba componiendo una pieza musical. Yo no sabía nada sobre sus intereses personales, pero sentí que esta actividad era clave para su recuperación.

Llamé a su madre y le pregunté si al muchacho le interesaba la música. Ella me informó entonces que era el mejor de su clase de música, tanto en composición como en ejecución, pero que no había vuelto a interesarse por el tema desde el atraco. Al ser ella misma practicante de Reiki y artista, comprendía que animarle a centrarse en su talento musical le ayudaría a sobreponerse a la depresión y le aportaría seguridad. La música también le ofreció una razón para levantarse de la cama; una razón que provenía de su alma. En resumen, el Reiki consiguió transmitir esta revelación tan necesaria, demostrando que la sanación se produce de muchas maneras diferentes.

Prepara un espacio para tratar a otras personas

Antes de tratar a otras personas, tienes que prepararte energéticamente y crear, asimismo, un espacio de trabajo, en particular si estás practicando Reiki de forma profesional.

Lo ideal es que cuentes con una camilla de masajes para ofrecer tratamientos. También puedes usar una cama o un edredón extendido sobre el suelo, pero sólo si das tratamiento con poca frecuencia. De lo contrario, acabarás con problemas de espalda. Si dispones de una camilla de masajes, cúbrela con el papel que usan los masajistas. También necesitarás una manta ligera para tapar al cliente, ya que el cuerpo se enfría con facilidad en cuanto se relaja. Asegúrate, asimismo, de tener una caja de pañuelos de papel a mano, ya que para algunas personas el tratamiento puede resultar una experiencia muy emotiva.

Crea una atmósfera relajada

Si estás trabajando en casa, elige la habitación que consideres más relajante para dar tratamientos. En un mundo ideal tendrías que disponer de una habitación exclusiva para el Reiki, pero esto es imposible en muchos casos. Por eso, elige la que menos complicaciones te cause a la hora de transformarla en una sala de Reiki. Lo más importante es que, cualquiera que sea tu circunstancia, la habitación esté limpia, tranquila y que sea cálida y cómoda.

Airea bien la sala antes de comenzar a trabajar y quema un poco de incienso antes del tratamiento, no *durante* el mismo. Algunas personas, en especial las que sufren problemas bronquiales, no toleran el incienso porque tiende a secar el aire. Otra alternativa es que perfumes la sala con un quemador de aceite, eligiendo una fragancia suave como la lavanda, que favorece la relajación. Si lo deseas, también puedes limpiar la sala energéticamente aplicando los métodos descritos en las páginas 154-155.

IZQUIERDA. Es recomendable quemar incienso *antes* de que comience el tratamiento, ya que a algunas personas les provoca irritaciones respiratorias. Quemar aceite es una alternativa más adecuada.

ARRIBA. La sala de tratamiento debería estar limpia, ser cómoda y tranquila, y haber sido preparada con cuidado y respeto.

Otra cuestión a tener en cuenta es el ruido. Así como puede resultar agradable trabajar con una ventana abierta, el exceso de ruidos provenientes del exterior acaba por convertirse en una distracción para el cliente. Lógicamente, desconecta los teléfonos y utiliza el contestador automático.

Pero existe un sonido que sí complementa el tratamiento: la música. No obstante, has de mantenerla en un volumen que permita disfrutar de ella pero que no moleste.

Cada practicante tiene sus preferencias musicales, pero a mí me gustan la música sinfónica y las melodías sin letra, que resulten relajantes y poco energizantes para que no perturben al cliente.

Prepárate para tratar a otras personas

Antes de comenzar a dar tratamientos, una de tus prioridades debe ser tu higiene personal. Tus prendas de vestir han de estar limpias, y tienes que presentarte ante tu cliente después de lavarte las manos y cepillarte los dientes. De esta manera evitarás que olores tan intensos como el del ajo o el tabaco incomoden a la persona que recibirá el tratamiento. También tendrías que quitarte el reloj y cualquier joya que pudiera entorpecerte, en especial las pulseras y los anillos, a pesar de que puedes permanecer con la alianza puesta si así lo deseas. Cuando me lavo las manos antes de comenzar el tratamiento, me gusta echarme una gota de esencia de rosa.

El siguiente paso consiste en limpiarte energéticamente. El método que aparece a continuación pertenece al Chi Kung, pero resulta muy similar a la técnica recientemente descubierta y que utilizan los practicantes de Reiki japoneses para eliminar la energía tóxica.

Masaje sobre los meridianos

La intención de este ejercicio es limpiar el *ki* bloqueado y negativo. Necesitarás repetirlo al menos seis veces, para que, con el paso del tiempo, llegar a treinta y seis. Una vez que domines la técnica adquirirás un ritmo que te permitirá completar las repeticiones sin dificultad. No es necesario que practiques este ejercicio antes de cada tratamiento si das varios en un mismo día: te bastará con hacerlo al comienzo y al final de las sesiones.

1 De pie, apoya tu mano izquierda sobre tu hombro derecho y eleva el brazo de ese mismo lado.

2 Masajea la cara externa de tu brazo derecho mientras lo balanceas hacia abajo y por delante de tu cuerpo.

3 Cuando tu mano izquierda llegue a las puntas de los dedos, con la mano derecha masajea la cara interna del brazo contrario hasta el hombro, mientras elevas el brazo izquierdo por encima de la cabeza.

4 Cuando tu mano derecha llegue al hombro izquierdo, masajea la cara externa del izquierdo de ese mismo lado mientras, simultáneamente, lo balanceas. Ahora la mano izquierda masajea el interior del brazo contrario hasta el hombro, para alcanzar la posición con la que has comenzado.

PREPÁRATE PARA TRATAR A OTRAS PERSONAS

Enfermedades y Reiki

El Reiki puede ser aplicado sobre cualquier enfermedad. A diferencia de lo que sucede con otros terapeutas, el especialista en Reiki no tiene por qué conocer la historia clínica de su cliente, ya que no manipulará el cuerpo desde el punto de vista físico ni le introducirá ningún elemento, como aceites, a los que la persona pudiera ser alérgica. Sin embargo, a pesar de que uno de los beneficios del Reiki es que la energía actúa sólo para el bien del receptor, en ocasiones se debe trabajar con precaución.

Huesos fracturados

No trates el lugar de la fractura antes de que haya sido colocado, ya que existe la posibilidad de que la energía comience a unir el hueso en un ángulo incorrecto y con posterioridad se produzca una nueva fractura. Por supuesto, puedes enviar Reiki para tratar la conmoción, pero mantén las manos alejadas de la fractura. Una vez que el hueso haya sido recolocado y escayolado, ofrece todo el Reiki que puedas a la zona fracturada.

Amputaciones

El Reiki acelera la curación, así que cualquier accidente en el que una parte del cuerpo, como un dedo, haya resultado amputada también exige precaución, puesto que los tejidos y las terminaciones nerviosas tienen que ser reconectados mediante una cirugía. Aplicar Reiki sobre la zona de la herida puede provocar que ésta comience a cerrar antes de que se lleve a cabo la intervención quirúrgica, dificultando la correcta reconexión. Por eso, repito una vez más, es preferible que trates a la persona para aliviar la conmoción y el dolor, y centres tu atención en el chakra corazón.

Marcapasos

Mis maestros me enseñaron que resulta imprescindible verificar si el receptor lleva marcapasos. La razón es que el efecto del Reiki sobre tal dispositivo es imposible de predecir. A pesar de que yo considero que el Reiki no causa ningún daño, reconozco que es lógico mostrar precaución, ya que funciona con corriente eléctrica y un aumento de la energía podría afectar el ritmo. Si te enfrentas a uno de estos casos, consulta a tu maestro y al cliente.

Diabetes

También me enseñaron que debo tener precaución con los diabéticos, ya que el Reiki puede llegar a afectar a los niveles de insulina. Por eso deberías aconsejar a estos receptores que controlen sus niveles de insulina después del tratamiento y modifiquen sus dosis según los resultados. Desde que aprendí estas pautas, el tratamiento de la diabetes ha cambiado enormemente, y en la actualidad resulta más sencillo que el afectado controle sus niveles y ajuste las dosis según sus necesidades.

DERECHA. A pesar de que el Reiki nunca causa daños a los receptores, es recomendable saber si el cliente sufre alguna enfermedad que requiera especial precaución.

El Tercer Grado

Seguir el impulso de enseñar Reiki
a otras personas es una vocación y exige
comprometerse a guiarlas en su viaje
espiritual y ayudarlas a reconocer
su verdadero potencial.

Convertirse en maestro de Reiki

El Tercer Grado prepara al alumno para convertirse en maestro de Reiki y enseñar la disciplina. Existen diferencias de criterio sobre esta capacitación entre las escuelas tradicionales y las nuevas, de carácter independiente. Básicamente, convertirse en maestro de Reiki supone desear ayudar a otras personas a descubrir el potencial que encierran. Cada individuo debe analizar sus propias necesidades y creencias, y escoger la capacitación y el maestro más adecuados.

Criterio tradicionalista

Dentro de las escuelas tradicionales, como la Usui Shiki Ryôhô, los maestros sólo admiten un número limitado de alumnos en este nivel, y en general prefieren preparar a los estudiantes de uno en uno. Pero no se trata necesariamente de un criterio elitista. Por el contrario, se basa en la idea de que cualquier persona que desee convertirse en maestro debe llegar a comprender el Reiki en profundidad, a través de una práctica regular, y mostrar un alto compromiso con la disciplina.

Estas exigencias tienen su razón de ser. Un maestro tiene que exhibir una actitud madura y responsable para desarrollar una práctica espiritual y responsabilizarse de su vida en general, ya que guiará a otras personas durante un proceso en el que éstas también tendrán que alcanzar el mismo nivel de madurez y responsabilidad. En consecuencia, los alumnos deben ser capaces de demostrar su aptitud en estos aspectos frente a su maestro de Reiki.

Por esa razón, se esperará de ellos que lleven practicando Reiki durante bastante tiempo, y el maestro evaluará a cada uno de manera individual. Lo aceptará si lo considera preparado y, lo más importante, si está convencido de que se trata del paso más adecuado para el estudiante en cuestión.

La capacitación suele durar un año, período durante el cual el alumno asiste al maestro en las clases de Primer y Segundo Grado, y realiza otras tareas, como organizar grupos de Reiki y encargarse de labores administrativas relativas a las clases. Es algo similar a un aprendizaje en el que también se les explicará de qué manera enseñar.

Criterio independiente

El criterio de los maestros independientes difiere del de los tradicionalistas en tres aspectos: 1) tienden a no ser tan rigurosos en la elección de los alumnos; 2) la capacitación puede durar tan poco como un día, y 3) los costes son significativamente inferiores. El argumento de este criterio es que los elevados precios de la capacitación tradicional excluye a muchas personas que podrían ser excelentes maestros y sanadores.

DERECHA. Las personas que desean convertirse en maestros de Reiki se muestran comprometidas con la sanación y desean intensamente ayudar a otras personas a alcanzar su potencial.

CONVERTIRSE EN MAESTRO DE REIKI

ARRIBA. Cuando te prepares para el Tercer Grado deberías elevar tu vibración energética a todos los niveles.

Prepárate para cambiar tu vida

Una vez que hayas tomado la decisión de convertirte en maestro de Reiki, deberías comenzar a prepararte para el cambio que se producirá en tu vida. Si tienes serias intenciones de dar dicho paso, entenderás que el Reiki ya dejará de ser una especie de accesorio espiritual en tu vida para *convertirse en tu vida*. Ser maestro de Reiki no es tanto un trabajo como una vocación en la que serás quien realmente eres. Y no se trata únicamente de ser bueno impartiendo clases e iniciando a los alumnos, sino también de saber «emprender el viaje» con la persona a la que estás enseñando y actuar como su guía.

Son varias las cosas que puedes hacer para prepararte antes de tu capacitación como maestro, cualquiera que sea la senda que hayas escogido seguir. Todas ellas te ayudarán a elevar tu vibración energética a todos los niveles, desde el físico hasta el espiritual, mientras te preparas para la iniciación final que has de recibir.

Practica con regularidad

Céntrate en la regularidad de tu práctica. Los tratamientos diarios de autosanación y la meditación son sumamente recomendables. También deberías «intercambiar» tratamientos con otros compañeros. Eso significa que recibirás Reiki de forma regular desde otras fuentes y no sólo de ti, y que además lo estarás ofreciendo a otras personas experimentadas, todo lo cual te ayudará a entender mejor la energía y elevará tus vibraciones. También es importante que medites sobre los símbolos y los mantras: sólo así lograrás entenderlos mejor y conectar más profundamente con ellos.

Aplica tu conocimiento y aptitudes

Reflexiona sobre qué otros conocimientos y aptitudes puedes aportar a la categoría de maestro de Reiki. Tu experiencia en otras disciplinas, como el Yoga y el Chi Kung, te ayudará a apreciar mejor el trabajo físico con la energía. Además, el conocimiento de las distintas filosofías y religiones te permitirá percibir la conexión entre los sistemas de creencias, sin olvidar que leer libros sobre otros métodos de sanación también te ayudará a conocer diversas enfermedades y sus tratamientos.

Todas estas aportaciones (y otras más que se te ocurran) aumentarán tu conocimiento general y eso, aunque no se trate de un elemento fundamental de la capacitación, te convertirá en un maestro de Reiki más completo.

La iniciación es el comienzo

Por último, es importante que recuerdes que ser iniciado como maestro de Reiki significa que comienzas tu viaje, no que lo finalizas.

Símbolo 4: DKM

El símbolo del maestro, DKM, no es un símbolo como tal, sino que al igual que HSZSN (véanse páginas 170-171) está compuesto por tres *kanji* que forman una frase, que es también el mantra conectado con el símbolo. DKM se utiliza como parte del proceso de iniciación para todos los niveles del Reiki, pero sólo se enseña en el tercero.

La característica asociada a este símbolo en las enseñanzas occidentales es simplemente la Maestría, mientras que en el ámbito japonés se trata del Fortalecimiento. Una de sus funciones es aportarnos una conexión directa con el maestro que llevamos dentro. Ésta es la parte de nosotros que ya ha alcanzado la iluminación, pero permanece oculta a la espera de que la descubramos a través del viaje representado por las diversas prácticas espirituales. En otras palabras, el Reiki no es lo único que puede ayudarnos a acceder a la Luz que vive en nosotros: simplemente se trata de un posible camino a recorrer.

De hecho, el Símbolo 4 se origina en la tradición budista, y se encuentra en un texto *Mikkyô* del budismo tendai que practicaba Mikao Usui. Se lo utiliza como parte de un ritual esotérico en el que el practicante se une a la naturaleza del buda para manifestar su Luz interior, que es una fuerza energética natural. Este conocimiento nos ayuda a comprender por qué Usui escogió este símbolo como el de mayor importancia en el desarrollo de la práctica de Reiki.

El símbolo del maestro aporta energía de vibración superior dotada de mayores cualidades sanadoras. Puede ser utilizado junto con los demás símbolos para intensificar su poder y purificar sus respectivas intenciones. Se trata de un símbolo que aclara todas las situaciones, ya sean físicas, mentales o espirituales, y elimina los bloqueos que impiden resolver problemas, por mucho que se encuentren profundamente enterrados.

La meditación sobre el símbolo mejora la conciencia de uno mismo y fortalece el crecimiento espiritual. Y los métodos para trazarlo son los mismos que se utilizan con los demás: dibujarlo con la palma de la mano o los dedos, o bien visualizarlo en el ojo de la mente. Es multidimensional, en el sentido de que cuenta con altura, anchura y profundidad, pero también puede actuar en tiempo y espacio. Te sugiero un método para meditar sobre este símbolo: dibújalo y colócate en el centro, como si te encontrases en un holograma. Durante la meditación suele aparecer de distintos colores, aunque el más común es el violeta. Puedes también visualizarlo de forma intuitiva con un color específico cuando lo utilices en una situación en particular, ya que así intensificarás su energía.

DERECHA. El símbolo del maestro nos permite acceder a la parte de nosotros que ya ha alcanzado la iluminación, pero permanece oculta a nuestra conciencia.

El mantra: DKM

Existen diversas traducciones del mantra, como «casa de la gran luz resplandeciente», «gran iluminación» o «gran luz brillante». La idea de «luz» es común a todas las traducciones, por lo que deberías centrarte en dicho concepto al entonar el mantra y utilizar la técnica explicada en las páginas 88-89.

Ejercicio 1 para equilibrar el *ki*

Los maestros de Reiki deben ser capaces de equilibrar su energía. Este ejercicio de Chi Kung se convierte en una excelente actividad diaria para favorecer el equilibrio energético, y puede ser aprovechada también por los practicantes de Reiki de cualquier nivel.

Abrir y cerrar el *ki*

En este ejercicio, lo importante es la concentración en los sentimientos de resistencia. Cuando empujas la energía hacia abajo, podrías visualizar que impulsas un flotador bajo el agua, y cuando la desplaces hacia arriba imagina que los dorsos de tus manos están pegados al suelo mediante una sustancia elástica.

1 Ponte de pie, con las piernas separadas en línea con los hombros y las rodillas ligeramente flexionadas. Mantén la mirada hacia el frente y deja caer los hombros. Deberías sentir que los chakras corona y base o raíz se encuentran alineados (en Chi Kung, estos puntos reciben el nombre de *Baihui* y *Huiyin*). Ahora apoya la punta de la lengua contra el paladar, justo detrás de los dientes. Este gesto es importante porque permite que el *ki* realice un circuito completo en el cuerpo.

2 Inhalando, lleva los brazos hacia la parte frontal de tu cuerpo con las palmas hacia arriba.

3 Continuando con esta inspiración, eleva los brazos hasta una altura ligeramente inferior al pecho. Las puntas de tus dedos no deben tocarse, pero sí mantenerse enfrentadas. Flexiona ligeramente las manos con los dedos abiertos.

4 Rota los brazos hacia dentro para que las palmas giren hacia abajo.

5 Exhalando, presiona las manos hacia abajo lentamente. Mientras empujas, permite que tu cuerpo se incline un poco hacia delante. Continúa presionando en la misma dirección hasta que llegues a la altura del ombligo.

Repite la secuencia de 4 a 6 veces. Procura no llevar las manos por encima del nivel del pecho, ya que elevar tanto la energía puede causar un desequilibrio mental. La clave se encuentra en equilibrar la energía alrededor de la zona del ombligo o área del *hara*.

Ejercicio 2 para equilibrar el *Ki*

El próximo ejercicio resulta de gran utilidad para los maestros, y algunos lo practican como parte del proceso de iniciación. La versión aquí explicada es más simple que la actividad avanzada que se practica en Chi Kung, y es posible que tengas que repetirla varias veces al día antes de comenzar a percibir que la energía fluye por todo el circuito. Una manera de resolver esta situación consiste en mover mentalmente la energía hasta que tomes conciencia de la sensación física que produce.

La órbita microcósmica

Puedes practicarlo sentado o de pie. Personalmente considero que mantenerse de pie facilita el ejercicio, al menos durante las primeras prácticas.

1 De pie, separa las piernas en línea con los hombros y mantén las rodillas ligeramente flexionadas. Mira hacia el frente y deja caer los hombros. Deberías sentir que los chakras corona y raíz se encuentran alineados (en Chi Kung, estos puntos reciben el nombre de *Baihui y Huiyin*). Apoya la punta de la lengua contra el paladar, justo detrás de los dientes. Este gesto es importante porque permite que el *ki* realice un circuito completo en el cuerpo. Cierra los ojos, total o parcialmente, para favorecer la percepción de la energía.

2 Primero céntrate en la energía comprendida entre el punto inmediatamente inferior al ombligo y el perineo, situado entre el ano y los genitales, y contráela allí mismo. Contraer la energía significa hacer lo propio con los músculos, lo que produce la sensación de que éstos se elevan en el interior del cuerpo. Las mujeres conocerán esta técnica si han practicado los ejercicios de Kegel durante sus clases de preparación al parto.

3 Ahora lleva la energía desde el perineo hasta la base de la columna, y desde allí guíala hacia arriba, a lo largo de la columna, pasando por la cara posterior del corazón hasta el cuello y más arriba todavía, hasta la coronilla. A continuación, visualiza la energía fluyendo hacia abajo desde la coronilla hasta la lengua, que, apoyada contra el paladar, conecta los dos circuitos. La energía puede ahora fluir por el centro del cuerpo hasta el perineo.

Para empezar, repite este circuito de 4 a 6 veces. Si la energía se atasca en la zona de la cabeza, provocando mareos o jaqueca, llévala hacia tus pies y permítele fluir hacia la tierra.

EJERCICIO 2 PARA EQUILIBRAR EL KI

ARRIBA. El proceso de iniciación vuelve a conectar al alumno con la energía universal para el resto de su vida.

Iniciaciones

Una de las funciones prioritarias de un maestro de Reiki es la puesta en práctica del ritual de iniciación de otras personas (véanse páginas 96-97). Los rituales de iniciación forman parte también de otras tradiciones espirituales, con mayor o menor grado de significado, pero conforma un aspecto básico del Reiki porque los alumnos no pueden practicar el método sin recibir su iniciación, cuya finalidad es reconectar a la persona con la energía espiritual del Universo y al mismo tiempo elevar sus niveles energéticos personales. Esto último les ayuda a convertirse en un canal sólido para la energía Reiki.

Métodos de iniciación

Los maestros cuentan con diferentes métodos para iniciar a sus alumnos. Por ejemplo, los maestros de la Alianza de Reiki realizan cuatro iniciaciones individuales en el primer nivel, una en el segundo y otra en el tercero. Los que pertenecen a otras escuelas suelen realizar una sola iniciación en cada nivel.

También existen múltiples variaciones en el método físico que cada maestro pone en práctica. En todos los métodos, el alumno suele sentarse con los ojos cerrados y las manos en posición de plegaria; algunos maestros tocan el cuerpo de la persona, moviéndose a su alrededor de atrás hacia delante y finalizando en la espalda, y otros prefieren no entablar contacto físico en absoluto. Todos los métodos duran sólo unos minutos.

Lo más importante es recordar que no existe una forma correcta ni incorrecta de iniciar: todas funcionan, siempre que la intención del maestro de Reiki sea clara.

La práctica se perfecciona

Una vez que te conviertas en maestro deberás practicar la técnica de iniciación que te han enseñado hasta que puedas llevarla a cabo casi sin pensar. La seguridad en tu técnica física te permitirá centrarte más en el aspecto energético del proceso cuando debas enseñar a una clase. Si cometes un error, como saltarte rasgos de un símbolo, sugiero que en lugar de detenerte y comenzar de nuevo, tengas la intención de que el error se corrija. Creo que si tu intención es que la iniciación se lleve a cabo y sigues el proceso de forma respetuosa, el alumno siempre obtendrá la energía que necesita. También es conveniente recordar que la energía experimentada en una iniciación no depende del «poder» del maestro, sino de las necesidades del alumno.

Ya no se vuelve atrás

Por último, una vez que el alumno ha sido iniciado, ya no puede volver atrás. No existen las iniciaciones temporales: una vez recibidas, son para toda la vida.

Práctica profesional

Algunos alumnos toman la decisión de convertirse en practicantes de Reiki profesionales. No tienes que contar con el Tercer Grado para hacerlo ni, estrictamente hablando, tampoco el Segundo, si bien, evidentemente, resulta muy beneficioso haber alcanzado ese nivel porque la experiencia con la energía mejora las aptitudes y, por tanto, la capacidad de ofrecer tratamientos.

Quizá lo más adecuado sea que comiences de forma gradual, combinando tu práctica profesional con tu trabajo habitual, si es que lo tienes. De esta manera puedes aumentar tu clientela poco a poco y al mismo tiempo descubrir si se trata de una actividad que te apetece practicar a tiempo completo. Dedicarse al Reiki a tiempo parcial encierra considerables ventajas, ya que permite mantener dos profesiones. Conozco a un importante abogado que, durante la tarde, convierte uno de sus despachos en una sala de tratamiento Reiki, para desconcierto de los demás socios del bufete. De esta manera vive una vida plena a todos los niveles y consigue reducir los precios para beneficio de sus clientes.

Encuentra un lugar en el que puedas practicar

Comenzar a trabajar en tu propia casa es la mejor idea, si tus familiares te apoyan. También puedes organizar los tratamientos en horarios que no interfieran con las actividades de los demás miembros de la familia. Otra alternativa es que te traslades al domicilio de tus clientes. A pesar de que parece una solución prometedora, deberías tener en cuenta el hecho de que no podrás preparar los espacios del mismo modo que si estuvieses en tu casa, y que tendrás poco o ningún control sobre el resto del entorno, como el ruido producido por otras personas, mascotas y teléfonos. Todos estos factores resultan nocivos para la relajación.

Otra opción es alquilar una sala en otro centro de terapia, o bien en un salón de belleza, y disponer de ella sólo unas horas a la semana, compartiendo gastos con otros practicantes (ya que de lo contrario se convierte en una alternativa costosa). Lo ideal es que cuentes con una buena lista de clientes primero, ya que deberás pagar el alquiler incluso por las horas en que no trabajes. Si te decides por esta opción, investiga primero cómo funcionan las actividades que se llevan a cabo en el edificio e intenta percibir con claridad el espíritu y el ambiente que allí reinan. La sala en la que vayas a trabajar tendrá que parecerte energéticamente apropiada. Si desconfías de la habitación o de las actividades realizadas en el edificio, a pesar de que parezcan buenas soluciones, sigue los dictados de tu instinto.

DERECHA. Tienes que tomar muchas decisiones cuando comiences a practicar Reiki de forma profesional. Sigue tu intuición y los dictados de tu corazón en todo momento.

PRÁCTICA PROFESIONAL

El cobro de las sesiones

Decidir cuánto cobrar es una cuestión difícil para muchos practicantes. Una forma de hacerlo consiste en recordar que el dinero es simplemente un método conveniente que utilizamos en nuestra sociedad para intercambiar mercadería y servicios. Cobrar honorarios te valora a ti y al Reiki, y el cliente respetará esa postura. Y desde su punto de vista, pagar por recibir Reiki demuestra que también se respeta a sí mismo, por lo que el sistema de cobro equilibra las acciones de dar y recibir.

Tendrás que investigar los honorarios que cobran otros practicantes de tu zona, pero

ABAJO. Cobrar por las sesiones permite que ambas partes muestren respeto; además, equilibra la energía de dar y recibir.

puedes partir de los precios de las sesiones de masajes, aromaterapia y reflexología. De esta manera te harás una idea realista de la situación. Recuerda, sin embargo, que no es conveniente que reduzcas los precios de forma considerable; en primer lugar, no necesariamente conseguirás más clientes, ya que muchos se preguntarán por qué cobras tan poco; en segundo lugar, no harás amigos entre los practicantes de tu zona de residencia, y no te interesa porque a partir de ellos puedes hacerte una idea real sobre la potencial clientela.

Establece unos honorarios que cubran los costes de tu práctica, te hagan sentir a gusto y sean similares a los de otros terapeutas. Si sientes la necesidad de ofrecer tratamientos «gratuitos», hazlo en aquellos sitios donde sean más aprovechados, como por ejemplo en residencias para enfermos terminales.

Darse a conocer

Anunciarse en los periódicos locales con cierta frecuencia resulta costoso. Y aunque es preferible incluirse en un listado de especialistas alternativos, aun así es posible que la inversión resulte superior a los beneficios. Por esa razón, recurrir a Internet resulta más económico y eficaz. No tienes que crear tu propia página web, sino simplemente añadir información de contacto en algunas de las diversas guías de practicantes que circulan por la web.

Otra herramienta esencial de publicidad son los folletos bien diseñados y escritos para informar sobre el Reiki, tu preparación y experiencia, la duración de los tratamientos, los honorarios que cobrarás y la información necesaria para que los clientes se pongan en contacto contigo. Puedes distribuirlos en sitios que previamente hayas comprobado que te resultarán útiles, como las tiendas de alimentos ecológicos, los centros de ocio, las cafeterías y las librerías. También te conviene contar con tarjetas personales que puedas repartir durante eventos profesionales y reuniones sociales.

Seguros y contabilidad

Instalar una consulta de Reiki implica realizar algunos gastos, como la camilla de tratamiento y los materiales de publicidad. Sin embargo, también tendrás que disponer de un seguro de responsabilidad civil e indemnidad, aunque trabajes en casa. Varias aseguradoras se especializan en políticas para distintos tipos de terapias, pero siempre tienes la posibilidad de contratar el seguro a través de alguna de las organizaciones de Reiki de tu país.

Por último, no olvides que necesitarás también llevar una contabilidad básica que muestre tus ingresos y gastos o costes de transporte relacionados con tu negocio.

PARTE 4
Posiciones de manos

Palmadas y masajeo

Cuando Mikao Usui comenzó a demostrar a sus alumnos cómo aplicar el Reiki sobre ellos mismos y otras personas, no seguía el estructurado sistema de posiciones de manos que conocemos en la actualidad. Como ya hemos explicado, fue Chujiro Hayashi quien las formalizó a petición de Usui, quien empleaba técnicas de palmadas y masajeo mientras ofrecía tratamiento. Tú también puedes emplearlas en tratamientos y clases, además de las posiciones de manos. Sin embargo, se trata de técnicas opcionales que incluimos aquí con el único fin de crear una idea más global del modo en que se ha practicado el Reiki.

Palmadas (*Uchite chiryô-hô*)

Puede ser aplicada sobre áreas en las que la energía parezca bloqueada, porque permitirá que ésta fluya. Es similar a la técnica de Chi Kung, que consiste en dar golpes suaves sobre el cuerpo para liberar la energía que tiende a acumularse en las articulaciones.

Con la mano, comienza con unas palmadas suaves en la zona, incrementando la fuerza hasta que la acción se convierta en una secuencia de golpes muy suaves. Continúa hasta que que sientas que la energía ha sido liberada.

Palmadas

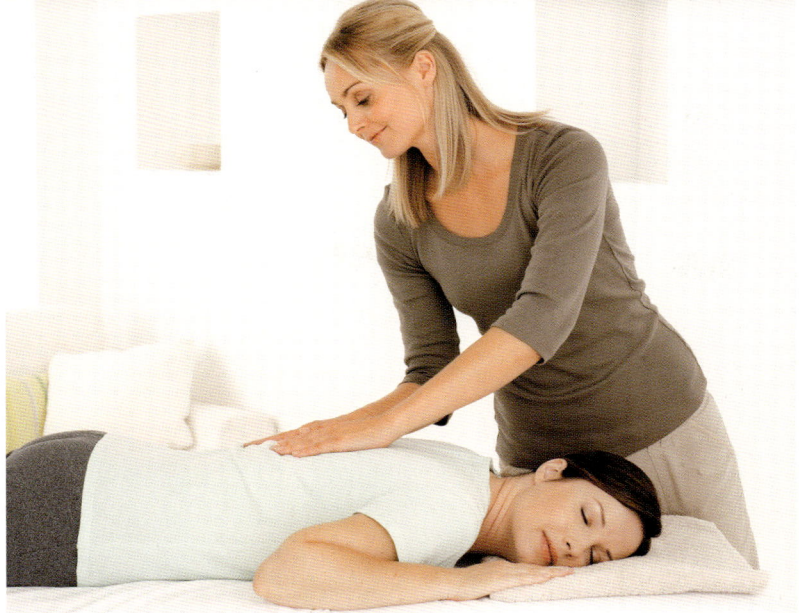

Masaje

Masaje *(Nadete chiryô-hô)*

Esta relajante técnica favorece que la energía fluya alrededor del cuerpo y se utiliza, asimismo, para incrementar el flujo de Reiki dentro del cuerpo y a través del mismo.

Puedes recurrir a este método tanto en la cara frontal como posterior de la persona, aunque siempre trabajando en sentido descendente. Por ejemplo, puedes comenzar desde los hombros hasta los brazos, y luego desde los hombros hasta la cintura. A partir de allí podrías continuar desde la cintura hasta los dedos de los pies. Procura no tocar los pechos ni los genitales.

Apoya ambas manos sobre el cuerpo. Aplica suficiente presión en cada masaje para evitar que la persona tenga la sensación de que le estás haciendo cosquillas, y comienza a trabajar con masajes breves con la intención de que aumente el flujo de energía.

Posiciones de mano para la práctica del autotratamiento

La simpleza del sistema de autotratamiento te permite trabajar sobre ti mismo dondequiera que te encuentres. De viaje o en casa, tus manos siempre están disponibles.

Cómo tratarte a ti mismo

En el momento en que decidas sentarte o recostarte para ofrecerte un tratamiento, asegúrate de encontrarte cómodo. Y, en la medida de lo posible, aleja cualquier posible distracción, como por ejemplo el teléfono móvil.

A continuación describiré posiciones de manos destinadas al autotratamiento que deberías seguir en el orden aquí expuesto. En ocasiones puede que desees desviarte de esta estructura y concentrarte en un área específica; y no tiene nada de malo, aunque siempre es preferible tratar todo el cuerpo con la mayor regularidad posible. Del mismo modo, si no dispones de tiempo para ofrecerte un autotratamiento completo, tal vez notes que centrarte en el área de los riñones y la cabeza basta para refrescarte.

A los principiantes suele preocuparles no ser capaces de mantener las posiciones durante el tiempo especificado en las instrucciones. Pero en lugar de preocuparte por el tiempo, presta más atención a lo que tus manos te están diciendo y síguelas. Si parecen «pegadas» a un punto, mantenlas en esa posición durante todo el tiempo en que percibas dicha sensación. Probablemente descubras que el período que necesitas para ofrecerte un tratamiento varía, pero como regla general considera que te llevará unos cuarenta y cinco minutos.

También es posible que notes que si te ofreces un tratamiento de Reiki a última hora del día acabarás dormido antes de finalizar la primera mitad de la sesión, lo cual no supone ningún problema ni afecta los beneficios del Reiki. Sin embargo, si quieres asegurarte de completar el tratamiento, sería más conveniente que trabajaras a primera hora, en cuanto te despiertas.

IZQUIERDA. Enviarte Reiki a diario es tanto una manera de respetarte como de mantenerte en buenas condiciones. Dondequiera que estés y hagas lo que hagas, apoya tus manos en tu cuerpo y bendícete con energía Reiki.

Posición 1

Antes de comenzar el tratamiento, comprueba que te encuentras en una posición cómoda y que nadie te molestará.

Apoya las manos sobre tu rostro, con las palmas sobre los ojos y la parte superior de las mejillas. Las puntas de los dedos deberían situarse encima de la línea de crecimiento del pelo, y los dedos muy próximos entre sí. Mantén la posición durante al menos tres minutos.

Posición 1

Posición 2

Esta posición es recomendable si tienes dolor de oídos o problemas dentales.

Cubre tus orejas con las manos ahuecadas, con los dedos juntos. Mantén la posición hasta que te sientas listo para continuar. Si te duele una muela o un diente, también puedes ahuecar las manos sobre tu mandíbula.

Posición 2

CÓMO TRATARTE A TI MISMO

Posición 3

Posición 3
A pesar de que podrás ejecutarla con facilidad en posición de sentado, como mostramos aquí, te resultará más sencilla si te tumbas, ya que los brazos realizarán un esfuerzo menor.

Con las manos apoyadas horizontalmente sobre el cráneo, sujeta la parte posterior de tu cabeza. Los dedos deben apuntar en direcciones contrarias.

Posición 3 alternativa
Otra posibilidad es que unas las manos, con los dedos dirigidos hacia arriba y las palmas apoyadas en la base del cráneo.

Posiciones 4a y 4b

La posición 4 sólo puede ser llevada a cabo por aquellas personas que hayan alcanzado el Segundo Grado de Reiki, puesto que implica trazar los Símbolos 1 y 2 (CKR y SHK) sobre la frente.

Posición 4a Manteniendo la mano izquierda en la parte posterior de la cabeza en una posición que te resulte cómoda y no te suponga torcer la muñeca. Con la mano derecha traza los símbolos en el centro de tu frente.

Posición 4b A continuación, apoya la mano derecha sobre tu cabeza, cubriéndola por completo.

Posición 4a

Posición 4b

Posición 5

Posición 5

Existen dos versiones de esta posición para tratar el área de la garganta. Recurre a la que te resulte más cómoda, y mantén la posición hasta que te consideres preparado para continuar.

Con los dedos unidos, envuelve con tu mano izquierda la cara posterior del cuello. A continuación, ahueca la mano derecha ligeramente sobre la garganta, con el pulgar dirigido hacia tu oreja derecha. Puedes invertir la posición si así lo deseas.

Posición 5 alternativa

Otra posibilidad es que mantengas esta posición ahuecando ambas manos juntas frente al cuello, con los dedos situados detrás y debajo de las orejas.

Posiciones 6a y 6b

Estas dos posiciones tratan el estómago, el bazo y el hígado, y resultan muy beneficiosas si sientes molestias estomacales o consideras que el bazo y el hígado necesitan librarse de las toxinas corporales.

Posición 6a Para ejecutar la primera posición, apoya las manos sobre el área del plexo solar, con las palmas hacia abajo y las puntas de los dedos tocándose entre sí. Recuerda mantener los dedos unidos.

Posición 6b Cuando hayas acabado de enviar Reiki a esta zona, mueve las manos hacia abajo, manteniéndolas en la misma posición y de tal manera que los dedos corazón queden situados sobre el ombligo. Ahora transmite Reiki a esa región.

Posición 6a

Posición 6b

Posición 7

Posición 7

Esta posición trata las áreas pélvica y de reproducción, además de los órganos reproductores. Se trata de una buena posición para los momentos en que se inicia el período menstrual y la mujer necesita aliviar posibles dolores.

Apoya los «talones» de las palmas sobre los huesos de la cadera y dirige los dedos hacia abajo y el centro, de tal manera que se toquen. Puedes mantener los pulgares próximos a las palmas o bien extenderlos hacia fuera, creando una forma de corazón entre las manos.

Posición 8

Posición 8

Esta posición, que es la última de las frontales, ayuda a equilibrar la energía. Es la que utilizo antes de comenzar a ofrecer un tratamiento Reiki a otra persona.

Apoya una mano sobre el área del *hara* o segundo chakra, justo debajo del ombligo, y la otra sobre el cuarto chakra, que se encuentra junto al corazón físico, en el centro del área del esternón.

Posiciones 9a y 9b

Resulta evidente que es complicado tratarnos cómodamente la totalidad de la espalda. Por eso, el autotratamiento sobre dicha zona se centra en los riñones y las suprarrenales, situadas encima de los órganos antes mencionados. Para las siguientes tres posiciones, debes apoyar las palmas de las manos a cada lado de tu espalda, con los dedos dirigidos hacia la columna. Si no tienes una espalda demasiado ancha, los dedos se tocarán.

Posición 9a Para cubrir las suprarrenales, apoya ligeramente el borde exterior de tus manos sobre la parte inferior de la caja torácica; las manos adoptarán naturalmente la posición.

Posición 9b Para cubrir los riñones, desliza las manos hacia abajo, de modo que descansen sobre la parte inferior de la cintura.

Posición 9a

Posición 9b

Posición 10

Posición 10

Los hombros son las únicas partes de la espalda razonablemente accesibles, y puesto que almacenamos en ellos mucha tensión es conveniente enviarles Reiki siempre que podamos. Esta posición resulta beneficiosa cuando haces una pausa en tu trabajo frente al ordenador o mientras miras la televisión.

Es posible ejecutar la posición de dos maneras. Cruza los brazos frente a ti y apoya las manos sobre la cara posterior de cada hombro.

Posición 10 alternativa

Otra posibilidad es que, en lugar de cruzar los brazos frente a ti, apoyes la mano derecha sobre la parte posterior de tu hombro derecho, y la mano izquierda sobre el hombro de ese mismo lado, con los dedos dirigidos hacia la columna.

Posiciones 11 y 12

Estas posiciones son adicionales y los maestros Usui tradicionales no las enseñan como parte del autotratamiento. Sólo pueden ser llevadas a cabo durante el baño o como parte de un masaje de pies o tratamiento de reflexología.

Posición 11 El primer paso consiste en enviar Reiki a tus rodillas, ya que éstas pueden almacenar energía estancada y miedo, así como convertirse en áreas problemáticas para aquellas personas que sufren artritis y reumatismo. Yo las he incluido en el autotratamiento completo, pero pueden ser tratadas por separado. Apoya tus manos sobre las rodillas y mantén la posición durante tres minutos.

Posición 12 De forma similar, los pies y los tobillos, que realizan un trabajo tan arduo, pueden recibir tratamiento simplemente colocando las manos alrededor de ellos en una posición que resulte cómoda.

Posición 11

Posición 12

Posiciones de manos para tratar a otras personas

Tratar a otras personas es un privilegio y una profunda experiencia en muchos sentidos. Utilizar tu intuición y escuchar los mensajes que envían las manos resulta más importante que seguir las posiciones con exactitud.

Tratar a otras personas

Un tratamiento de Reiki suele durar alrededor de una hora si cada posición de manos se mantiene durante un mínimo de tres minutos. De todas formas, es posible que en ciertos casos desees dedicar más tiempo a un tratamiento, ya sea porque la persona se encuentra mal, porque de forma intuitiva percibes que necesita más tiempo o porque quieres centrarte en un área determinada.

Si estás ofreciendo tratamiento por primera vez, tendrás que contar con más tiempo, antes de comenzar la sesión, para explicar el procedimiento a la persona y responder a cualquier pregunta que pudiera formularte. Yo suelo añadir una media hora más a los primeros tratamientos con un nuevo cliente para así tener la ocasión, antes y después, de hablar sobre cualquier preocupación o experiencia acaecida durante el tratamiento.

La importancia de la cabeza

Las primeras cinco posiciones se centran en la cabeza y la zona de la garganta. He notado que con algunas personas puedo llegar a dedicar la mitad del tiempo disponible a trabajar sobre la cabeza, en especial durante los primeros tratamientos. Puesto que los chakras centrados en el espíritu, el intelecto y los principales organizadores del sistema endocrino —las glándulas pituitaria y pineal— se localizan en la cabeza, resulta lógico que la zona requiera una atención especial. De todas maneras, deberás adaptarte a las necesidades de cada receptor.

Movimientos fluidos

Ofrecer tratamientos de forma regular asegurará que la transición entre las distintas posiciones de manos resulte suave. Si estás seguro de ti y controlas tu respiración realizarás los movimientos con fluidez, y la experiencia resultará relajante para los dos.

IZQUIERDA. Puedes dedicar algún tiempo a conversar con el receptor antes y después del tratamiento Reiki.

Posiciones 1a y 1b

Estas posiciones te ayudan a sintonizar con el flujo energético de otra persona.

Posición 1a Pide al receptor que se recueste cómodamente de espaldas sobre la camilla de tratamiento, con las manos a ambos lados del cuerpo (no apoyadas sobre el estómago), y siéntate detrás de su cabeza. Como punto de partida, apoya tus manos suavemente sobre sus hombros durante unos instantes. Esto te ayudará a sintonizar con su flujo energético.

Posición 1b Une las manos, con los lados de los pulgares en contacto y las palmas dirigidas hacia abajo, a unos centímetros del rostro del receptor. Lentamente baja las manos hasta tocarle la cara. Asegúrate de situar tus pulgares en la zona central de su frente y ligeramente sobre la parte superior del puente de la nariz. Luego apoya las palmas sobre sus ojos y con suavidad posa los dedos sobre las mejillas. Mantén la posición durante tres minutos.

Posición 1a

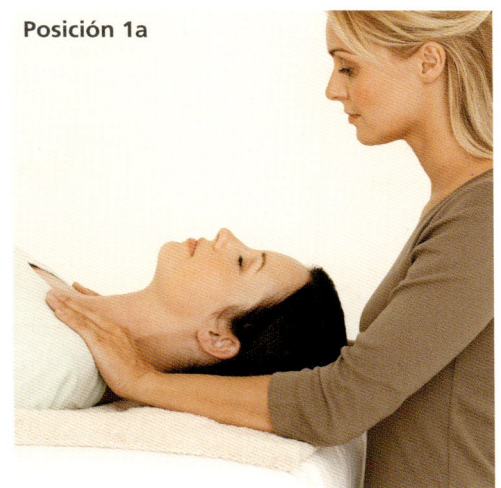

Posición 1b

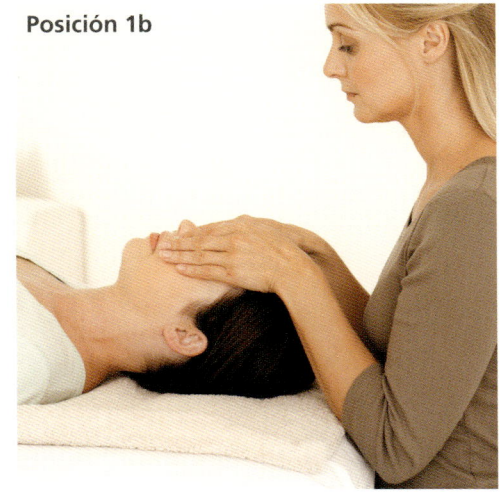

Posición 2a

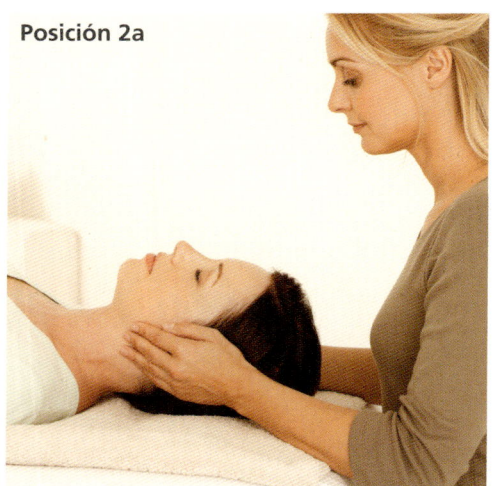

Posición 2b

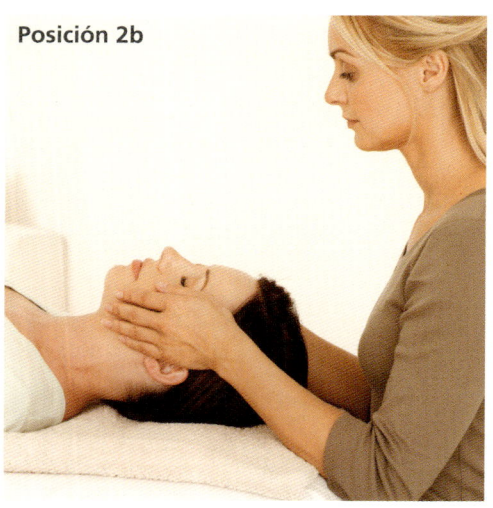

Posiciones 2a y 2b

Algunas de las posiciones presentan variaciones, dependiendo de la preferencia del maestro. A continuación, encontrarás dos variaciones de la segunda posición, que aprendí de maestros de la escuela tradicional. La primera posición es de Hawayo Takata, y la segunda es una variante muy conocida y utilizada.

Posición 2a Apoyas las palmas de tus manos sobre las orejas del receptor, con los pulgares sobre la parte superior del cartílago. El resto de los dedos deberían situarse naturalmente sobre la parte posterior de la mandíbula y el cuello.

Posición 2b Apoya el «talón» de las palmas de las manos sobre cada una de las sienes, con el resto de las palmas apoyadas sobre la zona. Los dedos deberían situarse a ambos lados del rostro, y los meñiques frente a cada oreja.

Posición 3a

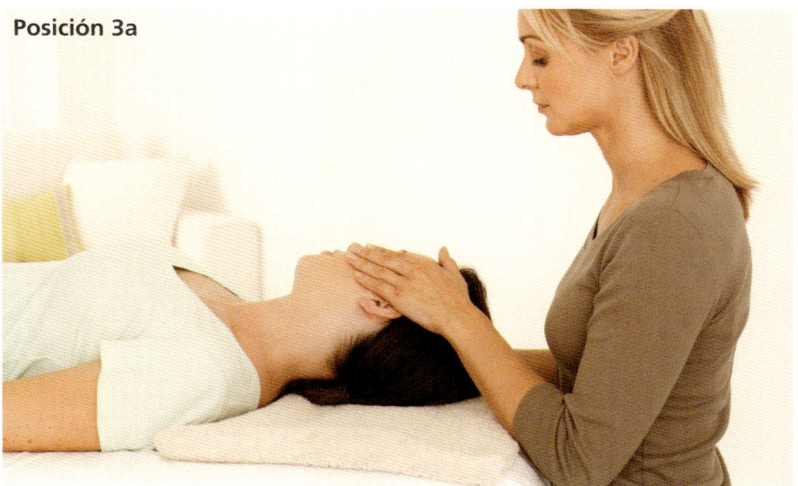

Posiciones 3a, 3b y 3c

Requiere cierta práctica maniobrar en estas posiciones. Inspira hacia tu centro y no te apresures. Muchos receptores se sienten tensos cuando estás trabajando sobre ellos en esta posición y son incapaces de permitirte sostener completamente su cabeza y cuello. Anímales a que te dejen cargar con todo el peso, pero no lo repitas demasiadas veces porque podrían cohibirse. Se encuentren relajadas o no, ésta es la posición favorita de muchas personas, quizá porque imita el modo en que una madre sujeta la cabeza de su bebé. Después del tratamiento, muchos han asegurado que esta posición les hace sentir muy «mimados».

Posición 3a Desliza tu mano derecha desde la oreja del receptor hasta la zona lateral de su mejilla. A continuación, apoya la mano izquierda sobre la mitad izquierda de su rostro y lentamente empuja la cabeza hacia la derecha, de tal manera que el dorso de tu mano derecha toque la camilla.

Posición 3b

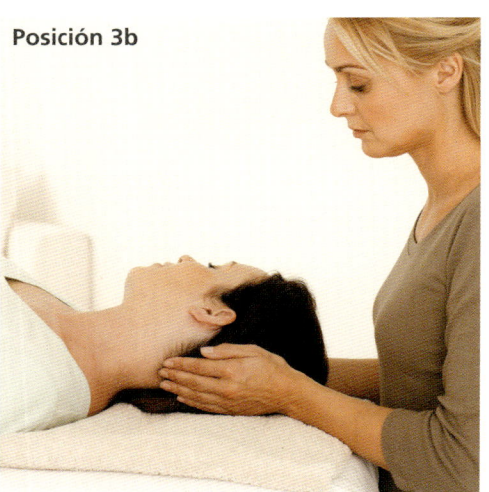

Posición 3b Ahora apoya la mano izquierda bajo la parte posterior de su cabeza, dirigiendo los dedos hacia abajo y cubriendo parte del cuello.

Posición 3c

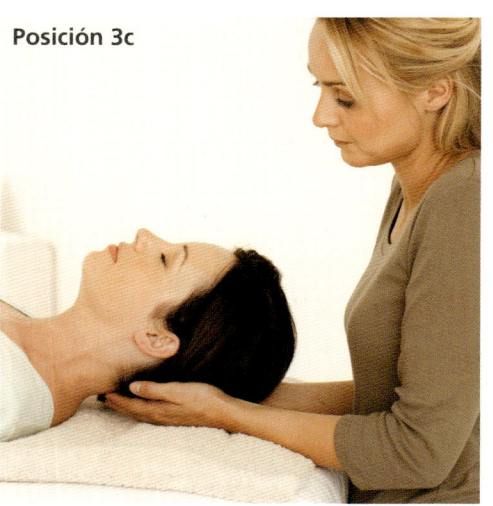

Posición 3c Muy lentamente, gira la cabeza del receptor hacia la izquierda, de tal manera que el dorso de tu mano izquierda toque la camilla y la palma sujete la cabeza. Ahora lleva la mano derecha hacia la parte posterior del cráneo para que ambas sujeten tanto la cabeza como la parte superior del cuello. Procura que esta posición de manos te resulte cómoda, y que la cabeza del receptor se encuentre segura y equilibrada.

Posición 4a

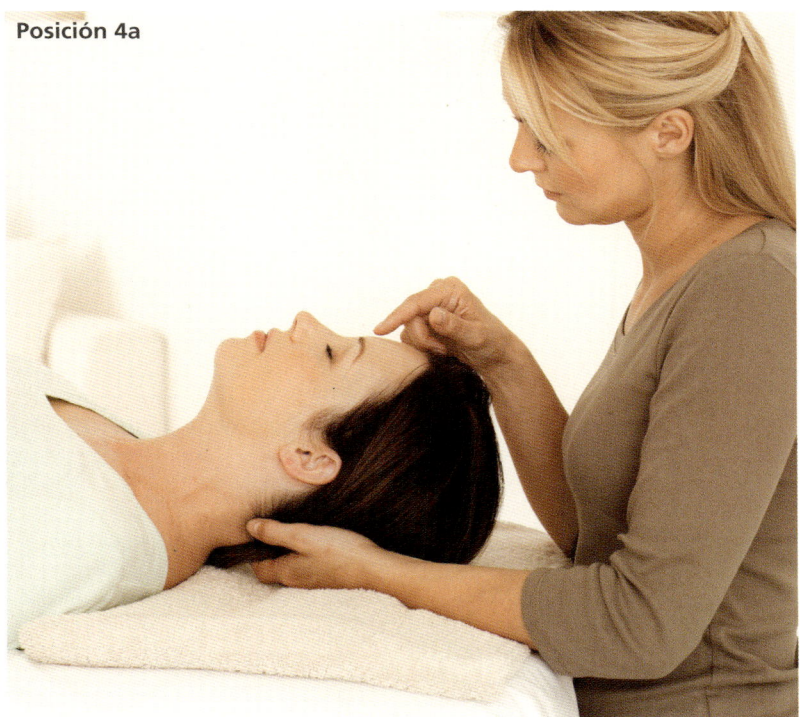

Posiciones 4a y 4b

Esta posición implica la utilización de los símbolos de sanación mental que se enseñan en el Segundo Grado. Debes trazarlos sobre el centro de la frente. Con ambas manos bajo la cabeza, como en la posición 3c (véase página 224), elige con cuál de ellas dibujarás los símbolos.

Posición 4a Desde la Posición 3c, desliza la mano por debajo de la cara posterior del cuello del receptor para sujetarlo, mientras mueves la otra hacia el centro de la zona posterior de su cabeza. Cuando estés sujetando la cabeza, retira la mano que hayas elegido para trazar los símbolos y dibújalos sobre el centro de su frente.

Posición 4b

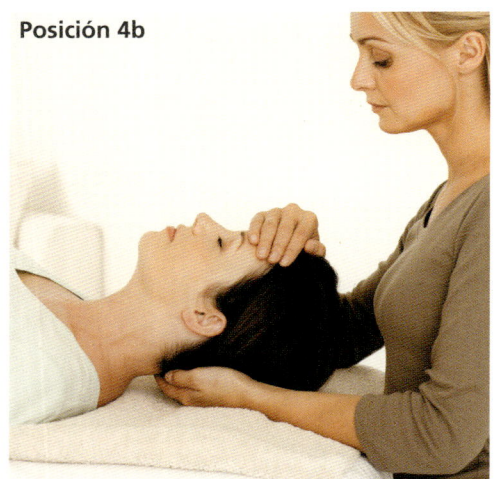

Posición 4b Apoya los dedos unidos sobre la frente dirigiéndolos hacia un lado de tal manera que la palma cruce la zona.

Posición 4c Después de mantener la Posición 4b entre 3 y 5 minutos, primero retira tu mano de la frente y deslízala por debajo del cuello. De esta manera proporcionarás una buena sujeción mientras lentamente retiras la otra de la parte posterior de la cabeza, desplazándola hacia ti.

Posición 4c

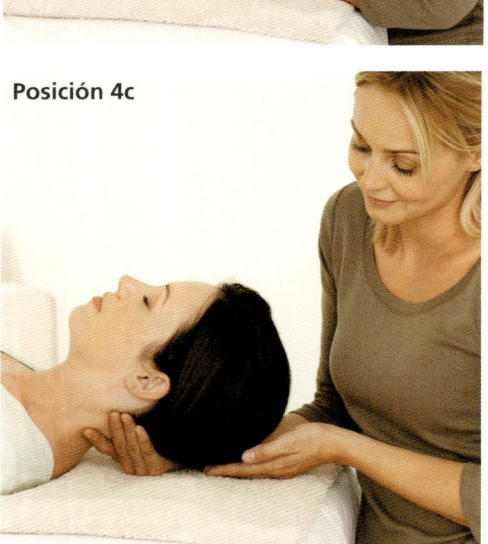

Es posible que el receptor levante la cabeza para ayudarte con este movimiento; si ése es el caso, en voz baja indícale que se relaje y te permita hacer tu trabajo.

Posiciones 5a y 5b

A algunas personas les resulta molesto que alguien coloque sus manos demasiado cerca de su garganta, y deberías tenerlo en cuenta cuando decidas de qué manera tratar esta zona. Recuerda así mismo que la garganta es un área que encierra una enorme cantidad de cuestiones emocionales para muchas personas, y que durante el tratamiento es probable que puedan salir a la superficie algunas imágenes muy fuertes, emociones e incluso dolor.

Posición 5a

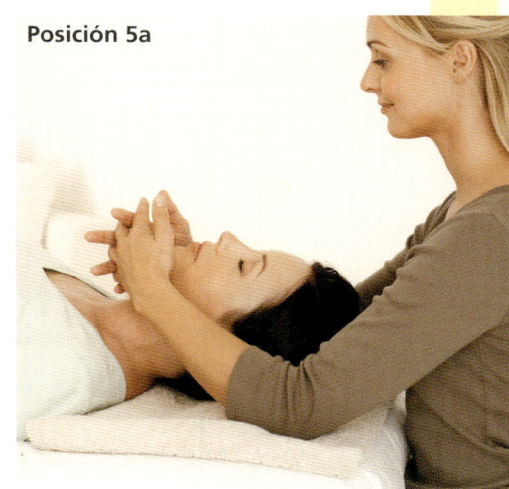

Posición 5a Primero apoya tus codos a ambos lados de la cabeza del receptor (pero no demasiado cerca) y acerca tus manos a su garganta, aproximadamente a 7,5 cm. Entrelaza los dedos mientras las puntas de tus pulgares se tocan (aunque da igual si no lo hacen), y abarca la línea de la mandíbula y la zona de la garganta. Esta posición tiene variantes. Simplemente apoya las manos a ambos lados de la mandíbula del receptor, con los pulgares por encima del hueso de la mandíbula y el resto de los dedos enfrentados entre sí, pero no entrelazados. Esta versión acerca más las manos a la garganta, mientras que en la posición antes explicada las manos se mantienen a cierta distancia de la zona.

Posición 5b

Posición 5b Finaliza separando los dedos y alejando los brazos en arco hasta que lleguen al borde de la camilla.

Posición 6

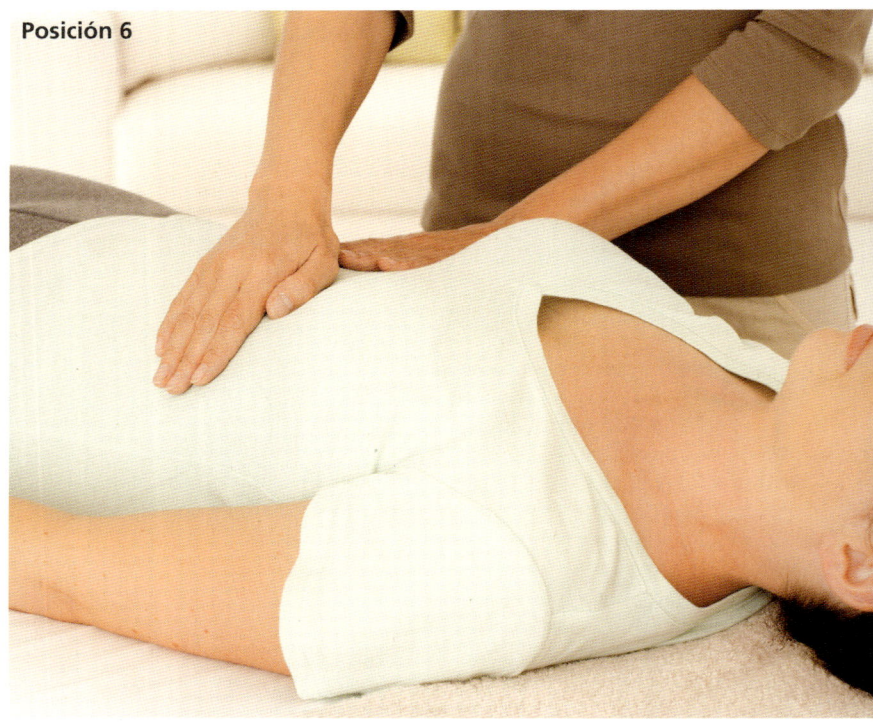

Posición 6

Una vez que hayas terminado de trabajar sobre la cabeza y la garganta del receptor, comienza a tratar el resto de la zona frontal de su cuerpo. Para realizar estas posiciones necesitarás ponerte de pie, a menos que dispongas de una silla con ruedas.

Para la primera posición, coloca tus manos —una detrás de la otra— sobre la zona del pecho (en las mujeres, debajo de los senos), cruzando las costillas. Mantén la posición durante tres minutos.

Posición 7

Utiliza la versión que te resulte más cómoda.

Para pasar de la Posición 6 a ésta, puedes dejar las manos tal como estaban y deslizarlas entre 2,5 y 5 cm hacia abajo por el cuerpo, o bien mover la mano más distante hacia tu cuerpo y en sentido descendente, mientras desplazas hacia el otro lado la mano más próxima a ti. Puedes aplicar este movimiento tanto sobre la cara anterior como posterior del cuerpo.

Posición 7

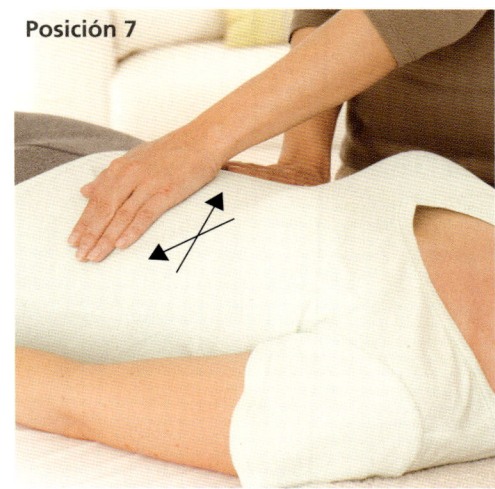

Posiciones 6 y 7 alternativas

Una forma alternativa de ejecutar las posiciones 6 y 7 consiste en comenzar colocando las manos juntas sobre un lado del cuerpo del receptor, manteniendo la posición durante tres minutos, y luego deslizarlas (por encima del cuerpo) hacia el otro lado. Lo importante con ambos métodos es que cubras los chakras y órganos principales.

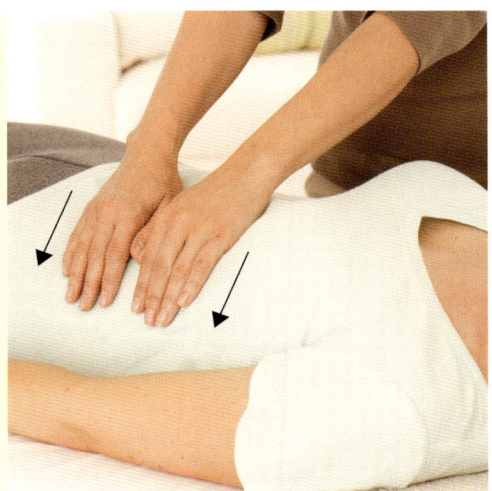

Posición 8

Trata la zona pélvica. Como estarás trabajando cerca de los genitales, deberás mostrar tu sensibilidad y evitar ejercer un contacto directo con estos órganos. Esta posición resulta más adecuada para trabajar con mujeres.

Apoya tu mano izquierda sobre el lado interno del hueso de la cadera derecha del receptor, con los dedos juntos y dirigidos hacia el hueso púbico. A continuación, apoya el «talón» de la mano derecha a poca distancia de los dedos de la izquierda, con la mano dirigida hacia arriba y sobre el lado interior de la cadera izquierda, de tal manera que ambas manos formen una «V».

Posición 8 alternativa para trabajar con hombres

En lugar de colocar las manos en forma de «V» sobre el área pélvica, es preferible que apoyes cada una de ellas sobre los lados de la cadera. La forma más sencilla de hacerlo consiste en situar una mano con los dedos hacia arriba y la otra con los dedos hacia abajo. Si trabajas con cuidado en esta zona evitarás posibles situaciones incómodas, tanto para ti como para tu cliente.

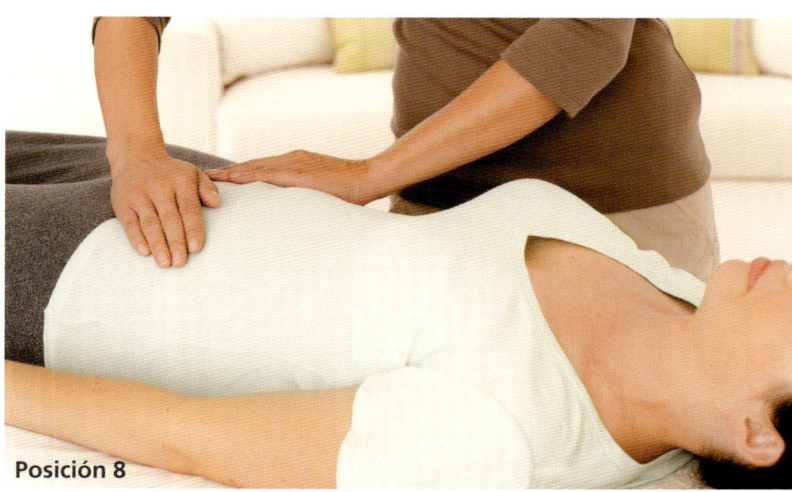

Posición 8

Posición 9

TRATAR A OTRAS PERSONAS

Posición 9

Con esta posición finaliza el tratamiento de la cara anterior del cuerpo, equilibrando y vinculando la energía de las secciones superior e inferior. Se centra en los chakras sacro y corazón.

Apoya la mano derecha sobre el abdomen del receptor y la izquierda sobre el esternón, con los dedos dirigidos a la cabeza. Mantén esta posición entre 3 y 5 minutos o hasta que sientas que la energía se encuentra en equilibrio entre tus manos.

Posición 10

Posiciones 10 y 11

Estas posiciones son adicionales y no figuraban entre las enseñanzas de Hawayo Takata. Recurre a ellas si las consideras apropiadas para las necesidades del receptor, o bien para encontrar la secuencia de posiciones de tratamiento que consideres más beneficiosas para la mayoría de los receptores.

Posición 10 La primera posición trata las rodillas. Pasa de la posición pélvica a ésta, primero con una mano y después con la otra. Mantén la posición durante tres minutos.

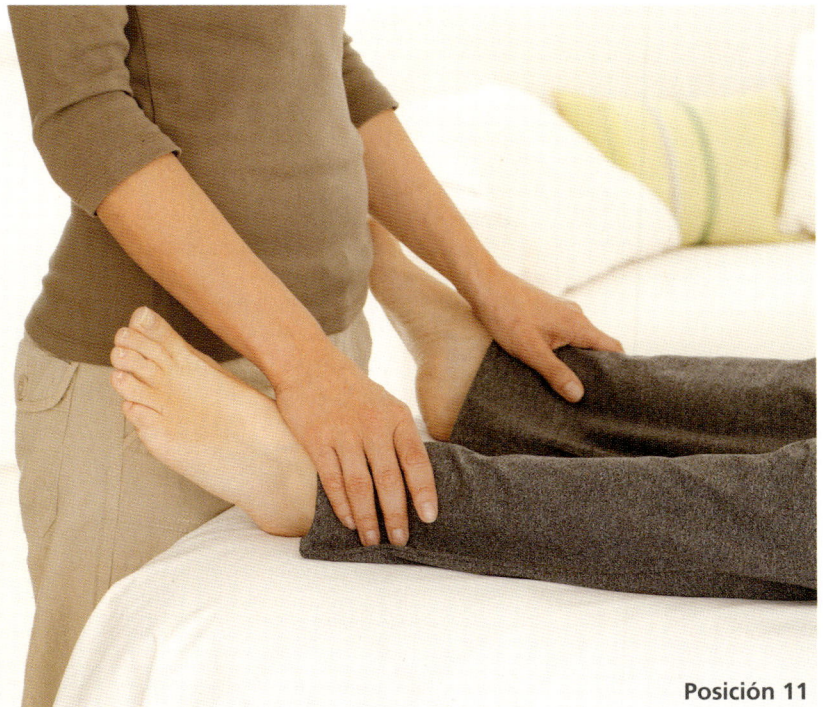

Posición 11

Posición 11 De pie, mueve las manos hacia los tobillos y los pies, sujetándolos con las manos dirigidas hacia fuera, y pide al receptor que gire hasta apoyarse sobre el estómago. Como se encontrará relajado, sugiérele que se mueva despacio. Puedes ayudarle a colocar las manos a ambos lados de su cuerpo, pero ten en cuenta que algunos prefieren apoyar la cabeza sobre los brazos. Y si bien esta alternativa es aceptable, te dificultará llevar a cabo la primera posición de la espalda porque estos músculos estarán encogidos. Una solución consiste en pedir a la persona que mantenga los brazos a ambos lados de su cuerpo sólo mientras tú pones en práctica la primera posición.

Posición 12

Los hombros acumulan mucha tensión, tanto que en algunos receptores parecen esponjas que absorben energía. Por eso, tal vez notes que tus manos no pueden moverse. Esta sensación de que las manos quedan «pegadas» a una posición en particular puede ocurrir en cualquier momento, así que es preferible intentar mantener la posición hasta que las manos se encuentren preparadas para moverse, ya que dicha zona del cuerpo necesita más energía.

También es recomendable aplicar esta posición separadamente, mientras la persona se encuentra sentada. Por ejemplo, si alguien ha estado trabajando frente a un ordenador durante mucho tiempo, puedes animarle a que se tome un respiro mientras tú le das diez minutos de Reiki sobre los hombros y la cara posterior del cuello. Puedes combinar esta posición con un masaje de cabeza.

Apoya las manos sobre los hombros del receptor, tal como hiciste sobre la cara anterior del cuerpo. Resulta más sencillo colocar las manos rectas, pero yo prefiero desviarlas para que una quede dirigida hacia arriba y la otra hacia abajo.

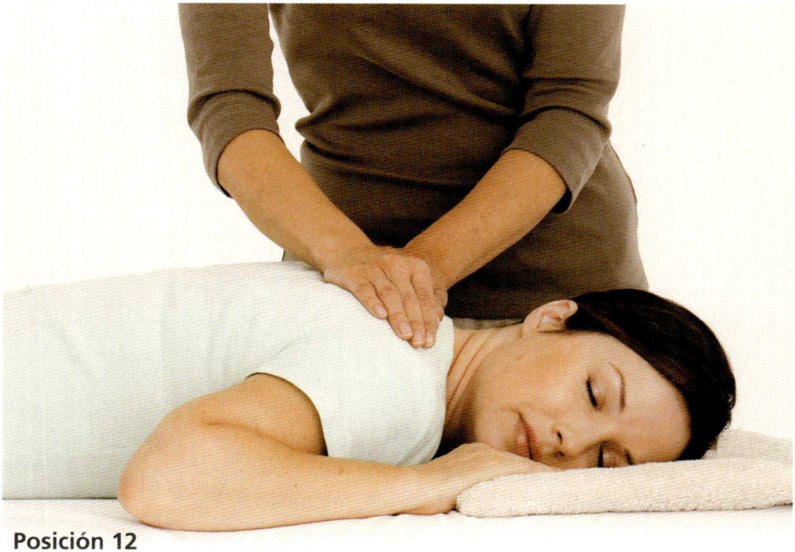

Posición 12

Posición 13

Tratar la cara posterior del área del corazón puede producir sensaciones interesantes y tal vez te apetezca dedicar más tiempo del habitual a dicha zona. Como todos somos únicos, y nunca sabes qué podrías sentir, escucha con tus manos en todo momento.

Mueve las manos desde los hombros hacia la espalda, en dirección del área del corazón. Mantén la posición tres minutos, aunque se trata de una zona que podría requerir más atención. Recuerda que estarás cubriendo los pulmones, así que merecerá la pena permanecer más tiempo. Quizá notes que percibes diferentes respuestas emocionales en el receptor alrededor de la zona del corazón. En ocasiones, será consciente de estas sensaciones y hablará de ellas, pero en otras personas quizá tú solo te des cuenta de lo que está sucediendo. Dependiendo de la espalda del receptor, podrás realizar otra posición de manos sobre la zona situada inmediatamente debajo del corazón antes de pasar a las suprarrenales y los riñones.

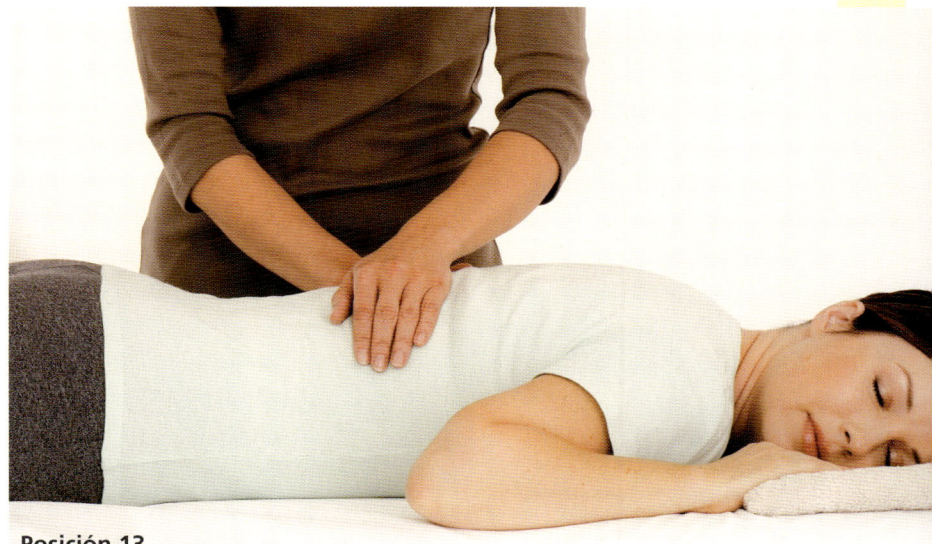

Posición 13

Posición 14

Para cubrir las suprarrenales y los riñones por completo, posiblemente necesites practicar estas posiciones en etapas.

Mueve las manos por la espalda del receptor desde la posición anterior, primero cubriendo sus glándulas suprarrenales y a continuación bajándolas un poco más, hasta cubrir sus riñones. Si la persona siente dolor alrededor del extremo inferior de la columna, puedes seguir moviendo las manos hacia abajo hasta que hayas cubierto toda la zona. Si tu receptor es hombre, trata la glándula prostática colocando una de tus manos sobre la otra en el centro de sus nalgas, justo debajo del cóccix, después de haber finalizado las sesiones de tratamiento para la espalda.

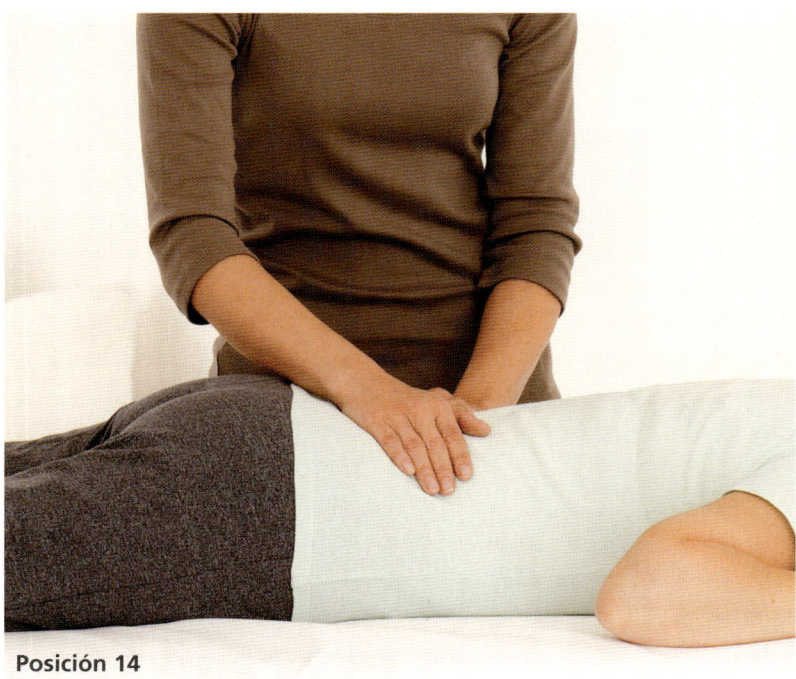

Posición 14

Posición 15a

Posición 15

Esta posición final contacta al receptor con la tierra y debe ser llevada a cabo en dos etapas, tratando primero un lado del cuerpo y luego el otro.

Algunas personas experimentan sensaciones extremas con esta posición. Recuerdo haber recibido tratamientos en los que creía haberme expandido hasta llenar toda la habitación, y haber percibido que sólo cuando el practicante llegaba a esta posición yo volvía a llenar mi espacio «normal» nuevamente. De forma similar, si sentía que mi energía se encontraba desequilibrada durante un tratamiento (es decir, que mis lados derecho e izquierdo no contaban con la misma energía), esta posición conseguía igualarla.

Posición 15a Apoya una mano sobre la parte superior de la pierna del receptor, lo más cerca de tu propio cuerpo, y la otra contra la planta de su pie. Mantén la posición tres minutos.

Posición 15b Ponte de pie al otro lado de la camilla para tratar la otra pierna. (Cuando me muevo por el extremo de la camilla para pasarme al otro lado, sujeto uno de los pies del receptor para no perder el contacto.) Repite la posición sobre la otra pierna y el pie del receptor, inclinándote sobre la camilla para poner en práctica ambas etapas de esta posición, siempre que no te cause dolor de espalda.

Limpieza del aura

Ahora que has finalizado el tratamiento, lo único que resta es limpiar el aura y ayudar al receptor a sentirse en contacto con la tierra antes de que se levante. Sosegar el aura después de un tratamiento ayuda a asentar la energía y también puede eliminar cualquier otra energía negativa. Existen diversas formas de purificar el aura y yo he probado varias. Aquí te presento el método de la escuela tradicional.

Sosegar el aura

El método que empleo comienza sobre el cuerpo físico y acaba trabajando sobre las capas externas del aura.

1 Coloca las manos a los lados de las caderas del receptor y empuja con firmeza hacia abajo, en dirección a los pies. Sacude las manos para eliminar el exceso de energía. Repite tres veces.

2 A continuación, apoya las manos en su espalda, alrededor de la cintura. Desplázalas hacia arriba, en dirección al corazón, y también hacia fuera, hasta cubrir cada hombro. Para finalizar, deslízalas por la cara externa de los brazos. Sacude las manos para eliminar el exceso de energía. Repite tres veces.

3 Ahora, con las manos situadas a unos 30 cm del cuerpo, dedícate a sosegar el aura. Comienza desde la coronilla y desciende hasta los pies.

LIMPIEZA DEL AURA

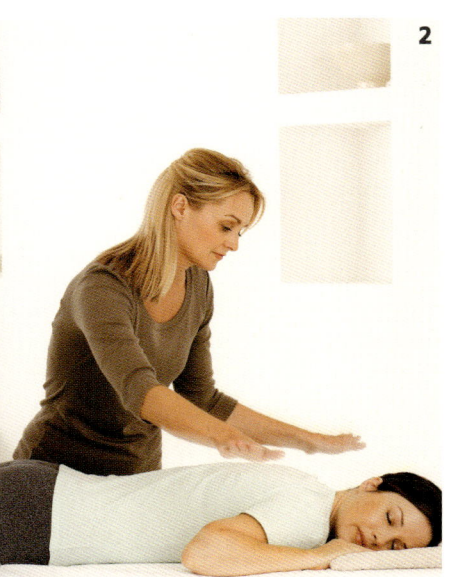

Finalización

Una vez que he trabajado sobre el aura, apoyo mi mano sobre el centro de la espalda del receptor y suavemente lo masajeo con un movimiento circular. En ocasiones también pronuncio su nombre suavemente si le cuesta volver en sí. Cuanto más relajada se encuentre la persona durante el tratamiento, más tiempo lleva despertarla. Una vez conseguido, puedes ofrecerle agua. Deberías recomendarle que beba la mayor cantidad de

agua posible durante uno o dos días, ya que eso facilitará la expulsión de las toxinas.

Una vez que el receptor ha despertado, abandono la sala en silencio para que pueda levantarse a su ritmo (pero frente a una persona anciana, o con alguien que padece problemas de equilibrio o de espalda, es preferible quedarse allí y ayudarle a bajar de la camilla), y sólo entonces me lavo las manos para dar por finalizada la sesión simbólicamente y liberarme de los restos de energía de la persona tratada. Puedes practicar un proceso de purificación más extenso, como el que se describe en las páginas 180-181, una vez que el cliente se haya marchado, o al final del día si te esperan varias sesiones consecutivas.

Hablar sobre el tratamiento

Inmediatamente después de haber despertado, muchas personas sienten deseos de relatar sus experiencias durante el tratamiento, o de preguntarte qué has sentido. Quieren saber si has percibido bloqueos en su cuerpo, y si consideras que algo va mal. En estas circunstancias, debes poner en práctica la precaución y la sensibilidad. No resulta sencillo interpretar las sensaciones energéticas, porque no siempre significan lo mismo. Mi interpretación de una sensación de frío alrededor de los riñones podría ser completamente diferente de la de otro practicante. Además, una sensación percibida en un cliente puede tener un significado distinto en otra persona, aunque parezcan similares.

Recuerda que no debes realizar ningún diagnóstico, sino hablar en términos generales sobre lo que ha sentido en diferentes áreas del cuerpo y constatar si ha sufrido algún otro problema en la zona. De esta manera facilitarás que cada persona llegue a sus propias conclusiones.

Caso de estudio: el insomne

Tuve un magnífico cliente que había solicitado un tratamiento para el insomnio. No estaba demasiado convencido de que el Reiki le hiciese bien, pero su esposa le había pedido que lo probara, y por esa razón se sometió a un primer tratamiento. Después de diez minutos se había quedado completamente dormido, y al final del tratamiento se encontraba en una fase de sueño todavía más profunda. Cuando por fin conseguí despertarlo masajeándole la espalda, con movimientos un poco más intensos que los habituales, me confesó que había dormido mucho mejor que en los últimos tiempos. Desde ese momento se convirtió en uno de mis clientes más regulares.

Patrones de curación

Las respuestas posteriores a un tratamiento varían de persona a persona. Algunas experimentan una increíble «explosión» de energía física, mientras que otras perciben la necesidad de marcharse a su casa a dormir. Mi vecina del piso superior me pidió un tratamiento durante una gripe. Después de finalizarlo, se marchó a su casa y poco después escuché sonidos que evidenciaban una gran actividad en el piso de arriba. Al día siguiente le pregunté qué había estado haciendo, y me respondió que se había sentido tan energizada que había decidido cambiar de sitio los muebles de su apartamento. Otra persona me comentó que, después de un tratamiento, había «rescatado» todos los discos viejos que tenía y que había bailado aquella música, la misma que había escuchado cuando tenía veinte años, durante horas.

Por otro lado, algunas personas vuelven a la consulta para explicar que se han sentido muy cansadas o que han experimentado cambios de humor durante algunos días. Como practicante, no deberías tomar nada de esto como indicativo de que el tratamiento no ha tenido éxito. Se trata simplemente de la respuesta de cada persona en una ocasión en particular. Y si bien puedes advertirle que todos mostramos respuestas diferentes, no podrás explicar por qué ha percibido aquella determinada sensación.

Si tu cliente parece un poco «desconectado» o mareado después del tratamiento, procura que vuelva a conectar con la tierra antes de marcharse, en particular si tiene que conducir de inmediato. Puedes hacerlo utilizando parte del ejercicio de conexión de las páginas 152-153. Pídele que se siente con los pies completamente apoyados en el suelo y visualiza la energía brotando a través de las plantas de sus pies hacia la tierra. Pisar el suelo con fuerza es otra manera rápida de obtener dicha energía de conexión.

¿Cuántos tratamientos?

El siguiente factor que has de considerar es el número de tratamientos que necesita una persona, lo cual depende en gran medida de la afección que le estés tratando. El Reiki puede emplearse para tratar enfermedades agudas y crónicas. Una enfermedad aguda es temporal, como los cortes, los resfriados y las infecciones virales. Los dolores de cabeza también son agudos a menos que sean frecuentes, en cuyo caso son un signo de una afección crónica subyacente. Las enfermedades crónicas son a largo plazo, como la artritis. Sin embargo, éstas también presentan episodios agudos, como por ejemplo el asma y el eccema.

DERECHA. Es importante asegurarse de que la persona se haya «asentado» después de un tratamiento, y de que no se marche sintiéndose desconectada de la tierra.

POSICIONES DE MANOS

Dolencias agudas

Pueden responder bien después de uno o dos tratamientos. Yo, por ejemplo, durante muchos años sufrí accesos de gripe permanentemente y cada vez me costaba más recuperarme. Antes de aprender Reiki, volví a enfermar y pedí a una amiga que acababa de empezar con esta disciplina que me diese un tratamiento. Mientras me enviaba Reiki, sentí que mi cuerpo se hacía cada vez más pesado hasta convertirse en una especie de bloque de hormigón. A esta sensación le siguió otra, en la que la pesadez se trasladaba al suelo sobre el que me encontraba. Cuando el tratamiento finalizó, esperé encontrarme un poco mejor. Pero para mi sorpresa la gripe había desaparecido con esa única sesión, y yo me sentía mucho mejor que en las ocasiones previas en las que había caído enferma. De hecho, después de haber tomado la clase del Segundo Grado, dejé de contraer la gripe para siempre.

Probablemente notarás que en caso de dolencias agudas, como los resfriados o la gripe, la mejor alternativa es ofrecer tratamientos frecuentes en un período breve. Evidentemente, resulta más sencillo de conseguir con un familiar que con un cliente que asiste a una consulta de Reiki, ya que en casa puedes dar tratamientos con la frecuencia que necesites. Siempre que ofrezcas un tratamiento hazlo completo, y si hace falta recurre a tratamientos adicionales sobre áreas específicas.

IZQUIERDA. El número de tratamientos requeridos depende de la naturaleza de la dolencia tratada.

Enfermedades crónicas

Estas dolencias exigen un tratamiento a largo plazo. Las causas de una enfermedad crónica se forman a nivel mental y espiritual antes de manifestarse como síntomas físicos, lo cual implica que las causas de enfermedades crónicas que aparecen en la madurez llevan bastante tiempo gestándose. Por eso es improbable que puedan ser eliminadas con rapidez.

Resulta imposible especificar con exactitud cuántos tratamientos necesitará una persona que padece una enfermedad crónica, pero resulta sumamente responsable de tu parte que le adviertas que serán numerosos. De ellos depende continuar o interrumpir los tratamientos, así que una forma de abordar la cuestión consiste en sugerir que reciban algunos tratamientos y comprueben qué tal les va con ellos.

También debes informar al enfermo crónico que en ocasiones los cuadros empeoran antes de mejorar. Todos tenemos un patrón de curación específico, y así como ciertas personas sienten un alivio inmediato después del primer tratamiento, es posible que en los siguientes descubran que empeoran. Esta situación suele desanimar mucho y en muchos casos conduce a la decisión de abandonar los tratamientos. En esos momentos resultará útil que informes a la persona que muchos individuos viven experiencias similares, y que si no abandona el Reiki y, por ejemplo, lo suplementa con otras terapias, podrá superar la crisis propia de la curación.

Tratamientos grupales

Tomar parte en un tratamiento grupal es una experiencia única. Estamos tan habituados a que la curación, sea ortodoxa o alternativa, se produzca entre dos personas únicamente, que nos hemos distanciado de la sensación de poder que ofrece el trabajo grupal. Muchos maestros de Reiki celebran reuniones para dar tratamientos grupales, pero tú siempre puedes formar tu propio grupo.

Cómo organizar las reuniones

Decidid cuánto tiempo durarán las reuniones y con qué frecuencia deseáis organizarlas. Con dos horas debería bastar, y dos veces al mes resultaría perfecto.

Podéis también rotar las reuniones y celebrarlas en diferentes casas, con lo cual cada miembro del grupo tendrá la oportunidad de convertirse en líder de sus compañeros y responsabilizarse del grupo.

A continuación, tendréis que pensar de qué manera estructurar las reuniones. Deberíais contar con tiempo suficiente para que cada persona comparta su don especial. Tal vez alguien desee dirigir al grupo durante una visualización, por ejemplo, o compartir una pieza musical especial. También podríais comenzar por formar un círculo para simplemente compartir experiencias. De esta manera, la sanación grupal adoptará distintas formas. A partir de ese momento podréis embarcaros en el tratamiento grupal o bien dar comienzo al tratamiento.

Tratamiento grupal

Si el grupo está compuesto por un elevado número, considerad la posibilidad de formar dos grupos. Tendréis que trabajar durante un tiempo limitado durante cada tratamiento, porque de lo contrario os pasaréis horas reunidos. Así que si sois seis y contáis con una hora para dar un tratamiento, cada uno dispondrá de diez minutos. Si un miembro del grupo tiene un problema especial, podéis ofrecerle más tiempo si todos estáis de acuerdo.

En términos generales, en un tratamiento grupal el receptor recibe tratamiento mientras se encuentra tumbado boca arriba, a menos que específicamente desee un tratamiento en la espalda. En el líder del grupo recae la responsabilidad de sentarse a la cabeza de la camilla e indicar en qué momento cambiar la posición de las manos y establecer cuándo finaliza el tiempo destinado a cada persona.

El líder comenzará colocando las manos en la Posición 1 (véase página 221). Los demás apoyarán las manos en la parte del cuerpo más próxima a sí mismos, y mantendrán la posición hasta que el líder pase a la Posición 2 (véase página 222). Tal vez no haya espacio suficiente para que desplacéis demasiado las manos, pero lo importante es que todo el mundo las mueva al unísono.

DERECHA. En un tratamiento grupal, el tiempo del que dispone cada persona es menor que en un tratamiento normal, pero la energía se intensifica al punto de que resulta equivalente a un tratamiento individual completo.

PARTE 5
Reiki para la familia y los amigos

Cómo tratar a bebés y niños

Casi todos los niños son muy receptivos a la energía Reiki, y la consideran mágica. A través de programas y libros infantiles se familiarizan con personajes que cuentan con «poderes especiales», por lo que no les resulta nada difícil aceptar la idea de curar una herida o dormir con más facilidad gracias a una energía que llega a través de las manos.

Algunos niños se resisten a recibir tratamiento, y tienen sus razones. Son más sensibles a la energía que los adultos, y es probable que sean conscientes de que estás dándoles Reiki, aunque tú no les hayas dicho nada. En mi opinión, si no quieren Reiki, respeta su decisión y deja de enviarles energía hasta que te lo pidan.

Con otros niños resulta más sencillo trabajar, porque son capaces de prestar atención durante períodos más prolongados y comprenden mejor la idea de un proceso estructurado. A los niños pequeños suele costar mantenerlos quietos durante el tiempo requerido para recibir un tratamiento, en cuyo caso es preferible tratarlos mientras duermen.

Tranquilizar a un niño

En ciertos casos, involucrar al niño en el proceso de preparación de la habitación donde trabajarás con él suele convertirse en un modo de centrar su atención en el tratamiento y hacerle sentir más cómodo con la idea de tumbarse sobre la camilla. Un niño al que yo trataba sólo se subía a la camilla después de haberme ayudado a encender todas las velas que encontraba en la sala. Una vez satisfecho por haber finalizado su tarea, se «trepaba» a la camilla.

En términos generales, los niños no necesitan recibir Reiki durante tanto tiempo como los adultos. Sus cuerpos son más pequeños y no han acumulado los mismos bloqueos energéticos que los mayores, así que un período de entre 20 y 30 minutos debería bastar para un tratamiento corporal completo. Puedes tratar al niño tumbado sobre la camilla, pero si es muy inquieto permítele sentarse y hablar contigo mientras continúas enviándole Reiki.

Técnicas de iniciación para padres y niños

Si una pareja desea que su hijo reciba tratamiento, lo ideal es animar a ambos a recibir su propia iniciación para que puedan enviar Reiki al niño, sobre todo si éste padece una enfermedad crónica que requiere tratamiento a largo plazo. Además, si los padres se inician tendrán la sensación de estar participando en la sanación de su hijo. No olvides que los niños también pueden recibir iniciaciones, aunque se trata de una cuestión que deberás consultar con tu maestro de Reiki.

DERECHA. Los niños son muy receptivos al Reiki, por lo que tratar con regularidad a tu hijo te ofrece una oportunidad única de unirte a él.

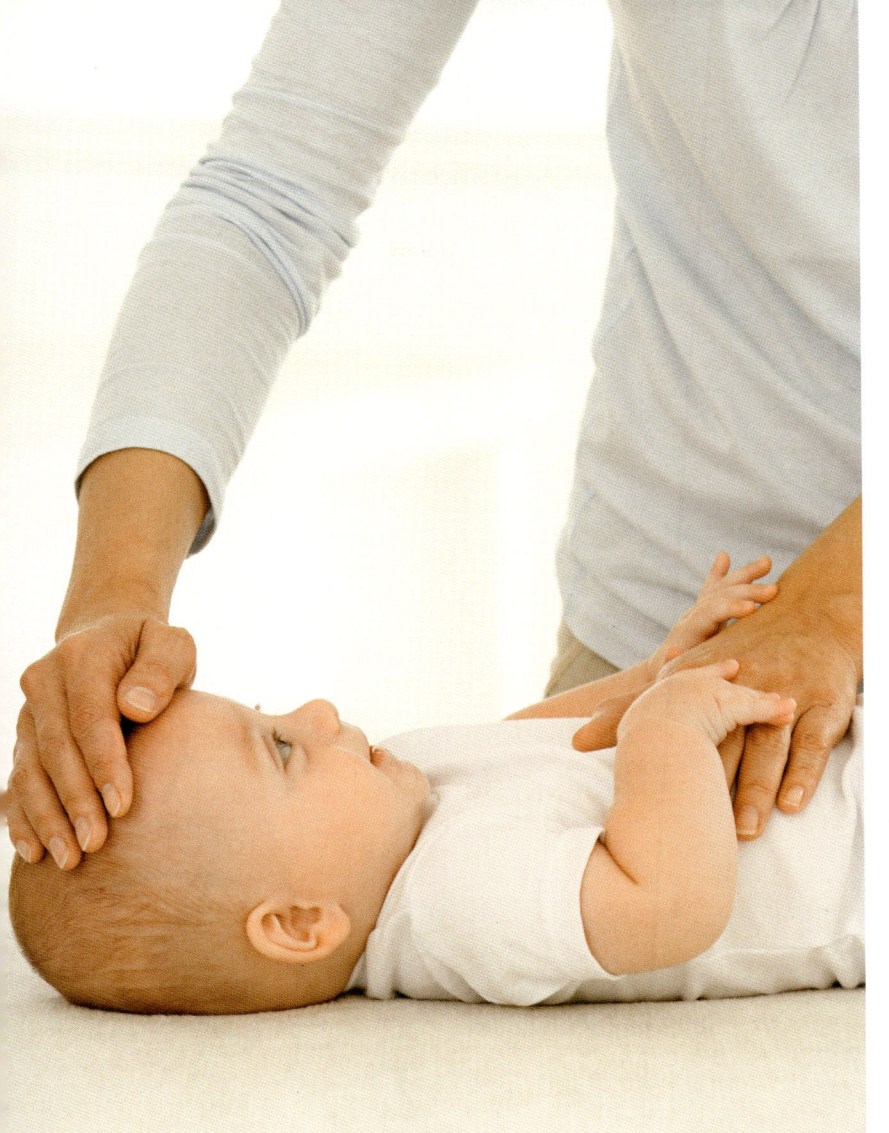

Tratamiento para niños

Los niños están llenos de energía, y se nota cuando les ofreces un tratamiento de Reiki. La energía fluye por su cuerpo sin esfuerzo, de la cabeza a los pies, como si nada estorbase su recorrido: al menos ésa es mi experiencia con los niños sanos. Sin embargo, esa abundancia de energía también implica que en ocasiones les cuesta tranquilizarse, en especial por la noche. Los pasos explicados a continuación resultarán de gran ayuda en dichos casos y favorecerán la concentración mental de los pequeños.

Algunos niños con problemas de sueño pueden resultar muy beneficiados si combinas el Reiki con un ejercicio de relajación corporal en el que, por ejemplo, les pidas que tensen y a continuación relajen todas las partes de su cuerpo, de la cabeza a los pies.

Calmar

En estos tratamientos, el objetivo es la cabeza. Esta actividad tiene la doble función de serenar la actividad mental excesiva y liberar endorfinas, cuya acción es hacernos sentir felices. Sosegar el aura también ayuda a calmar la energía.

1 Apoya una mano sobre la parte posterior de la cabeza del niño y la otra sobre su frente, cubriendo el chakra tercer ojo. Esta posición promueve la calma y alivia el estrés.

2 Coloca las manos bajo la parte posterior de su cabeza, como si la acunases. Esa posición favorece el sueño tanto en niños como en adultos.

3 Apoya una mano sobre su frente y la otra sobre el chakra plexo solar. De esta manera contribuirás a equilibrar las emociones. Si lo deseas, puedes continuar moviendo tu mano desde el plexo solar hasta el área del estómago, para incrementar la sensación de relajación del niño.

2

3

CÓMO TRATAR A BEBÉS Y NIÑOS

Aumentar la concentración

Este ejercicio resulta útil antes de un examen o prueba. Muchos niños se estresan más de lo que los adultos creen, e incluso pueden desarrollar síntomas de fobia acerca de los exámenes. Así que este tratamiento de tres pasos puede contribuir a reducir los miedos. Las posiciones de las manos ayudan a calmar la actividad mental y permiten que tanto la mente como el cuerpo se relajen, en tanto que el tratamiento puede impulsar la aparición de un cambio positivo en la visión mental que el niño tiene sobre la vida, en especial si se lo acompaña de mensajes que inciten al pequeño a sentirse seguro.

1 Apoya tus manos sobre sus ojos, que deberían estar cerrados. De esta manera conducirás la energía hacia dentro.

2 Ahora coloca las manos a ambos lados de la cabeza del niño, frente a sus orejas. Así equilibrarás los dos lados del cerebro.

3 A continuación, apoya ambas manos bajo la parte posterior de su cabeza, como en el paso 2 del ejercicio anterior.

1

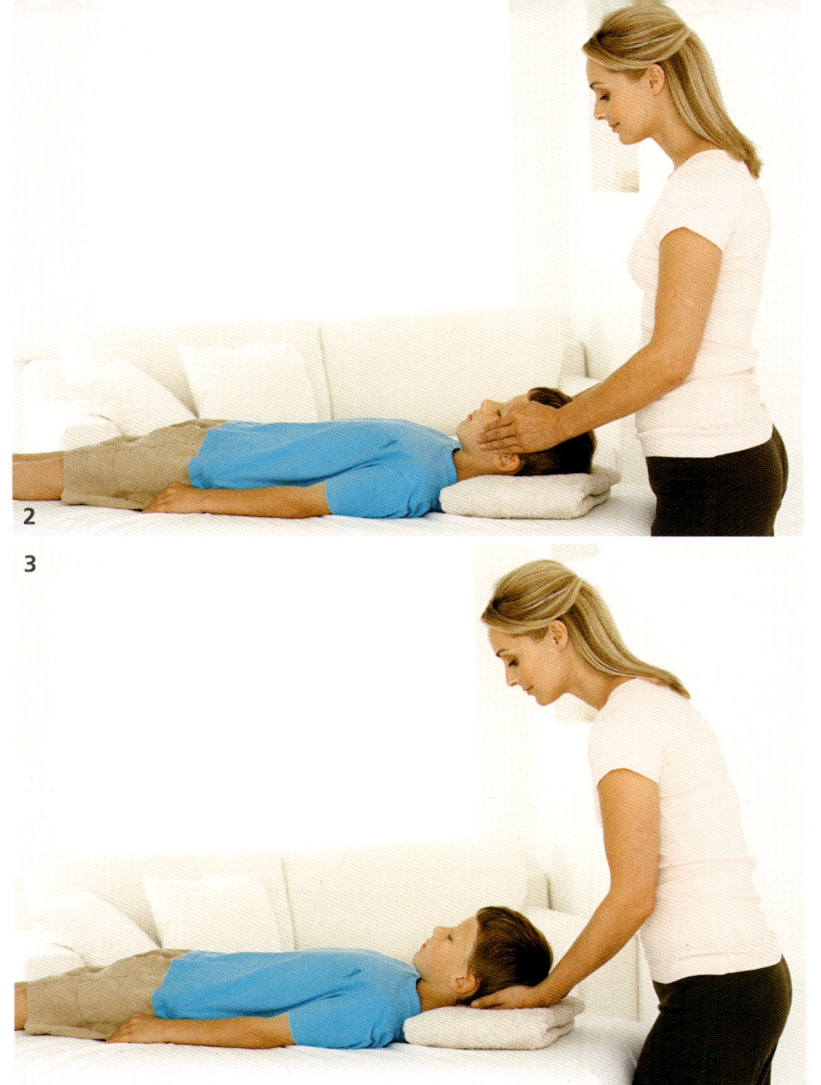

2

3

CÓMO TRATAR A BEBÉS Y NIÑOS

Tratamiento para bebés

Los practicantes de Reiki que sean padres recientes cuentan con un magnífico don que les acompañará durante toda su vida, pero en especial durante las primeras semanas, que es el período en que se establece el vínculo entre padres e hijos. El contacto físico de cualquier tipo resulta increíblemente importante para un bebé, y de forma natural contarás con muchas oportunidades durante el día para ofrecer Reiki a tu bebé.

Los lactantes no necesitan tratamientos completos, y con mucha probabilidad notarás que incluso 10 minutos bastarán en la mayoría de los casos. Si consideras que tu bebé no responde bien al contacto físico directo mientras le das Reiki, mantén tus manos encima de su cuerpo pero sin tocarlo, ya que la energía resultará absorbida de todas formas. El Reiki puede resultar particularmente beneficioso a la hora de establecer un patrón de sueño regular, y también calmará al bebé cuando esté molesto o inquieto, o sea incapaz de conciliar el sueño a causa de un dolor.

Dormir

Dado que el cuerpo del bebé es tan pequeño, en general es posible ofrecerle un tratamiento completo manteniendo las manos en una única posición.

1 **Para ayudar a dormir a tu bebé, simplemente apoya una mano sobre su frente y la otra en su estómago. Estas dos posiciones incrementan la sensación de seguridad y relajación.**

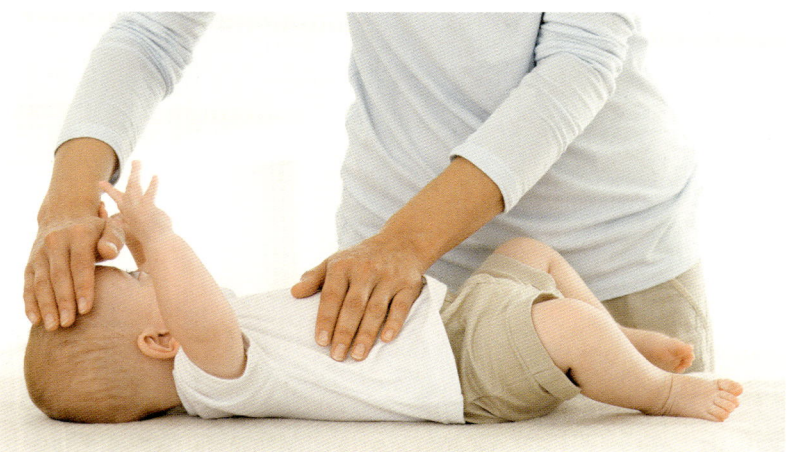

Equilibrio energético completo
Esta posición te ayudará a transmitir a tu bebé una sensación general de calma y relajación.

1 Sienta al pequeño frente a ti, o túmbalo de lado. Si lo deseas, puedes colocar una sábana enrollada detrás su espalda para evitar que ruede y se caiga.

2 Coloca una mano en la parte posterior de su cabeza y la otra sobre su espalda. Si el bebé se encuentra de lado, tu mano quedará dirigida hacia arriba o abajo, dependiendo de dónde te hayas sentado.

Equilibrio energético alterno
Esta posición se centra más en el área del estómago y en la cara posterior del corazón, así que resulta muy beneficiosa cuando le duele la «tripa» o tiene gases. Además, le hará sentir más seguro.

1 Aunque el niño se encuentre tumbado boca arriba, boca abajo o sentado, coloca una mano sobre su estómago y la otra en su espalda. En este caso, te resultará más sencillo apoyar las manos en posición horizontal. Conseguirás así equilibrar la energía de todo su cuerpo y calmar su sistema digestivo.

Cómo tratar a los ancianos

En un gran número de sociedades, los ancianos quedan cada vez más aislados. Muchos viven sus últimos años sin pareja, y ni siquiera cuentan con familiares que vivan en áreas cercanas. Y aunque conozcan a personas con las cuales hablar, lo que todos echan de menos es el contacto físico, cuya ausencia los deteriora físicamente y, asimismo, les impide recuperarse de las enfermedades. Es por esta razón que las mascotas son tan importantes para los ancianos: acariciar a un animal puede reemplazar el contacto con los humanos.

Las personas de edad también crecieron en una era en la que las personas eran mucho más inhibidas en relación con sus cuerpos. La idea de quitarse la ropa para recibir un masaje no resulta nada agradable para un anciano; a pesar de que este tipo de terapia les beneficiaría, existe una barrera psicológica que les impide aceptarla. Por estas razones, el Reiki se convierte en el tratamiento perfecto para los ancianos, al igual que la reflexología, el masaje indio de cabeza y la acupuntura, ya que ninguno de ellos resulta tan invasivo como el masaje, si bien el elemento clave es el contacto físico.

Condiciones comunes

Los ancianos tienen muchas probabilidades de sufrir enfermedades crónicas como la artritis, y el Reiki puede resultar muy beneficioso para aliviar el dolor de las articulaciones. También resulta excelente para tratar los problemas de sueño que suelen afectar a este grupo. Los ancianos son también más propensos a pasar largas temporadas en el hospital, por lo que se les puede ofrecer Reiki para fortalecerlos antes de una operación y acelerar su recuperación.

Por supuesto que también puede ser utilizado para tratar enfermedades terminales, y a pesar de que no existe garantía de remisión en ninguna edad, el Reiki puede guiar a la persona en su viaje final por la vida y ayudarla a alcanzar una transición pacífica.

Problemas de movilidad

Ofrecer tratamientos Reiki a un anciano no difiere de tratar a cualquier otro adulto. Sin embargo, deberás tomar en consideración sus problemas de movilidad. Tal vez no pueda subirse a una camilla. Si éste es el caso, trátalo en posición de sentado utilizando una silla de respaldo recto. Cuando quieras tratar su espalda, pídele que se siente de lado.

Otra posibilidad con los ancianos consiste en recurrir a la sanación a distancia, una alternativa que les permite relajarse en la cama o en el sofá sin preocuparse por su movilidad.

DERECHA. Los ancianos suelen perderse los excelentes beneficios para la salud que ofrece el contacto físico, lo cual convierte al Reiki, la reflexología y el masaje indio de cabeza en métodos ideales para compensar esta carencia.

CÓMO TRATAR A LOS ANCIANOS

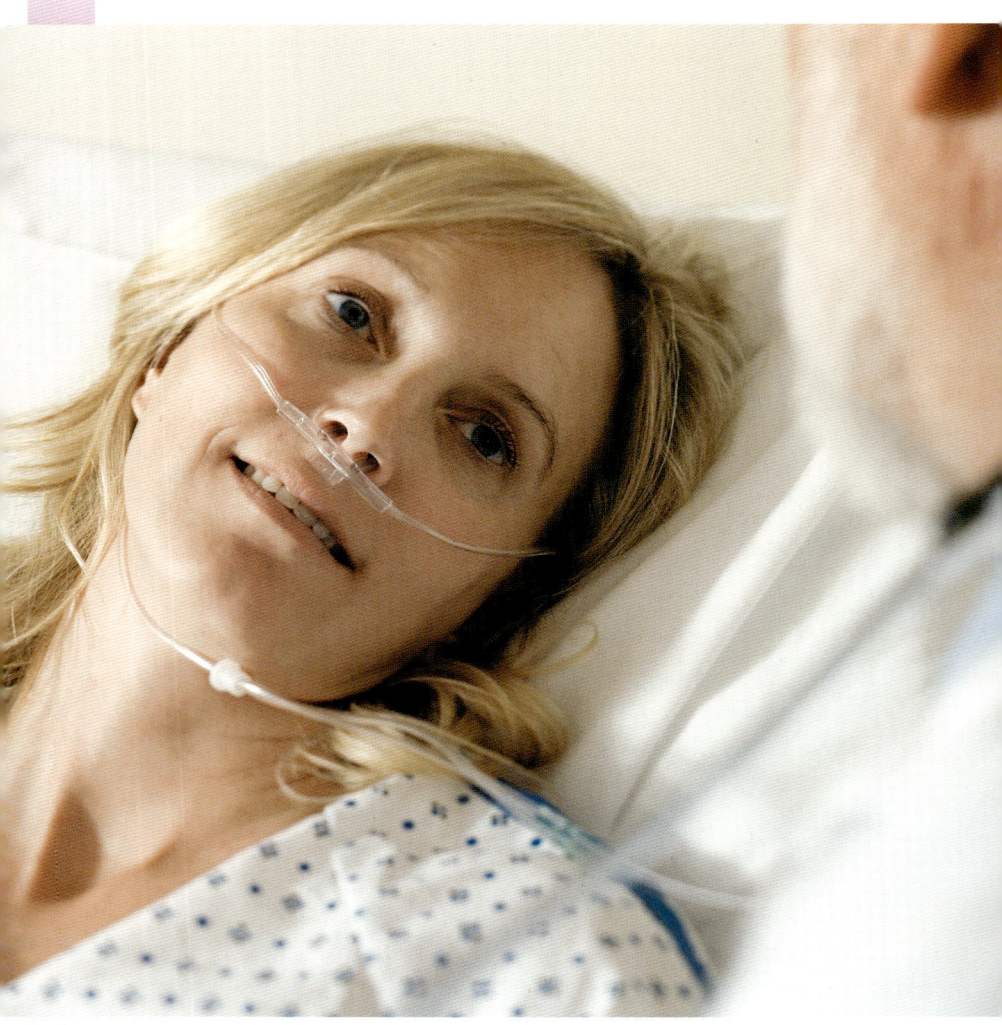

Reiki antes y después de una cirugía

Así como los ancianos son hospitalizados con más frecuencia, la necesidad de una operación puede presentarse en personas de cualquier edad. Las técnicas médicas han avanzado hasta el punto en que muchas enfermedades son tratadas mediante una cirugía que emplea sólo anestesia local. Sin embargo, otras dolencias sólo pueden ser reparadas con cirugía mayor, que requiere anestesia general y una estancia posterior en el hospital. Todas las cirugías resultan invasivas a todos los niveles corporales, y combinadas con anestésicos debilitan gravemente el organismo.

Tratamiento preoperatorio

En algunos casos, la cirugía debe ser pospuesta porque el cirujano considera que el organismo del paciente no se encuentra fuerte como para ser sometido a una cirugía. Si éste es el caso, ofrece a la persona todos los tratamientos completos posibles para fortalecerla. También podrías concentrarte en el área del cuerpo que será operada. Si no puedes estar junto a la persona, envíale sanación a distancia durante varios días antes de la intervención: resultará igualmente efectivo. De hecho, yo he tratado a muchas personas de esa manera.

Aunque la persona que será intervenida quirúrgicamente no presente ningún problema, mucha gente, y en especial los niños, se muestran aprensivos en relación con el procedimiento en general. Los tratamientos de Reiki les ayudarán a controlar sus miedos y a afrontar la operación mucho más relajados.

Tratamiento postoperatorio

Una vez que la operación ha finalizado, el Reiki puede acelerar la recuperación. Una de las múltiples ventajas del Reiki es que no tienes que aplicar ninguna presión sobre el cuerpo; de hecho, ni siquiera tienes que tocarlo. Por consiguiente, puedes enviar energía sin miedo, ya que no dañarás al receptor. Tal vez no sea posible ofrecer un tratamiento completo mientras la persona se encuentra hospitalizada, pero sí puedes centrarte en un tratamiento localizado sobre la zona de la herida, manteniendo la mano encima de ésta durante cinco minutos o más. También puedes suplementar esta alternativa con un tratamiento de cuerpo completo aplicado a través del método a distancia.

La sanación a distancia implica que también es posible tratar a personas que se encuentran en la UCI, a bebés trasladados a incubadoras y a enfermos que necesitan permanecer aislados. Con el Reiki, ni la distancia, ni los horarios de visita del hospital ni ninguna limitación te impedirán apoyar a la persona en un momento estresante y por lo general traumático, lo cual te hará sentir parte del proceso de curación.

IZQUIERDA. El Reiki puede fortalecer el cuerpo y la mente antes de la cirugía, y favorecer el proceso postoperatorio.

Cómo tratar a los animales

Las mascotas forman parte de la familia y resulta muy angustiante que enfermen o sufran alguna herida. Pero gracias al Reiki podrás complementar el tratamiento médico y respaldar la recuperación del animal exactamente como si se tratase de cualquier otro miembro de la familia. Cuando los animales enferman son mucho más instintivos que los humanos en cuanto al modo en que pueden ayudarse a sí mismos. Por ejemplo, dejan de comer para hacer descansar su organismo y duermen para conservar la energía.

Como ya he explicado, el procedimiento para tratar animales no difiere del utilizado con personas. Desde el punto de vista anatómico, los órganos de la mayoría de los animales se encuentran en una posición similar a los de los humanos, por lo que bastará con que cubras los principales. Obviamente, con los animales no te puedes comunicar verbalmente, por lo que tendrás que fiarte más todavía de tu capacidad de observación y de tu intuición. Algunos animales son más receptivos al Reiki que otros, pero se debe más a una cuestión de carácter que de raza. Si una mascota no desea recibir Reiki, no intentes sujetarla para trabajar sobre ella por la fuerza. Es preferible que le dejes alejarse y que vuelvas a intentarlo en otra oportunidad.

Perros y gatos

Cuando trates a un gato o un perro tendrás que colocar tus manos en cualquier posición que te resulte cómoda. Si puedo, yo comienzo apoyándolas detrás de sus orejas, ya que esta acción parece relajar al animal. Si noto que se encuentra a gusto sin moverse, coloco mis manos a ambos lados de su cuerpo, o una sobre su pecho y la otra en su espalda. No te preocupes si no puedes trabajar sobre todo el cuerpo, ya que de todas formas el Reiki fluirá por toda su extensión. Si el animal tiene una herida, evita tocarla directamente y trabaja con las manos alejadas del cuerpo. El tiempo que dediques al tratamiento dependerá del tamaño del animal y del período en que éste se mantenga quieto.

Otros animales

Las mascotas «exóticas», como las serpientes y las iguanas, tan habituadas a ser manipuladas, pueden recibir tratamiento exactamente de la misma manera.

Las aves suelen causar problemas, ya que no suele agradarles que alguien las sujete. En este caso, dirige el Reiki hacia ellas a través de su jaula. De forma similar, los peces pueden recibir tratamiento si colocas las manos sobre la pecera. Los caballos suelen ser mucho más receptivos al tratamiento de imposición de manos, ya que están habituados a ser acariciados.

DERECHA. Tratar a los animales no difiere de tratar a los humanos, si bien notarás que algunas razas son más receptivas al Reiki que otras.

CÓMO TRATAR A LOS ANIMALES

Cómo tratar a las plantas

La energía vital resulta tan esencial para las plantas como para los animales y los humanos. Por eso el Reiki puede ser aplicado de diversas maneras para incrementar la vida de todas las especies vegetales.

Plantas de interior

Comienza por enviar Reiki a las raíces de la planta apoyando las manos alrededor del tiesto. Esta acción es importante porque a través de las raíces la planta recibe el alimento que necesita para vivir. Cuando sientas intuitivamente que las raíces han absorbido suficiente energía, desplaza las manos hacia arriba. Mantenlas a 2,5 cm aproximadamente de las hojas, y permite que el Reiki fluya a través del aura de la planta.

Por supuesto que, incluso con Reiki, tus plantas necesitarán recibir los cuidados habituales. Con esto quiero decir que, por ejemplo, el Reiki no surtirá ningún efecto si la planta necesita una maceta de mayor tamaño. Y si la planta no crece a pesar de todos tus esfuerzos, puede significar que en el tiesto donde la has plantado predomina la energía negativa. Las plantas suelen indicar perfectamente los puntos negros energéticos, así que intenta moverla a otra zona de la habitación, o directamente cámbiala de cuarto y comprueba si vuelve a florecer.

IZQUIERDA. Las plantas responden bien a la voz humana que les incita a crecer, y también reaccionan favorablemente al Reiki.

Plantas de jardín

Si vas a plantar algunas especies para exterior, envía Reiki a las raíces antes de comenzar el procedimiento. Por lo general, estas plantas son comercializadas en tiestos pequeños, así que simplemente sujeta la maceta entre tus manos. Si vas a plantar flores y verduras a partir de semillas, puedes enviar Reiki al paquete o apoyar las manos sobre la bandeja que las contiene. Ésta es una oportunidad ideal para experimentar con los efectos del Reiki, ya que podrías aplicarlo sólo a la mitad de las semillas o las plántulas y comparar posteriormente la velocidad a la que ambas crecen.

Si cuentas con un jardín de grandes dimensiones, probablemente resultará poco práctico que intentes enviar Reiki a todas las especies. En ese caso podrías utilizar el método de sanación a distancia para ofrecer Reiki a todo el jardín.

Si el clima lo permite puedes hacerlo sentado en el jardín, visualizándolo en tu mente y trazando los símbolos sobre tus manos como se explica en la página 175. Y si hace mucho frío o llueve puedes enviar la sanación desde el interior de tu casa.

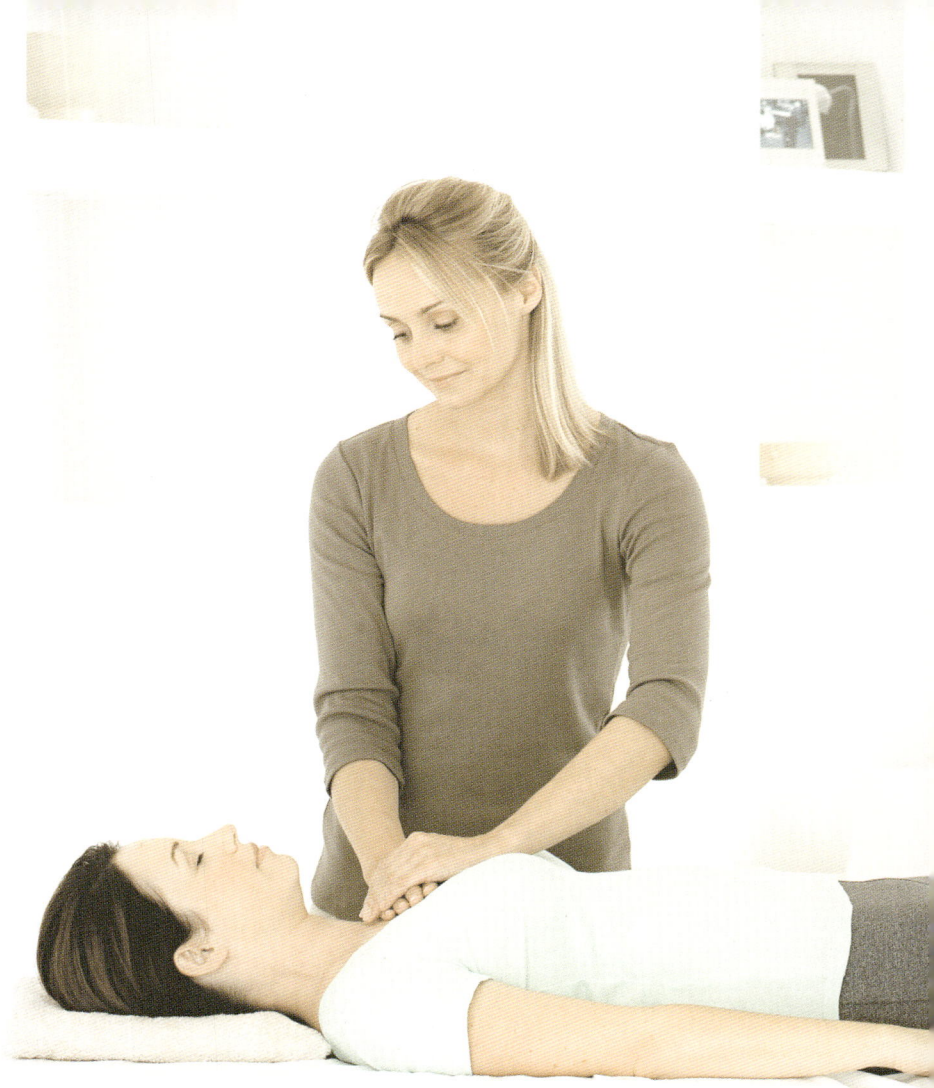

PARTE 6
Reiki para las distintas etapas de la vida

Vida y longevidad

Una de nuestras principales preocupaciones es envejecer; esta inquietud parece estar comenzando en personas de poco más de treinta años, que se consideran «viejas». Aparentemente nos da miedo envejecer, pero también deseamos vivir más; de hecho, nos encontramos en condiciones de disfrutar de más años de vida que las generaciones anteriores. Nos gusta la longevidad pero no contamos con los medios para disfrutar de ella, y por esa razón cada vez son más las personas que acaban derrumbándose al final de su vida sintiéndose derrotadas por sus propios cuerpos.

Un lento deterioro

Los verdaderos problemas del envejecimiento no son las alteraciones orgánicas fulminantes, sino el deterioro de las funciones corporales, que se vuelven más notables a partir de los sesenta años. El desgaste de la visión y de la audición, así como la pérdida de la movilidad y de la memoria, son problemas más propios del envejecimiento que los ataques como las embolias. Estas alteraciones que se nos aproximan sigilosamente son las que nos deprimen.

El mensaje que prevalece en la medicina es que experimentar los problemas asociados al envejecimiento es inevitable. Y aunque sabemos que perderemos la movilidad y desarrollaremos enfermedades, en Occidente no tenemos una idea clara sobre cómo prevenir el deterioro físico o mental.

De qué manera puede el Reiki combatir el envejecimiento

El Reiki se convierte en una alternativa para ralentizar este deterioro y fortalecer a aquellos ancianos que aprenden la disciplina. Y aunque es cierto que no puede cambiar la edad cronológica, sí altera la edad funcional. Varios estudios llevados a cabo en China sobre hombres y mujeres de más de sesenta años que practican Chi Kung han demostrado que muchos de ellos tienen la salud y la vitalidad de una persona de la mitad de su edad. En este caso, la combinación del trabajo con el *ki* y el movimiento suave es lo que promueve la longevidad. Sin embargo, tal como ha señalado un profesor de Chi Kung, la longevidad sólo es deseable si incrementa el período de juventud y no el de vejez.

El Reiki, aplicado en todas las etapas de la vida, incrementará nuestra vitalidad a medida que absorbamos y equilibremos el *ki* necesario para mantener nuestros cuerpos en óptimas condiciones. Nos aportará una visión más positiva de la vida, y en este aspecto se trata de uno de los métodos más potentes para combatir el envejecimiento. La percepción de que al alcanzar cierta edad dejamos de contribuir a la sociedad es una de las principales causas de deterioro físico y mental. El Reiki nos ofrece sabiduría.

DERECHA. El Reiki no puede alterar nuestra edad cronológica, pero sí nuestra edad funcional, y asemejarla a la de una persona más joven.

VIDA Y LONGEVIDAD

Cambio y transición

Durante nuestra vida deberemos enfrentarnos a grandes cambios. Esperamos con entusiasmo nuestros años de adolescencia, y luego pasamos tres o cuatro años luchando con nuestras hormonas mientras intentamos percibirnos como personas, lo que nos causa cambios de humor. A continuación nos enfrentamos a las responsabilidades de la adultez, y con frecuencia a la transición entre la soltería y la formación de una relación estable. A esto puede seguirle uno de los mayores cambios de nuestra vida: los hijos.

Y si bien la paternidad no tiene un punto final, debemos afrontar el hecho de que nuestros hijos se marcharán de casa. Para muchos, éste es otro cambio que conlleva retos emocionales, como la pérdida de una sensación de propósito en su existencia. En las mujeres, la emancipación de los hijos suele ser seguida de otro gran cambio en la vida: la menopausia, lo cual implica sufrir un revés doble en un período breve. El problema ya no es que nadie las necesita como madre a diario, sino que además se consideran «menos mujeres».

El último desafío al que nos enfrentamos es la muerte de nuestros seres queridos y el final de nuestra propia vida. Este cambio también debe ser afrontado por nuestros hijos, para quienes la muerte de su padre o su madre también implica un cambio en su propia vida.

IZQUIERDA. Nuestra vida está llena de cambios, pero si practicamos Reiki podremos sentir menos miedos durante las múltiples transiciones que hemos de afrontar.

Convertir el miedo en sabiduría

Si mantenemos el equilibrio corporal, mental y espiritual podemos sobrellevar estos cambios y transiciones con mayor facilidad y serenidad. En otras palabras, gozaremos de sabiduría para valorar el cambio en lugar de temerlo. El miedo nos paraliza y evita que accedamos a nuestro poder interior; por consiguiente, no logramos transformar las situaciones ni somos capaces de encontrar soluciones a nuestros problemas basándonos en nuestra sabiduría interior. Nuestra incapacidad para vivir en el presente suele ser la causante de que el miedo nos controle.

El Reiki nos ofrece la posibilidad de transformar nuestro miedo, y al practicarlo con regularidad podremos afrontar cualquier cambio en nuestras circunstancias con más flexibilidad y positividad. El Reiki nos enseña que no debemos resistirnos a esas experiencias que preferiríamos no tener, sino fluir con ellas y observarlas como lecciones. No hemos de negar el dolor y el sufrimiento que nos provocan ciertos sucesos, ni tampoco tendríamos que negarnos la posibilidad de sentir alegría, porque forman parte del todo.

El Reiki nos enseña así mismo que las experiencias, del tipo que sean, no duran para siempre, y que lo único permanente en nuestra vida es la Luz que llevamos dentro. Cuando tomamos conciencia de esto, podemos afrontar cualquier cosa.

Adolescencia

Los años de la adolescencia son una especie de montaña rusa durante la cual, en el mejor de los casos, nos alegramos de ser casi independientes, y en el peor tememos a esa independencia y lo que implicará para nosotros. Se trata de un período de transición en el que nuestros intereses personales cambian radicalmente mientras intentamos establecer una identidad personal. Por eso recurrimos a la moda, la música, los deportes y otras actividades: para que nos ayuden.

También se trata de un período en el que luchamos contra nuestra imagen física, hasta el punto de que si no nos sentimos seguros de nuestro aspecto, corremos el riesgo de acabar socialmente aislados o sufrir problemas mucho más graves. Nuestro cuerpo parece fuera de control, y también nuestras emociones. Las emociones adolescentes oscilan rápidamente entre un extremo y otro, lo cual suele resultar pavoroso porque no parece existir un punto medio.

El Reiki puede ayudar a los adolescentes a superar esos altibajos del período de transición incrementando su sensación de seguridad y confianza en sí mismos. Además de actuar sobre los estados mentales, como los cambios de humor —que son, en parte, de carácter hormonal—, también se convierte en una valiosa ayuda para los aspectos más físicos de esta etapa, como el acné y los dolores menstruales. Ya optes por enviar Reiki a un adolescente o enseñarle la disciplina con el fin de que pueda autotratarse, la energía le ayudará a superar este período de incertidumbre previo a la adultez.

Puesto que la religión ha quedado fuera de moda, muchos de los adolescentes de la actualidad no tienen ningún punto de referencia en relación con los beneficios de los valores y las prácticas espirituales. A pesar de que a los adolescentes les gusta parecer «guay» y más maduros de lo que son en realidad, también anhelan cierta solidez y estructura en su vida, que bien podrían encontrar en una prác-

IZQUIERDA. Como adolescentes, luchamos contra nuestra imagen corporal e intentamos establecer nuestra identidad. El Reiki puede contribuir a incrementar la sensación de seguridad y equilibrar los cambios de humor.

tica espiritual. He descubierto que la mayoría de los jovencitos que conozco están intrigados acerca del Reiki y, lo más importante, que lo consideran «guay».

Equilibrio de las emociones

Este tratamiento ayudará al receptor a liberar las emociones y relajarse. Las posiciones de manos se centran en el sistema nervioso y las glándulas suprarrenales, lo cual fortalece los nervios y estimula el sistema nervioso parasimpático (véanse páginas 120-121). Las posiciones 1 a 7 contribuyen a serenar la mente.

1 Coloca las manos en la Posición 1a (véase página 221).

2 Coloca las manos en Posición 1b (véase página 221).

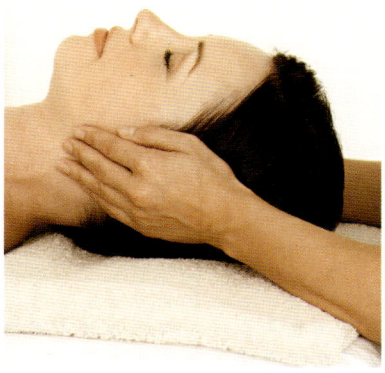

3 Coloca las manos en la Posición 2a (véase página 222).

4 Coloca las manos en la Posición 2b (véase página 222).

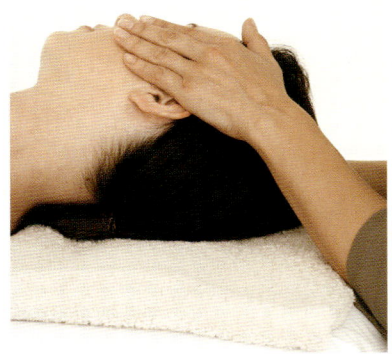

5 Coloca las manos en la Posición 3a (véase página 223).

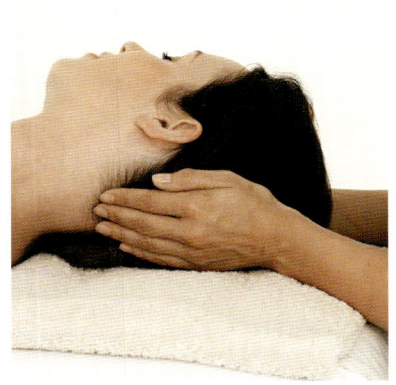

6 Coloca las manos en la Posición 3b (véase página 224).

7 Coloca las manos en la Posición 3c (véase página 224).

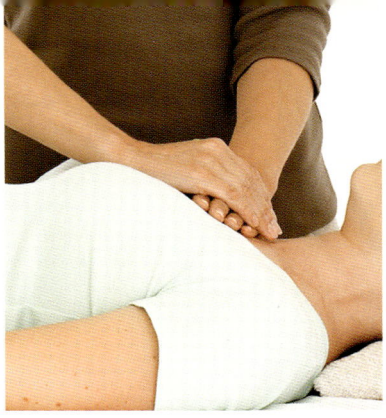

8 Con las manos sobre el chakra corazón, cubre la glándula timo para facilitar la conexión con el corazón.

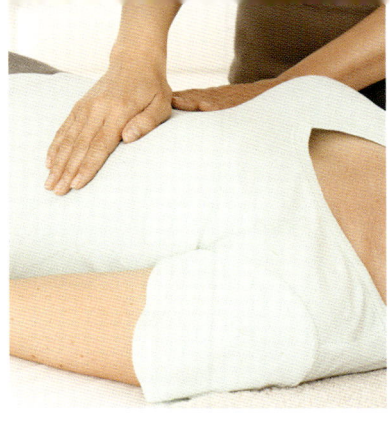

9 Coloca las manos en la Posición 6 (véase página 228).

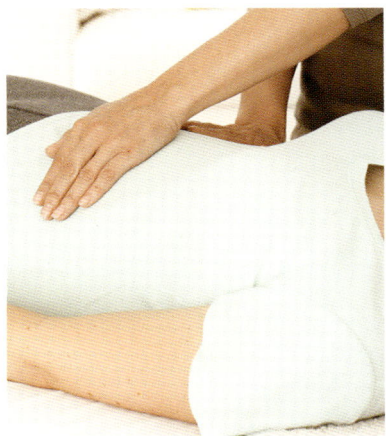

10 Coloca las manos en la Posición 7 (véase página 229).

11 Coloca las manos en la Posición 14 (véase página 236).

Embarazo

El embarazo es un período de suma importancia en la vida de toda mujer. La futura madre se encuentra feliz ante la perspectiva de traer una nueva vida al mundo, pero teme por el bebé que crece en su interior. Y además tiene mucho que afrontar durante el embarazo, incluyendo todos los cambios corporales que tienen lugar durante la gestación, como las náuseas, el cansancio excesivo, la indigestión y el dolor de espalda, todo lo cual provoca malestar. Pero todos estos síntomas pueden aliviarse gracias al Reiki.

El Reiki respalda a la mujer, desde el punto de vista emocional, durante este período.

Para los futuros padres, dar un tratamiento Reiki a sus mujeres es también una forma de involucrarse en el embarazo y de vincularse con el nonato de un modo diferente. Además, puede llegar a ayudar al hombre a superar algunos de los retos emocionales que afronta en los meses previos al nacimiento. Al igual que la mujer, él tiene que asumir la responsabilidad de convertirse en padre; asimismo, debe aceptar el hecho de que la relación con su pareja cambiará y que ambos tienen que dejar un sitio al recién nacido.

Tratamientos durante el embarazo y el parto

Durante el embarazo, la madre debería practicar autotratamientos a diario. El Reiki no resulta perjudicial en la gestación y puede ser utilizado para mantener a la mujer tranquila y relajada en todo momento. Si ella no practica Reiki, entonces le resultará beneficioso recibir tratamientos regulares a través de un practicante, sobre todo si le pide que el trabajo energético se centre en las áreas en las que siente más molestias.

En las fases más avanzadas del embarazo puede resultar difícil que la mujer se sienta cómoda en la camilla. En esos casos, limita el tiempo de tratamiento. Envía Reiki directamente a las áreas en las que percibes que el bebé se está moviendo, ya que esto permitirá que el feto absorba la energía directamente. De hecho, es probable que éste se desplace hacia la energía.

Otra buena idea es que ofrezcas tratamientos a distancia a mujeres embarazadas durante el proceso de gestación, pero en particular durante el parto. En un mundo ideal, sería fantástico contar con un practicante de Reiki (preferiblemente el padre) junto a la mujer en el momento del parto. Si no puede ser, un grupo de amigos podría enviar tratamientos a distancia a la parturienta, aunque uno cada vez. Involucrar a varias personas en la transmisión de Reiki incrementará la intensidad de la energía, pero basta con un único practicante para que se note su efecto.

DERECHA. El Reiki apoya a la madre durante los cambios físicos y emocionales que se producen durante el embarazo, y puede ayudar a ambos padres a establecer un vínculo con el bebé.

EMBARAZO

Caso de estudio: parto con Reiki

Mi amiga Anne estaba esperando a su primer bebé. Le comenté que los tratamientos de Reiki serían muy recomendables tanto para ella como para el feto, pero como las dos estábamos muy ocupadas con nuestros respectivos trabajos y vivíamos a cierta distancia una de la otra, nunca conseguíamos encontrar un momento para los tratamientos.

De pronto, ya quedaban pocas semanas para el nacimiento del niño. Hasta ese punto, el embarazo de Anne había progresado bien. Sin embargo, un control de rutina mostró que el bebé había alcanzado menos peso que el esperado para su grado de desarrollo y los médicos ordenaron a Anne que hiciera reposo absoluto durante al menos una semana. Ella, por supuesto, se encontraba muy preocupada.

Mientras cumplía con el reposo yo me encontraba fuera. Entonces me di cuenta de que lo mejor que podía hacer por ella era enviarle Reiki para conseguir una sanación a distancia. Ella accedió y le envié varios tratamientos durante su semana de descanso. En el siguiente control, el bebé había ganado algo de peso, pero siguiendo el consejo de su ginecólogo, Anne y su marido decidieron recurrir a una cesárea programada.

Envié Reiki a mi amiga la noche previa a ser ingresada, y también una media hora antes de que entrase en la sala de operaciones. Poco después me llamó su marido para decirme que ya tenían un niño precioso, y que el pequeño no estaba bajo de peso en absoluto. Visité a Anne al día siguiente y le envié Reiki durante al menos diez minutos sobre el lugar de la incisión, sin tocarla. En los días posteriores también le envié Reiki visualizando que le daba un tratamiento completo, pero centrándome en la zona inferior del abdomen. Cuando regresó a casa, el personal sanitario se asombró de que la herida estuviese prácticamente cicatrizada. He de agregar que Anne también se recuperó mucho más deprisa de su cesárea que cualquier otra persona que yo haya conocido jamás.

Esta historia demuestra que el Reiki puede ser utilizado en cualquier situación que pueda surgir durante el embarazo y el parto, y que es posible combinarlo con procedimientos médicos ortodoxos.

La menopausia

La llegada de la menopausia indica un cambio de vida a diversos niveles. En general, ocurre entre los cuarenta y cinco y los cincuenta y cinco años, si bien al parecer muchas mujeres la están experimentando antes que en generaciones anteriores. Esta situación podría deberse a múltiples factores, incluyendo la dieta y la forma de vida.

En la cultura occidental, la menopausia es considerada un acontecimiento poco grato. Esta visión negativa del proceso, y de las mujeres menopáusicas, hace que éstas experimenten de forma más desagradable algunos de los síntomas. Por contraste, en aquellas culturas en las que la menopausia es considerada un hecho positivo, las mujeres sufren menos problemas y mantienen una mejor autoimagen.

La medicina ortodoxa trata a las mujeres con una terapia de sustitución hormonal (HRT, sus siglas en inglés) para compensar la pérdida de estrógeno y progesterona que trae consigo la menopausia. Sin embargo, así como este método puede reducir algunos de los síntomas, también tiene sus propios riesgos y no está indicada para todas las mujeres. Otra posibilidad podrían ser los remedios de hierbas que, combinados con una dieta rica en soja, actúan reduciendo los típicos síntomas de sudores nocturnos, sofocos, sequedad vaginal y pérdida de memoria.

La actitud adoptada frente a los cambios, y también a la sintomatología, contribuyen en gran medida a que las mujeres afronten la menopausia con serenidad, o todo lo contrario. A muchas mujeres les resulta difícil sentirse bien en relación con la menopausia si viven en una cultura en la que la menstruación está considerada «desagradable» y «sucia». Nuestro condicionamiento en relación con el ciclo menstrual hace muy improbable que podamos atravesar el período menopáusico con tranquilidad, si bien, irónicamente, significa el fin de algo que nos han enseñado a considerar un problema.

El Reiki también puede ayudarnos a sobrellevar los aspectos físicos y emocionales de la menopausia. De hecho, nos anima a interpretar este momento decisivo como una oportunidad de evaluar nuestra actitud frente a la vida, sin olvidar que gracias a esta energía podríamos eliminar los viejos hábitos —que ya no nos valdrán en la nueva fase que afrontamos— y reemplazarlos por una fuerza nueva y un conocimiento de nosotras mismas que nos permitan considerar este acontecimiento como un conjunto de oportunidades, no como el final de todas ellas.

Aumento de peso

Durante la menopausia, el metabolismo se ralentiza y ello provoca un aumento de peso no deseado. Esta posición te ayudará a controlarlo.

1 Apoya una mano ligeramente sobre la zona de la garganta y la otra sobre la coronilla. Esta posición cubre la glándula tiroides, que controla el metabolismo.

1

Sofocos y problemas de sueño

Las glándulas pituitaria y pineal controlan el sistema endocrino, y por eso es lógico tratar la zona de la cabeza para aliviar aquellos síntomas que derivan de un desequilibrio hormonal generalizado.

1 Coloca las manos en la Posición 1.

2 Apoya las manos horizontalmente en la coronilla, procurando que la que se sitúa más cerca de la camilla cubra la parte posterior de la cabeza.

1

Ejercicio para la menopausia

Este ejercicio de Chi Kung ayudará a regular tus niveles hormonales. También es muy eficaz en la prevención de la osteoporosis asociada a la menopausia. Mantén los brazos redondeados y relajados durante todo el ejercicio. Repite esta actividad de 4 a 6 veces al principio, y poco a poco llega a 12, 24 ó 36 repeticiones. A medida que domines mejor el ejercicio, te encontrarás en condiciones de incrementar el ritmo, y si lo deseas puedes practicarlo con música agradable.

1 Comienza de pie, con las rodillas ligeramente flexionadas, la columna recta y los brazos relajados a ambos lados del cuerpo.

2 Lentamente eleva las manos hasta situarlas encima de tu cabeza, con las palmas dirigidas hacia el cielo. Mientras subes las manos, ponte de puntillas. Continúa elevando las manos hasta colocarlas encima de la cabeza, y sigue estirándote hacia arriba.

3 Una vez que las manos se encuentren encima de la cabeza, gira las palmas para que, cuando tengas que bajarlas, queden dirigidas hacia la tierra. Mantén el equilibrio con los ojos abiertos, pero completamente relajada.

4 Balancea las manos para situarlas a ambos lados de tu cuerpo mientras te apoyas en los talones. Permite que el movimiento descendente se convierta en un balanceo natural. Una vez que cojas el ritmo, la energía elevará tus brazos.

Muerte y sufrimiento

La muerte es nuestra transición final. También es la situación que más tememos y la única que no podemos contemplar con serenidad. La búsqueda de la vida eterna se encuentra muy enraizada en nuestra cultura, pero todos los relatos al respecto llegan a la conclusión de que es imposible burlar a la muerte. Tal vez contemos con medios para prolongar la vida, pero definitivamente no podemos vivir por siempre.

Perder el miedo a la muerte es encontrar la libertad. Cuando la aceptamos como otra parte del viaje, nos libramos del miedo a vivir. Todas las tradiciones espirituales enseñan que no cesaremos de ser, sino que simplemente nos transformaremos. Sin embargo, estamos tan apegados a nuestro cuerpo físico que limitamos nuestro pensamiento, y hasta los más creyentes tienen dificultades para conectar completamente con estas enseñanzas, porque no existe ninguna prueba al respecto. No tenemos prueba de muchas otras cosas tampoco, pero nada nos preocupa más que saber lo que sucede después de la muerte.

Puesto que el Reiki actúa a todos los niveles, puede ayudar a la persona a afrontar la transición del alma y favorecer que la interprete en el contexto de toda su vida. Del mismo modo, nos respalda durante el dolor que nos provoca el fallecimiento de otra persona y nos ayuda a comprender que sólo el cuerpo físico se ha marchado: el alma de la persona todavía existe y podemos comunicarnos con ella.

Cuando tratemos a moribundos no deberíamos confundir sanación con curación. A pesar de que la posibilidad de un milagro nunca debería ser descartada, es quizá más conveniente que el practicante de Reiki considere esta energía como un medio para ayudar a otras personas durante su aproximación a la muerte en lugar de pensar en la energía como un medio para mantenerlas con vida.

IZQUIERDA. El Reiki actúa ayudando a las personas a no sentir miedo durante la transición desde esta vida hacia la siguiente etapa.

MUERTE Y SUFRIMIENTO

Caso de estudio: reunión a través del Reiki

Recuerdo que en una ocasión ofrecí una charla sobre Reiki en una exhibición. Hacia el final de la sesión, decidí hacer una visualización con la audiencia con el propósito de crear un santuario de Luz sanadora en el interior de cada persona al que todos pudiesen acceder cuando lo necesitasen. Al finalizar se me acercó un hombre, que me agradeció la charla y en especial la visualización, porque durante la misma había visto a su esposa por primera vez desde que había fallecido, y había sido capaz de conversar con ella. Me alegra haber elegido el ejercicio ese día y que él estuviese presente para experimentarlo. Por supuesto, no fue ninguna coincidencia.

PARTE 7
Reiki para la salud y el bienestar

Alimentos y energía

Los alimentos contienen energía vital, y se convierten en uno de los principales medios con los que contamos para transmitir energía a nuestro cuerpo, que posteriormente utilizamos a través del proceso metabólico. Por consiguiente, cuando comemos alimentos de alta calidad, la energía que podemos obtener de ellos es mucho mejor.

Los alimentos de mejor calidad energética son los de cultivo orgánico o de granja, los productos frescos (aunque no sean orgánicos) y los alimentos que tomamos crudos. Estos últimos contienen la máxima fuerza vital, ya que ningún proceso de cocción ha alterado sus nutrientes de ninguna manera. De hecho, las dietas basadas en alimentos crudos se han hecho muy populares, si bien este régimen no resulta del agrado de quienes desean ingerir no sólo alimentos fríos, sino también calientes.

El alimento que encierra menos energía es el procesado. Incluso las verduras congeladas son preferibles a las de bote. Sin embargo, los alimentos envasados y precocinados forman parte de la dieta occidental debido a su conveniencia, y en algunos casos porque cuestan menos que los demás.

Cómo enviar Reiki a tus alimentos

El Reiki puede mejorar la calidad de todos tus alimentos, aunque se trate de un postre de caramelo. Puedes enviar Reiki a todo lo que ingieres mientras lo cocinas colocando las manos sobre la cacerola, pero procurando no quemarte ni recibir alguna salpicadura de aceite. Una alternativa más segura consiste en enviar Reiki a los alimentos cuando éstos ya se encuentran en el plato. En casa puedes colocar las manos sobre el plato, y en un restaurante también puedes transmitir Reiki a la comida apoyando las manos discretamente a ambos lados del plato, con las palmas dirigidas hacia dentro.

También puedes tratar cualquier bebida con Reiki. El café y el té pueden ser tratados antes de su preparación, y los batidos y los zumos incluso en sus envases. Hasta el agua y el vino pueden mejorar con el Reiki.

Las delicias del zumo

Las licuadoras nos han facilitado el consumo de fruta y verdura, y ya no necesitamos morder zanahorias crudas todos los días. También se han convertido en un magnífico modo de conseguir que los niños coman más verduras, ya que combinar apio y zanahoria con frutas como manzanas, naranjas y peras resulta más agradable para sus papilas gustativas.

DERECHA. El Reiki puede eliminar las toxinas de nuestros alimentos y añadirles energía.

Los alimentos y los chakras

Los alimentos pueden equilibrar los chakras. Un terapeuta especializado en chakras te asesorará sobre cuáles son los alimentos apropiados que debes incluir en tu dieta y los que debes excluir. Puedes especificar algunos de los principios de tu dieta, pero si sufres una enfermedad grave la terapia resultará más eficaz si consultas a un experto.

La investigación sugiere que los elementos que aportan color a los alimentos —como el betacaroteno que hace anaranjadas a las zanahorias— desempeñan un importante papel a la hora de equilibrarnos. También se ha descubierto que los alimentos digeridos crean una energía vibracional basada en señales luminosas de colores que son absorbidas por nuestras células a través del torrente sanguíneo. Por tanto, para gozar de buena salud debemos consumir alimentos frescos cuyos colores naturales reflejen las tonalidades de los chakras. Si un chakra se encuentra hiperactivo deberías tomar alimentos del color contrario para calmarlo; y si lo percibes lento y necesita activarse, has de comer alimentos de su mismo color.

Como puedes ver en el cuadro de la derecha, un chakra raíz hipoactivo puede mejorar comiendo alimentos como pimientos rojos. Pero si este mismo chakra se encuentra hiperactivo, deberías evitar los alimentos de dicha tonalidad, en especial los picantes como el chile. Lo mismo es aplicable a casi todos los chakras: el color los impulsa si se encuentran hipoactivos, pero es necesario evitar los alimentos de su mismo tono si consideras que deben disminuir el ritmo de su actividad.

Introducir este concepto a tu dieta, combinándolo con tratamientos Reiki sobre los alimentos, te ayudará a mejorar a todos los niveles, y notarás los beneficios que aporta consumir energía de mejor calidad. También te animará a escuchar más a tu organismo y a interpretar con mayor precisión los mensajes que te está enviando. Como resultado, deberías sentirte «uno» con tu propio cuerpo, lo que a su vez te aportará una sensación de armonía con el resto del Universo.

IZQUIERDA. Los alimentos de un determinado color pueden equilibrar un chakra hipoactivo de la misma tonalidad.

CHAKRA	COLOR	ALIMENTOS
Raíz o base	Rojo	Un chakra raíz hipoactivo puede ser equilibrado tomando frutas y verduras rojas, como pimientos.
Sacro	Anaranjado	Las naranjas, las zanahorias y otros alimentos anaranjados, como las calabazas, los melocotones y los boniatos, sustentan este chakra.
Plexo solar	Amarillo	Los cítricos amarillos estimulan la descarga física y emocional desde este chakra. Los plátanos consumidos con moderación también lo calman.
Corazón	Verde	Las verduras de ensalada y de otras variedades, como la col y la espinaca, ejercen un efecto purificador y equilibrante sobre todo el organismo.
Garganta		
Tercer ojo	Azul y púrpura	Los alimentos de color azul o púrpura, como los arándanos y las berenjenas, están conectados con el equilibrio a nivel mental y espiritual.
Corona		

El control del estrés

El estrés se está convirtiendo en la causa de muchas enfermedades. Cada vez son más las personas que acuden a su médico con una serie de síntomas que los profesionales de la salud actualmente relacionan con el estrés. Hasta hace relativamente poco tiempo, el estrés no era reconocido por la profesión médica como una legítima causa de enfermedad, pero la evidencia de los estudios llevados a cabo en las últimas décadas han modificado esta idea.

Si bien contamos con más tiempo de ocio que nuestros antepasados y disponemos de múltiples artilugios que nos facilitan las tareas mundanas, la tecnología que ha hecho posible todo este avance también ha creado una cultura en la que predomina el exceso de ocupaciones.

Nos encontramos constantemente bajo presión, tanto en casa como en el trabajo, y hacemos malabarismos con todas nuestras tareas simultáneamente para así aprovechar nuestro tiempo al máximo. Del mismo modo, el uso de los teléfonos móviles y el correo electrónico implican que para muchas la jornada laboral no acaba a las cinco de la tarde como en el pasado, porque en muchas profesiones se espera que los empleados resuelvan problemas prácticamente las veinticuatro horas del día.

Muchos de nosotros tenemos dificultades para reconocer que los diversos síntomas que estamos experimentando se deben al estrés, o que éste puede al menos influir sobre ellos. Incluso podemos llegar a negar que estemos estresados porque nos consideramos inmunes a esta clase de alteraciones. Pero el hecho de que ni siquiera contemplemos la posibilidad de estar afectados por este mal de nuestros tiempos implica que nuestros síntomas acabarán por recurrir. La medicina ortodoxa consigue aliviarlos de forma temporal, es cierto, pero a menos que el tratamiento se centre en la causa subyacente, que con toda probabilidad es una cuestión emocional, la afección reaparecerá.

A pesar del incremento de las enfermedades relacionadas con el estrés, casi ninguno de nosotros sabe cómo librarse de él. Nuestros mecanismos para afrontar el estrés tienden a intensificar una serie de hábitos tan perjudiciales como beber y comer en exceso y tumbarse frente al televisor. El ejercicio físico es el método más eficaz para combatir el estrés, pero es preferible recurrir a una actividad como el Yoga o el Tai Chi más que a un deporte altamente competitivo o extremo que mantenga muy elevados nuestros niveles de adrenalina.

Los tratamientos de Reiki resultan excelentes, no sólo porque alivian la sintomatología del estrés, como los cambios de humor, la ira y la ansiedad, sino también porque actúan sobre la causa del problema y nos ayudan a descubrir maneras de no acumular tensión innecesaria.

Cómo aliviar un dolor de cabeza o una migraña

Uno de los síntomas más frecuentemente experimentados en relación con el estrés es el dolor de cabeza o la migraña. Las posiciones del siguiente tratamiento, que debería durar aproximadamente 15 minutos, ayudan a aliviar los síntomas, promueven la calma y aclaran el pensamiento. Si lo deseas, también puedes seguir estas pautas como autotratamiento.

1 De pie o sentado, coloca una mano sobre la frente y la otra en la parte posterior de la cabeza, en el punto en que se unen el cráneo y el cuello.

2 Apoya las manos a ambos lados de la cabeza, con las palmas cubriendo las sienes y los dedos dirigidos hacia arriba.

3 Apoya ambas manos en la parte posterior de la cabeza y con los dedos dirigidos hacia arriba.

El trabajo

Nuestro trabajo nos provoca estrés, pero también problemas físicos, como dolor de espalda y lesión por esfuerzo repetitivo (RSI, sus siglas en inglés), si pasamos muchas horas frente a un ordenador sin realizar los descansos recomendados. El creciente uso de la tecnología ha intensificado nuestro ritmo de trabajo, o al menos el que se espera que mantengamos, y luchamos por alcanzar la velocidad de nuestros sistemas de comunicación.

Existen factores organizativos que también incrementan el estrés y la aparición de enfermedades, e incluyen la sobrecarga laboral, los obstáculos profesionales y las relaciones laborales disfuncionales. Se trata de factores que no podemos controlar, pero es evidente que muchos negocios exigen una productividad cada vez mayor. En muchos trabajadores, el resultado de este estrés es el debilitamiento de su sistema inmunológico, un cuadro que a su vez provoca varias enfermedades recurrentes y un deterioro del sistema nervioso, lo cual podría desembocar en un colapso nervioso.

Puedes hacer dos cosas muy sencillas para aliviar los problemas físicos y mentales relacionados con el trabajo: sentarte correctamente y descansar con regularidad.

La postura correcta

Cada vez que te sientes frente a tu mesa de trabajo, corrige tu postura para asegurar que la columna se encuentre recta y los pies se apoyen por completo en el suelo. Acercar las nalgas al borde frontal de la silla te ayudará a mantener esta postura. Evita sentarte con las piernas cruzadas durante largos períodos.

Tómate un descanso

Cuando puedas, apaga tu ordenador, en particular si tienes el hábito de comer en tu mesa de trabajo. El ruido constante, el resplandor de la pantalla y la radiación irritan todos nuestros sistemas corporales.

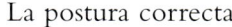

IZQUIERDA. Sentarte en esta postura mantiene la columna recta pero relajada y los pies bien apoyados en el suelo.

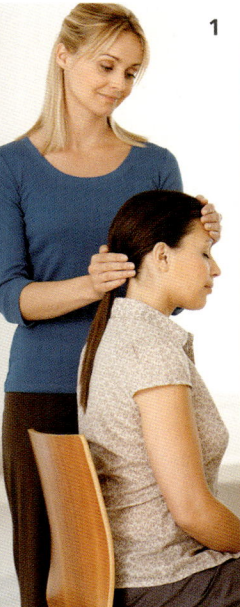 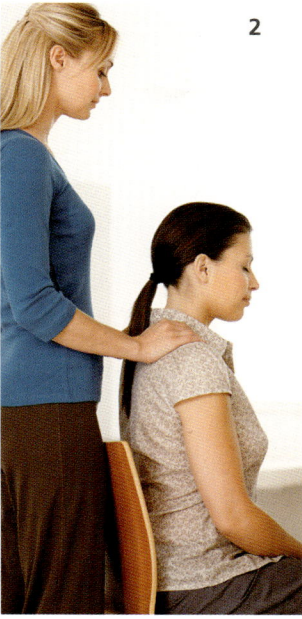 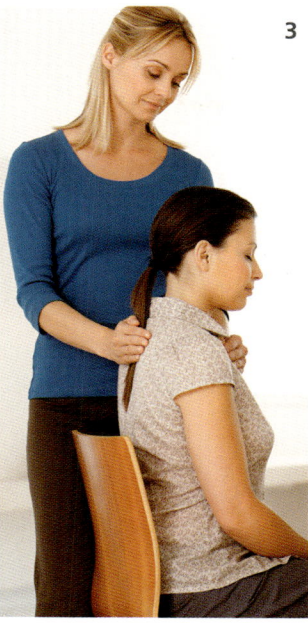

Tratamiento en cuello y hombros

Uno de los principales síntomas físicos del estrés laboral es el dolor y la tensión en el cuello y los hombros. Resulta difícil autotratar los hombros, así que en la medida de lo posible busca a alguna persona que pueda ofrecerte el tratamiento.

1 Coloca una mano sobre la frente y la otra en la base de la nuca.

2 Apoya las manos a ambos lados de la zona superior de la columna y con los dedos curvados sobre los hombros.

3 Apoya una mano entre los omóplatos y la otra en el centro del pecho, cubriendo el timo.

Vida familiar

Vivir con otras personas no siempre resulta tan sencillo como esperábamos. Incluso las familias más felices atraviesan períodos de conflicto, que suelen producirse porque otras personas no se comportan como quisiéramos, y porque tendemos a proyectar sobre los demás la culpa de las situaciones imperfectas. Pero si no modificamos estas tendencias, el resultado es el deterioro de una relación que puede llegar a finalizar.

Aprender a juzgar menos a los demás y a asumir la responsabilidad de los acontecimientos que no nos gustan no sólo nos fortalecerá, sino que también mejorará todas nuestras relaciones. El Reiki encierra el potencial de ayudarnos a analizar nuestros gustos y aversiones, nuestros hábitos, nuestras creencias y el grado en que juzgamos a los demás. Los autotratamientos y la meditación sobre los principios espirituales te ayudarán a encontrar un equilibrio interior que posteriormente se reflejará en el surgimiento de relaciones más armoniosas con otras personas.

Autotratamiento para la ira

Dedica al menos 20 minutos a este tratamiento, que se centra en áreas del cuerpo asociadas a la ira: la garganta, que usamos para pronunciar palabras iracundas; la cabeza, desde donde surgen los pensamientos; las suprarrenales, donde producimos hormonas que pueden incrementar la agresión, y el corazón, donde la ira puede desaparecer.

1 Apoya una mano sobre tu frente y la otra sobre la parte inferior de la nuca.

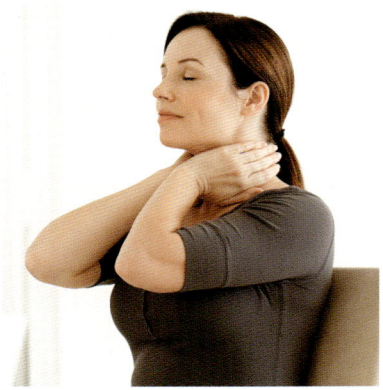

2 Coloca las manos sobre tu garganta, con la zona más próxima a las muñecas tocándose, y las puntas de los dedos curvadas sobre la espalda.

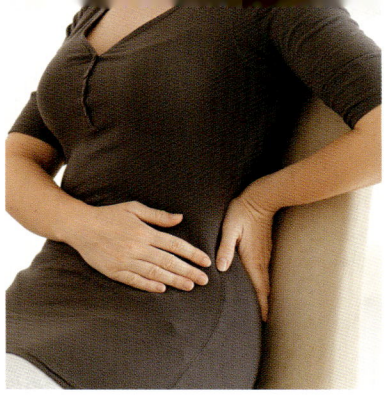

3 A continuación, apoya tu mano izquierda sobre el área renal y suprarrenal de la espalda, y la mano derecha sobre el lado inferior izquierdo de la caja torácica, en el área del bazo.

4 Apoya una mano en medio del pecho, sobre el corazón, y la otra encima, cubriendo la glándula del timo.

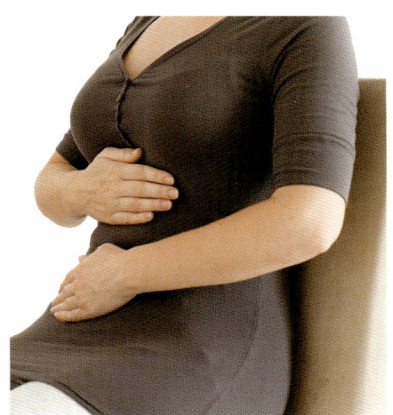

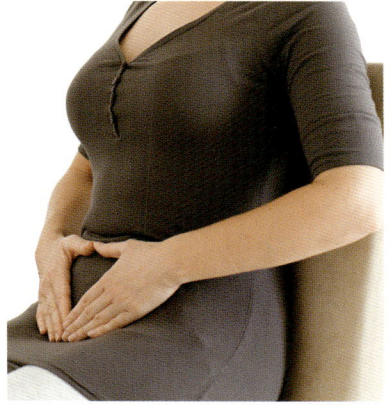

5 Apoya una mano sobre tu plexo solar y la otra debajo del ombligo, sobre el chakra sacro o *hara*, situado bajo el ombligo.

6 Por último, apoya tus manos sobre la parte inferior del abdomen formando una «V» con los dedos. Los hombres apoyarían sus manos sobre la ingle.

Relaciones

Una de las área de nuestras relaciones personales con la que la mayoría de nosotros tiene problemas es la intimidad. Muchas personas temen revelar sus pensamientos más íntimos a su pareja porque eso les hace vulnerables. Temen que les hagan daño o les critiquen por revelarse tal como son. Como resultado, se defienden cerrándose a la otra persona, y son incapaces de experimentar el respaldo que ofrece una relación abierta y cariñosa.

El Reiki puede ayudar abriendo el chakra corazón. Cuando notes que este centro se encuentra realmente abierto, percibirás una sensación de alegría y paz.

Meditación para el corazón

Esta meditación te ayudará a abrir tu corazón y liberar los sentimientos que encierra.

1 Siéntate con las manos apoyadas sobre el chakra corazón para darle Reiki, y visualiza una energía de color rosa que entra en él. Mantén las manos en esta posición hasta que percibas una sensación de suavidad en la zona. Esta acción te puede resultar emotiva. Si quieres llorar, hazlo. También es posible que desees contemplar todo y a todos los que te rodean desde esta posición y meditar sintiendo gratitud.

Meditación corazón a corazón
Esta meditación os ayudará a ti y a tu pareja a incrementar vuestra sensación de intimidad.

1 Sentaos frente a frente y suficientemente próximos como para tocaros vuestros respectivos tórax. Cada uno deberá apoyar su mano derecha sobre el chakra corazón de vuestra pareja, y la izquierda sobre vuestro propio corazón. Mantened relajados los músculos del rostro y los ojos mientras os miráis durante aproximadamente un minuto.

2 En la misma posición, cerrad los ojos y sentid que el Reiki fluye en vuestros corazones. Podéis mantener la postura durante todo el tiempo que lo deseéis, si bien 15 minutos bastarán para conectar con la energía del corazón y experimentar una sensación de unión.

Conecta contigo mismo

Con demasiada frecuencia estamos tan «metidos» en lo que sucede a nuestro alrededor, que olvidamos dedicar algo de tiempo a nosotros mismos y descubrir cómo nos sentimos en realidad. El autotratamiento con Reiki es un magnífico modo de dedicarte tiempo de calidad a ti mismo y de conectar con la forma en que te sientes a todo nivel. También te equilibrará y energizará.

Ejercicio de conexión

Dedícate al menos 30 minutos para este tratamiento. Si puedes ofrecerte más tiempo, hazlo. Intenta asegurarte de que el espacio en el que te estás autotratando se encuentre ordenado. Resulta difícil relajarse entre el desorden, porque la mente tiende a pensar en solucionar la cuestión incluso con los ojos cerrados.

1 Túmbate boca arriba y con los brazos a ambos lados del cuerpo. Ralentiza la respiración y permite que todos los músculos se relajen antes de comenzar.

2 Apoya las manos sobre tus ojos. Mantén la posición durante cinco minutos.

3 Ahora coloca tus manos sobre el corazón y ábrete a sentir amor y gratitud.

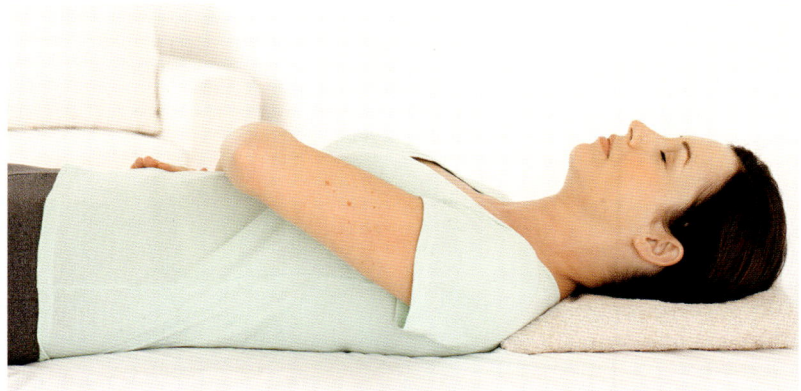

4 Coloca las manos adyacentes entre sí sobre el lado derecho de tu cuerpo: una al final de la caja torácica y la otra debajo, sobre la cintura. Esta posición ayuda a equilibrar todas las emociones. Mantén esta posición y disfruta de la sensación de encontrarte relajado y cuidando de ti.

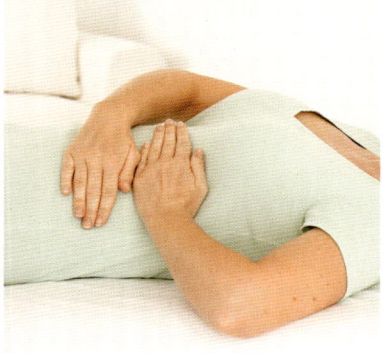

5 Repite el paso anterior, pero sobre el lado izquierdo de tu cuerpo. Así mejorarás los problemas digestivos.

6 Apoya una mano sobre tu ombligo y la otra inmediatamente debajo. Esta posición permite que la energía fluya por todo el cuerpo.

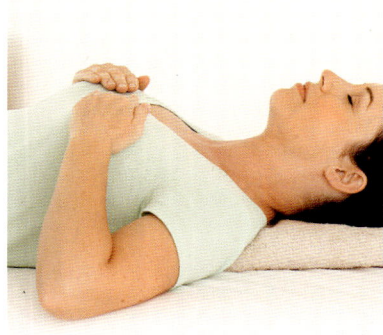
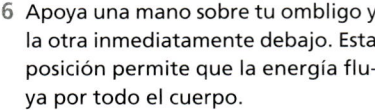

7 Las mujeres deberían apoyar una mano sobre cada seno. Los hombres, ambas manos en medio de su pecho. Esto ayuda a ambos a conectar con su energía femenina.

8 Las mujeres tienen que apoyar sus manos en forma de «V» sobre el hueso púbico, y los hombres en la zona de la ingle. Esto ayuda a ambos a conectar con su energía masculina.

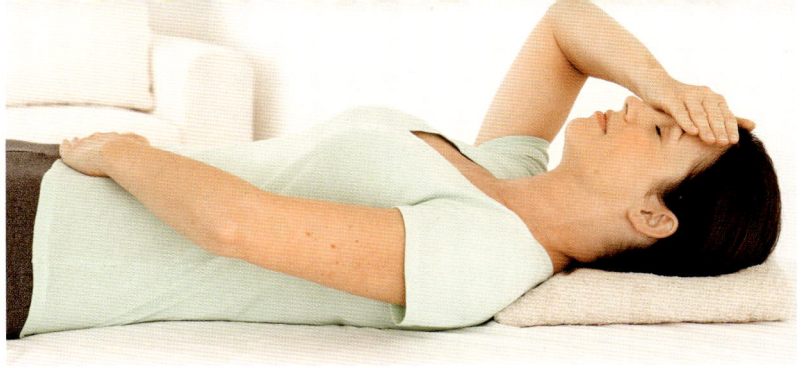

9 Coloca tu mano derecha sobre tu frente y la otra justo debajo del ombligo.

10 Apoya ambas manos detrás de tu cabeza, como si la acunaras, con los dedos dirigidos hacia arriba. Favorecerás de esta manera la relajación mental.

11 Finaliza relajando los brazos a ambos lados de tu cuerpo una vez más, y tómate unos minutos para recuperar el estado de alerta.

Conectar con la naturaleza

Rodearnos de naturaleza nos ayuda a conectar con la energía de la tierra, que tan importante nos resulta. Tal vez observes que las personas que disfrutan de la jardinería, o de actividades como el ciclismo o el surf, suelen ser más relajadas, menos nerviosas y más seguras de sí mismas. Ello se debe a que están absorbiendo más energía de la tierra que las personas que tienden a pasar más tiempo dedicadas a actividades mentales.

Pasar más tiempo al aire libre nos ayuda a absorber más energía de la tierra, lo que nos permite comprender la esencia del ser humano e impulsar nuestra creatividad. Aprovechar la oportunidad de meditar en un jardín, una playa o un parque fortalece enormemente la conexión con la tierra.

Antes de aprender Reiki —de hecho, antes de conocer las prácticas alternativas—, yo vivía cerca de un bosque. Un día estaba paseando a mi bebé por la zona en su sillita cuando me encontré con un grupo de personas que habían colocado sus brazos alrededor de los árboles. En aquel entonces pensé que aquello era divertido, casi histérico. Pero después de haber aprendido Reiki y de leer muchos libros sobre la energía, recordé a aquellas personas y me di cuenta de lo que habían estado haciendo.

Comencé a trabajar en un hospital que contaba con bellos prados cubiertos de árboles añosos, y el ejercicio que explico a continuación se convirtió en mi forma favorita de disfrutar de la hora del almuerzo cuando el tiempo me lo permitía.

Ejercicio del árbol

Si puedes conseguir que la energía ascienda durante la inspiración y descienda en la espiración, mejorarás la eficacia del ejercicio y armonizarás con la energía del árbol.

1 De pie o sentado, apoya la espalda contra un árbol.

2 Siente la energía de la tierra ascendiendo por las raíces y el tronco hasta las ramas más elevadas. Primero visualiza el movimiento de la energía hasta que puedas sentirlo.

3 Ahora visualiza que la energía asciende desde las plantas de tus pies y atraviesa todo tu cuerpo, pasando por la coronilla y, desde allí, a la copa del árbol.

4 A continuación, transmite la energía en forma descendente por todo tu cuerpo hasta devolverla a la tierra.

CONECTAR CON LA NATURALEZA

PARTE 8
Reiki para las enfermedades comunes

Primeros auxilios con Reiki

En términos generales, el Reiki no ha sido enseñado en Occidente como un método para tratar enfermedades específicas, sino como un tratamiento para todas las dolencias, por lo que el especialista aplica el mismo enfoque con todos los receptores, cualquiera que sea el problema que éstos sufran. Sin embargo, en las clases siempre se ha reconocido que el Reiki puede ser aplicado satisfactoriamente cuando una persona se accidenta, y en aquellas circunstancias en las que no es posible ofrecer un tratamiento completo. Si te duele la cabeza, por ejemplo, lo más beneficioso sería que te ofrecieras un autotratamiento completo, aunque no siempre es necesario, ya que sólo puedes tratar el área de la cabeza. Lo mismo es aplicable cuando trates a otra persona. Los cortes, las quemaduras, las picaduras y las conmociones pueden ser tratados trabajando sobre la zona lesionada inmediatamente después de que se haya producido el accidente.

Esta sección se centra en los tratamientos aplicables a enfermedades comunes específicas. Ninguno de ellos debería reemplazar los tratamientos corporales completos, sino de enseñar posiciones de manos para aplicar sobre las áreas relevantes. La anemia, la hipertensión y otras dolencias a largo plazo que, como tales, no requieren «primeros auxilios», están incluidas en esta sección, ya que el autotratamiento de puntos específicos puede resultar beneficioso cuando la enfermedad parece empeorar, o en caso de rebrote agudo. Si sufres una enfermedad crónica es recomendable que te apliques tratamientos regulares y completos, pero en ciertas ocasiones no podrás hacerlo y simplemente querrás aliviar los síntomas en el trabajo, durante un viaje o en otras situaciones similares.

También hemos incluido algunas sugerencias en cuanto al uso de otras terapias complementarias que pueden utilizarse junto con el Reiki.

> **Advertencia**
>
> Esta sección del libro no tiene la intención de sustituir la opinión médica. A pesar de que los consejos e información aquí proporcionados son considerados precisos y verdaderos, el lector debería consultar a un médico en cualquier circunstancia relacionada con su salud y en particular sobre determinados síntomas que puedan requerir diagnóstico o atención médica. Los especialistas en Reiki no están cualificados para diagnosticar enfermedades, ni deberían hacerlo.

Caso de estudio: jugar en el parque

En una ocasión me encontraba en un parque con algunas otras madres y nuestros respectivos hijos. De pronto, una niña se cayó de un columpio hacia atrás y se golpeó la parte posterior de la cabeza. Gritaba tanto por el impacto del accidente como por el dolor que sufría, y mientras su madre le daba árnica para ayudar a combatir la conmoción y el hematoma, yo apoyé mi mano sobre su nuca. Para sorpresa de la madre, la niña se calmó de inmediato. La mujer quedó tan impresionada que poco después se apuntó a clases de Reiki. De hecho, los niños suelen necesitar primeros auxilios de Reiki para los accidentes cotidianos más que los adultos, y el trabajo energético se convierte en un complemento muy útil para el botiquín.

Estado de shock

El estado de shock provoca una repentina reducción del suministro de sangre hacia los órganos vitales, como el corazón, los pulmones y el cerebro. La conmoción puede ser una respuesta emocional a una mala noticia o al hecho de presenciar un acontecimiento muy perturbador, o bien puede formar parte de la respuesta a un accidente repentino, en cuyo caso entran en juego elementos físicos y mentales. El cuerpo también puede sufrir una conmoción física como resultado de una deshidratación aguda provocada por un cuadro de diarrea. Los síntomas incluyen humedad y palidez en la piel, respiración superficial y rápida, mareo, ansiedad, náuseas, vómitos, frío y temblores.

La conmoción física forma parte de ciertas reacciones alérgicas que, en casos extremos, provocan lo que se conoce como shock anafiláctico. En la mayoría de las ocasiones, este cuadro se desencadena por comer frutos secos y a causa de la picadura de abejas o avispas. Las personas que alcanzan dicho nivel de alergia deberían portar un antihistamínico en una jeringa hipodérmica en todo momento, porque necesitan recibir tratamiento en cuestión de minutos.

Tratamientos complementarios

- ACEITES DE AROMATERAPIA como la lavanda, la melisa o la menta, que se pueden echar sobre un pañuelo que ha de colocarse bajo la nariz de la persona hasta que el cuadro remita o hasta la llegada de los servicios médicos.

- REMEDIOS DE FLORES DE BACH. El remedio rescate forma parte de muchos botiquines. Puedes verter cuatro gotas en 30 ml de agua y beber la mezcla, o bien frotar las gotas sobre las sienes y las muñecas para reducir los síntomas.

Tratamiento Reiki

Los síntomas de una conmoción pueden resultar bastante impresionantes, así que intenta mantener la calma y el control mientras ofreces el tratamiento.

Para sacar a una persona de un estado de shock, coloca las manos sobre las áreas del plexo solar y el corazón. Puedes apoyar las palmas de ambas manos en la cara anterior de su cuerpo al mismo tiempo, o en la espalda. Con frecuencia suele ser más cómodo tratar el frente y la espalda simultáneamente, pero dependiendo de la situación, tendrás que adoptar la posición que puedas en cada momento.

ESTADO DE SHOCK

Hipertensión

La tensión arterial es la medición de la fuerza con la que el flujo sanguíneo se mueve por las arterias. Cuando la tensión es anormalmente elevada, conduce a una enfermedad conocida como hipertensión. Esta dolencia incrementa el riesgo de sufrir ataques cardíacos y embolias. La hipertensión está causada por varios factores diferentes, como antecedentes familiares de este cuadro, estrés, consumo de alcohol, tabaquismo y diabetes, y puede desencadenarse durante el embarazo. Los síntomas incluyen mareos, dolores de cabeza, desvanecimientos y alteraciones visuales.

También puede tener causas emocionales. Cuando las emociones —en especial la ira, la frustración y la angustia— son reprimidas se acumulan internamente, y si no se liberan amenazan con explosionar en algún momento. Con frecuencia, cuando en casos como el anterior surge la ira, lo hace con tanta fuerza que la tensión arterial se eleva. Y puede notarse en el rostro, que enrojece.

Tratamientos complementarios

- ACEITES DE AROMATERAPIA: los que presentan propiedades calmantes son beneficiosos. La lavanda es una buena elección.

- REMEDIOS DE FLORES DE BACH: utiliza remedios específicos para las emociones experimentadas.

- DIETA: reduce la ingesta de carne roja, grasas y sal.

- EJERCICIO: el ejercicio no competitivo, como andar, nadar, practicar Yoga o Chi Kung, resulta excelente para disminuir la tensión arterial de forma natural.

- MEDITACIÓN: resulta beneficiosa practicada con regularidad y si incluye visualizaciones que calmen la mente.

Tratamiento Reiki

Las posiciones para tratar la tensión arterial elevada son similares a las aplicadas en el tratamiento de la ira, ya que pueden originarse en áreas similares del cuerpo, como las suprarrenales.

1 Coloca tus manos sobre la tiroides (garganta) utilizando la Posición 5. Esto facilitará la expresión emocional.

2 Trata las suprarrenales y los riñones utilizando la Posición 14.

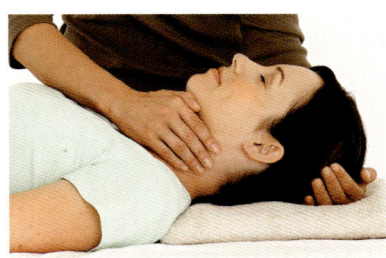

3 Apoya una mano en la parte posterior de la cabeza y la otra sobre el cuello para cubrir la arteria carótida.

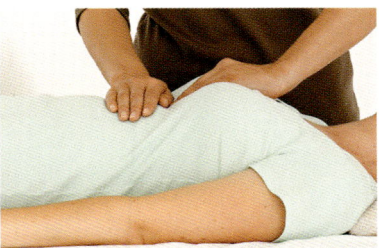

4 Apoya una mano sobre el corazón y la otra sobre el plexo solar.

Problemas circulatorios

Los problemas con la circulación de la sangre pueden ser adquiridos, si bien en la mayoría de los casos las personas nacen con lo que se conoce como «mala circulación».

Se la diagnostica como un cuadro en el que las venas y las arterias no transportan sangre correctamente. Las típicas causas de esta dolencia son la hipertensión, la hipercolesterolemia, el consumo excesivo de alcohol y de tabaco, y también la diabetes. La medicina ortodoxa suele tratarla mediante una combinación de ejercicio físico, modificación de la dieta y en algunos casos medicación.

Los aspectos emocionales de la enfermedad pueden originarse en la negación a fluir con la vida. Por ejemplo, si tienes mala circulación en las piernas y los pies, es posible que inconscientemente no desees seguir la dirección en la que la vida te está guiando.

Tratamiento Reiki

Pasos 1-3: aplicados para el autotratamiento.
Pasos 4 y 5: sólo se aplican a otra persona.

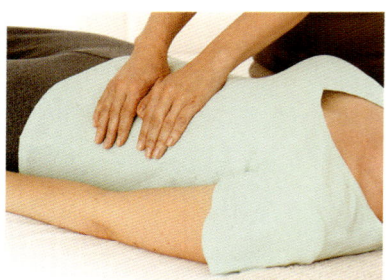

1 Apoya las manos sobre el bazo, situado en el lado izquierdo del cuerpo, cubriendo la parte inferior de la caja torácica y la zona de la cintura, usando la Posición 7.

Tratamientos complementarios

- ACUPUNTURA: estimula el corazón y el bazo.

- DIETA: como en el caso de la hipertensión, los problemas circulatorios mejoran al reducir el consumo de alimentos grasos y de elevado contenido de colesterol.

- EJERCICIO: caminar y nadar son actividades perfectas para estimular la circulación y eliminar las toxinas del organismo.

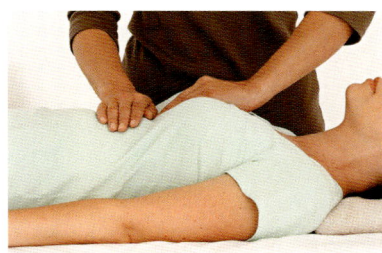

2 A continuación, apoyas las manos sobre el corazón y el plexo solar.

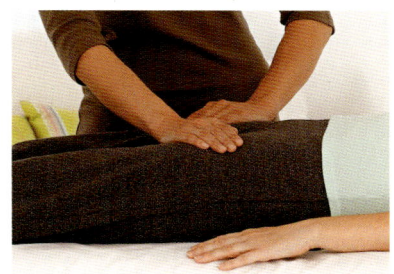

3 Coloca tus manos en forma de «V» sobre la parte superior de las piernas, con los dedos alejados del cuerpo.

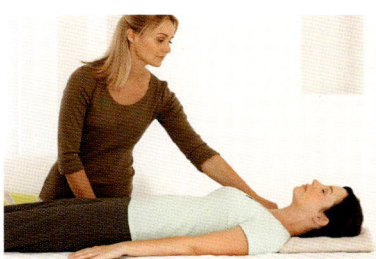

4 Apoya una mano sobre el hombro y la otra sobre la muñeca. Permite que la energía ascienda y descienda por el brazo. Repite en el otro lado.

5 Por último, apoya una mano exactamente debajo de la nalga y la otra en la planta del pie, utilizando la Posición 15. Repite sobre la otra pierna.

Anemia

La anemia surge cuando la producción y el funcionamiento de los glóbulos rojos resultan afectados negativamente. Los glóbulos rojos, producidos en la médula ósea, son necesarios para transportar oxígeno en la sangre. La forma de anemia más común está causada por una deficiencia de hierro. Los otros tipos son la llamada anemia aplástica, que se origina en una muy baja producción de glóbulos rojos, y la anemia megabástica, causada por una deficiencia vitamínica. Los síntomas incluyen fatiga, dolor de cabeza, mareo y palpitaciones. Los aspectos emocionales de la dolencia incluyen ira y miedo no expresados.

Las personas más expuestas a sufrir anemia son los ancianos, las mujeres embarazadas y los niños que no siguen una dieta equilibrada. El tratamiento suele consistir en suplementos de hierro y vitamina B_{12}, aunque los casos más graves pueden requerir transfusiones.

Tratamientos complementarios

- MASAJE DE AROMATERAPIA: ésta (o cualquier otra terapia que incremente la sensación de autoestima y amor) resultará beneficiosa.

- DIETA: se trata de una importante ayuda en el tratamiento de esta dolencia. Cuanto más hierro puedas consumir de forma natural, mejor. Lo encuentras en ciertos pescados, en la yema de huevo y en las verduras de hoja verde oscuro, como la espinaca y el brócoli. Los alimentos ricos en vitaminas B_{12}, C y E son esenciales para la absorción de hierro. Debes evitar los productos lácteos, el café y el té porque dificultan la absorción de hierro.

- EJERCICIO: el Yoga o el Chi Kung mejorarán el funcionamiento hepático y el bienestar general.

Tratamiento Reiki

El eje de un tratamiento Reiki para la anemia es el hígado, ya que se trata del órgano que metaboliza el hierro. El hígado trabaja arduamente y necesita de todos los tratamientos que puedas ofrecerle, puesto que resulta de vital importancia para muchas otras funciones del organismo.

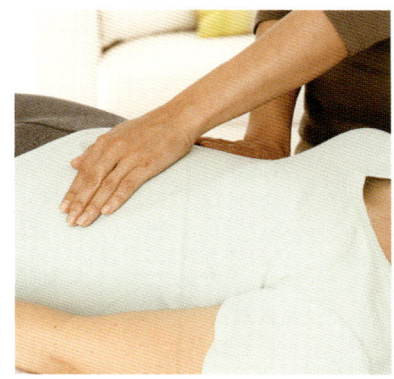

1 Trata el hígado adoptando la Posición 7.

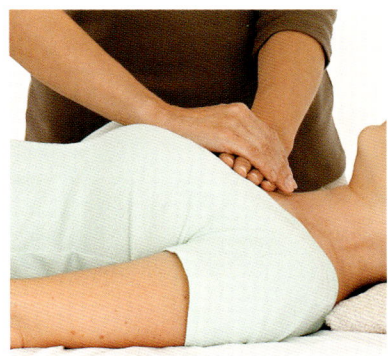

2 A continuación, apoya las manos sobre el corazón, cubriendo así mismo la zona de la glándula del timo.

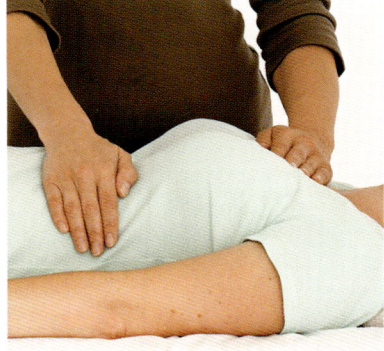

3 Apoya una mano sobre el timo y la otra sobre el bazo. Esto te ayudará a fortalecer el sistema inmunológico y a purificar la sangre.

Colesterol en sangre

El colesterol es una grasa producida por el hígado, o absorbida a través de alimentos que lo contienen en cantidades elevadas, como los productos lácteos. El colesterol participa en la producción de hormonas y es un importante componente celular. Sin embargo, a pesar de su importancia, la medicina ortodoxa asegura que un nivel de colesterol superior a 160 mg/dl resulta peligroso, y que representa una de las principales causas de ataques cardíacos y embolias. Además de la dieta, los niveles de colesterol pueden aumentar debido a la diabetes y a la predisposición hereditaria.

El colesterol elevado no produce síntomas; por eso, el único modo de saber cuál es nuestro nivel es su cuantificación. En el pasado era necesario consultar al médico para solicitar una analítica, pero en la actualidad casi todas las farmacias comercializan kits con los que es posible realizar un control en casa. Los cambios en la dieta suelen bastar para reducir el nivel.

Las causas emocionales son la falta de alegría en la vida y una forma de pensar excesivamente rígida. El estrés es también un factor negativo.

Tratamientos complementarios

- DIETA: como ya hemos mencionado, desempeña un papel fundamental. Se recomienda consumir más cereales integrales, como avena y cebada, al igual que tomar mucho ajo o un suplemento del mismo.

- MASAJE Y MASAJE DE AROMATERAPIA: ambos reducen el estrés y tratan las emociones.

- MEDITACIÓN: meditar regularmente para reducir el estrés disminuirá los niveles de colesterol.

Tratamiento Reiki

Estas posiciones se centran en órganos relacionados con el sistema digestivo y el metabolismo de los alimentos. También apunta a mejorar nuestra actitud emocional frente a la vida.

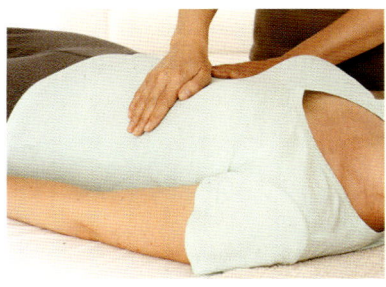

1 Apoya las manos sobre la parte superior de la caja torácica mediante la Posición 6. Así tratarás el estómago.

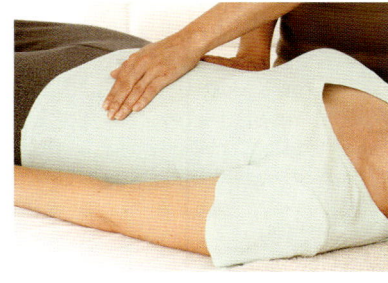

2 Desplaza las manos hacia abajo para cubrir el hígado, utilizando la Posición 7.

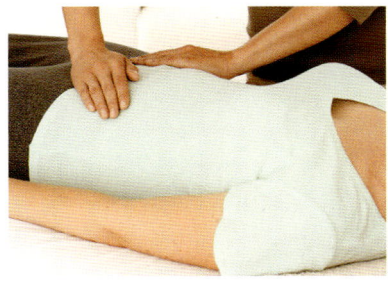

3 Continúa desplazando las manos hacia abajo, esta vez para cubrir el bazo y el colon, recurriendo a la Posición 8.

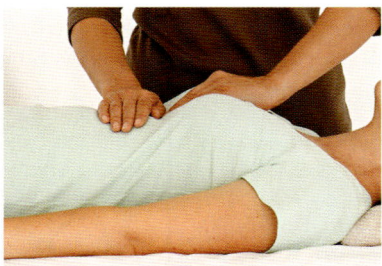

4 Apoya las manos sobre el corazón y el plexo solar para incrementar la sensación de alegría en la vida.

Diabetes

La diabetes es una enfermedad cada vez más común, pero a pesar de que su tratamiento es relativamente sencillo, los afectados tienen que ser conscientes de que se trata de una enfermedad grave que en ocasiones puede poner en peligro la vida. También puede provocar otras dolencias graves como la retinopatía, que suele desembocar en la pérdida de la visión. El hecho de que los diabéticos hayan incrementado en número apunta a algún desequilibrio en el bienestar de la población general, debido en gran medida al estrés y la dieta.

Existen dos tipos de diabetes. La de tipo 1 es insulinodependiente, y surge cuando el páncreas produce poca insulina o ninguna. Esta clase de diabetes se trata con inyecciones diarias de insulina y una exhaustiva programación de la dieta y los hábitos alimentarios. Cuando a una persona joven se le diagnostica diabetes, es más probable que sea del tipo 1. La diabetes de tipo 2, por su parte, se manifiesta cuando el páncreas sólo produce una cantidad mínima de insulina. Esta clase de dolencia se trata con dieta y ejercicio, y tiende a ser causada por la obesidad y la edad.

Desde el punto de vista emocional, es posible que los diabéticos sean incapaces de experimentar dulzura en su vida. También tienen problemas para librarse del estrés, razón por la cual las suprarrenales, el hígado y el páncreas llegan a trabajar en exceso.

Tratamientos complementarios

- ACUPUNTURA: el tratamiento que refuerza la función hepática y de las glándulas suprarrenales resulta beneficioso.

- DIETA: incluye más cereales integrales y frutas, verduras de hoja verde, legumbres y ajo. Evita los alimentos con grasas animales, los productos lácteos y el azúcar.

- EJERCICIO: camina a diario entre 20 y 30 minutos, o asiste a clases de Yoga o Chi Kung todas las semanas; ambas alternativas de ejercicio fortalecen los órganos internos.

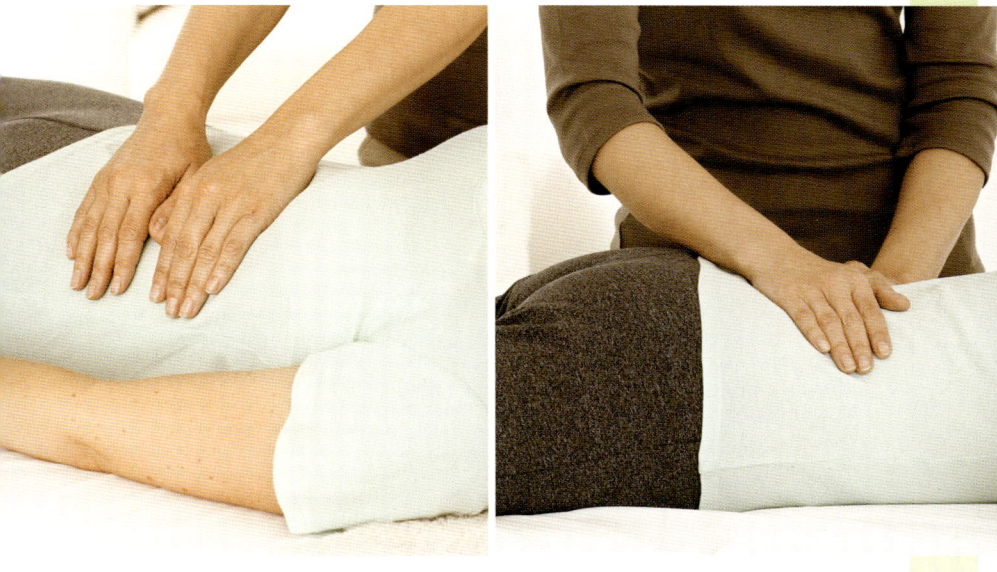

Tratamiento Reiki

Cuando no se dispone de tiempo para un tratamiento completo, o éste resulta poco práctico, las siguientes dos posiciones actuarán como primeros auxilios para los aspectos físicos y emocionales de la diabetes.

1 Trata el páncreas y el hígado con las manos apoyadas una encima de la otra como en las Posiciones 6 y 7 alternativas (véase página 299), pero sobre el lado derecho del cuerpo.

2 Trata las suprarrenales y los riñones mediante la Posición 14.

Enfermedad de la vesícula biliar

La vesícula biliar desempeña un papel importante en el sistema digestivo, ya que segrega enzimas y químicos que nos permiten digerir los alimentos que consumimos. El síntoma más frecuente de que existen problemas en la vesícula biliar es la formación de cálculos, que causan un terrible dolor mientras salen de la vesícula y entran en el conducto biliar. La vesícula biliar también puede sufrir inflamación debido a que los cálculos bloquean la salida.

Además del dolor antes mencionado, otros síntomas de enfermedad de la vesícula son los dolores de cabeza, la fiebre y los escalofríos, la irritabilidad y la facilidad para «perder los nervios». La causa de la dolencia es el alto contenido de colesterol y grasa en la dieta. Si se reducen estos componentes, la vesícula biliar vuelve a funcionar con normalidad y los cálculos se disuelven de forma natural, a pesar de que en algunos casos es necesario recurrir a la cirugía para eliminarlos.

Las causas emocionales se relacionan con la acción de la bilis en la vesícula biliar. Durante mucho tiempo se ha considerado que la bilis representa la amargura y el resentimiento. Si aprendes a perdonar, revertirás las emociones negativas y también sus efectos.

Tratamientos complementarios

- ACUPRESIÓN Y ACUPUNTURA: ambas contribuyen a estimular los meridianos del hígado y la vesícula biliar.

- DIETA: evita la carne, los huevos, los frutos secos y los productos que los contengan, el azúcar, el alcohol y los productos lácteos. Incrementa el consumo de aceite de oliva y zumos, en particular de manzana, remolacha y zanahoria.

- EJERCICIO: el Chi Kung dispone de una serie de ejercicios para fortalecer los meridianos del hígado y la vesícula biliar, que puedes practicar en casa.

Tratamiento Reiki

Trabajando la cara frontal, desciende desde la línea inmediatamente inferior al esternón hasta la cadera, apoyando las manos sobre el cuerpo. Probablemente tengas que actuar en tres etapas.

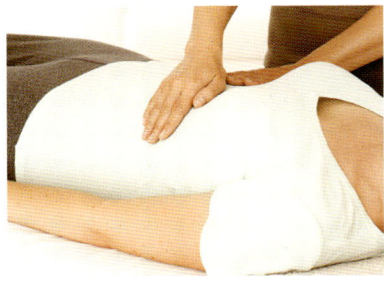

1 Trata el hígado recurriendo a la Posición 6.

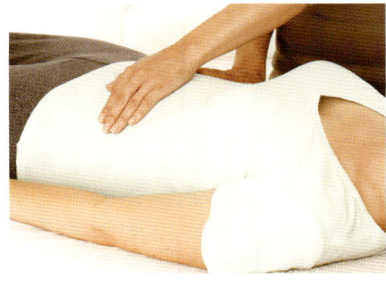

2 Pasa a la Posición 7 o a la Posición 6 alternativa para tratar el bazo.

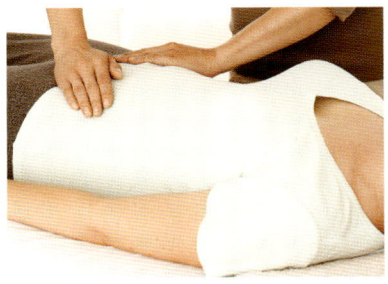

3 Apoya las manos sobre el abdomen en forma de «V» para tratar los intestinos mediante la Posición 8.

4 Por último, trata las suprarrenales y los riñones con la Posición 14.

Dolor dental y enfermedad de las encías

El dolor dental se produce a todas las edades. En casi todos los casos deriva del deterioro de alguna pieza, de la inflamación de la pulpa, de una neuralgia o bien de un absceso dental. También puede estar causado por la gingivitis, un cuadro que afecta las encías, o bien por la inflamación de los senos, en cuyo caso la persona experimenta lo que se conoce como dolor reflejo.

El dolor puede percibirse como un dolor punzante de naturaleza permanente o intermitente, y puede originarse en la ingesta de algún alimento que irrita el nervio de la pieza dental que ha quedado expuesto. En muchos casos se produce por la infección de la raíz del nervio o la pulpa. La enfermedad dental y de las encías es la consecuencia de una mala higiene dental y de una dieta con alto contenido en azúcar, grasa y proteínas animales. Se cree que una causa muy profunda de este tipo de enfermedad es un conflicto interno sobre lo que transmitimos al mundo exterior sobre nosotros mismos. El diente representa nuestros cimientos, y sentirnos inseguros puede crearnos problemas en dientes y encías.

El dolor dental agudo o un absceso en alguna pieza suelen requerir tratamiento dental urgente, pero en todos los casos puedes contribuir a aliviar los síntomas con Reiki y algunos otros tratamientos.

Tratamientos complementarios

- ACUPUNTURA: los tratamientos para estimular el meridiano del hígado contribuyen a aliviar y prevenir los problemas dentales.

- AROMATERAPIA: el aceite de árbol de té, masajeado con regularidad sobre las encías, ayuda a prevenir la infección.

- REMEDIOS DE FLORES DE BACH: el remedio rescate puede ser aplicado sobre la pieza dental infectada.

Tratamiento Reiki

El dolor dental es uno de los peores que podemos experimentar. Estas posiciones alivian el dolor agudo, si bien el calor de las manos por sí solo provocará también una sensación de calma.

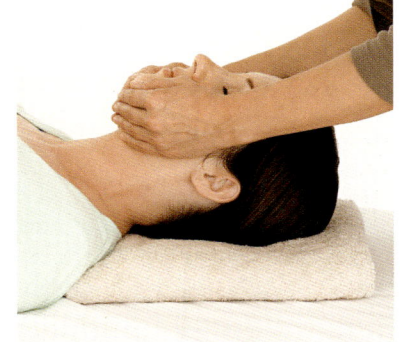

1 Encierra la mandíbula del receptor entre tus manos, con los pulgares situados bajo el maxilar. Así tratarás toda la zona.

2 Mueve las manos hasta adoptar la Posición 5. Recuerda que esta posición es diferente si vas a aplicar un autotratamiento (véase página 212).

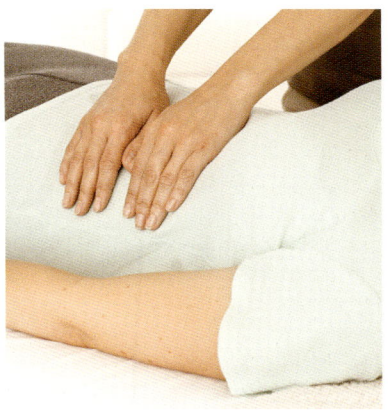

3 Apoya las manos sobre la zona del hígado, en el lado derecho del cuerpo, recurriendo a las Posiciones 6 y 7 alternativas (véase página 229).

Trastornos tiroideos

La glándula tiroides regula nuestro metabolismo y niveles de energía. Los trastornos tiroideos se clasifican en dos: el hipertiroidismo y el hipotiroidismo, cada uno de los cuales produce distintos síntomas.

La persona que padece hipertiroidismo puede experimentar pérdida de peso, fatiga, ansiedad, palpitaciones y sensibilidad al calor. Quien sufre hipotiroidismo aumenta de peso, se siente cansado, experimenta sequedad en la piel y sensibilidad al frío.

Las causas emocionales pueden surgir de una falta de compromiso con el cuerpo físico. Las personas con hipotiroidismo pueden también sentirse derrotadas y deprimidas por el proceso mismo de vivir, y los que padecen hipertiroidismo demuestran una actitud estresada y nerviosa.

Tratamientos complementarios

- DIETA: toma alimentos ricos en yodo, como algas marinas, verduras crudas, legumbres y cereales integrales.

- RENACIMIENTO: esta técnica, que utiliza la respiración, debería ser practicada con un terapeuta capacitado, pero puede resultar de gran ayuda para despejar las emociones que ha suscitado esta enfermedad.

Tratamiento Reiki

Estas posiciones fortalecen tanto la glándula tiroides como el chakra raíz.

1 Trata la zona de la tiroides usando cualquier posición de manos. Puedes aplicar la Posición 5.

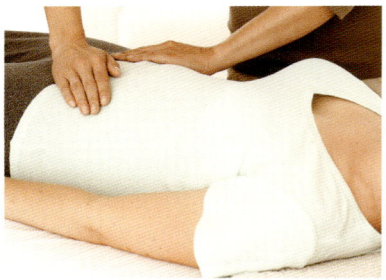

2 Trata el chakra raíz con la Posición 8 o bien apoyando las manos sobre dicho chakra si te estás tratando a ti mismo.

Artritis

La artritis es una inflamación de las articulaciones que se presenta en cuatro formas: la *osteoartritis*, que se produce por el desgaste de las articulaciones y es tanto hereditaria como relativa a la edad; la *artritis reumatoide*, que es una enfermedad autoinmune que afecta principalmente las manos, las muñecas y los pies; las *espondilitis*, que es una inflamación de las vértebras espinales y la pelvis, y la *gota*, que se produce ante una acumulación de ácido úrico en las articulaciones. La meditación, los ejercicios de estiramiento y el tratamiento con calor conforman la primera línea de tratamiento, si bien en los casos más graves se recurre a la cirugía. En la medida de lo posible, primero ofrece un tratamiento para todo el cuerpo.

Tratamientos complementarios

- DIETA: evita los productos lácteos, que acumulan calcio, y las grasas animales.

- EJERCICIO: realiza suaves estiramientos a diario y evitarás la rigidez.

- MEDITACIÓN: medita sobre liberarte de las ideas rígidas y céntrate en el concepto de dejarte llevar.

Tratamiento Reiki

Concéntrate en tratar el área de las articulaciones y en obtener energía para hacerla fluir.

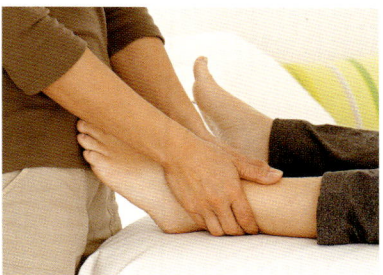

1 Si es posible, apoya las manos alrededor de la articulación, o colócalas a ambos lados de la zona afectada.

2 Aplica la Posición 15 para transmitir energía hacia las piernas.

Quemaduras y escaldaduras, cortes y abrasiones

Quemaduras y escaldaduras

La diferencia entre ambas es que las quemaduras están causadas por formas de calor seco, como el fuego, la electricidad, la luz solar intensa o los productos químicos, mientras que las escaldaduras son producidas por el calor húmedo procedente de líquidos en ebullición y vapor. Los efectos de ambas sobre la piel y los tejidos blandos son los mismos, y también el tratamiento. En caso de quemaduras leves, el daño queda restringido a la capa externa de la piel y los síntomas incluyen enrojecimiento, dolor, calor y en algunos casos la aparición de ampollas. Las quemaduras leves rara vez resultan muy peligrosas, a menos que cubran una zona muy amplia del cuerpo.

En el caso de quemaduras más graves, el daño se extiende hacia las capas inferiores de la piel y produce ampollas. Las quemaduras más graves afectan al tejido blando y al sistema nervioso, y suelen resultar difíciles de tratar.

El tratamiento inmediato para una quemadura consiste en mojar la zona con agua fría entre 10 y 15 minutos, y luego cubrirla ligeramente con un paño limpio o un vendaje. No apliques ninguna otra sustancia sobre la quemadura o la escaldadura, en particular ni mantequilla ni grasa. Además, si algún material queda pegado a la quemadura no debes intentar quitarlo tú solo: siempre pide ayuda médica.

Cortes y abrasiones

La mayoría de los cortes y las abrasiones son menores y su efecto es que únicamente resultan dañados los capilares de la piel, causando que sólo una reducida cantidad de sangre sea liberada en los tejidos circundantes o escape de la herida. Esta sangre coagulará de inmediato si el corte no es profundo, y requiere poco tratamiento. La característica de la abrasión es que la capa superior de la piel se pela, dejando al descubierto la capa inferior.

Cuando se produce una abrasión, la pérdida de sangre es menor, pero puesto que suele ser producida por el roce de la piel contra grava u otra superficie dura, es muy probable que durante el proceso de limpieza de la zona sea necesario eliminar las partículas extrañas. Los cortes deberían ser limpiados primero, para luego aplicar presión sobre la zona con el fin de detener el flujo de sangre. Si el corte se ha producido en una mano, mantenerla elevada ayuda a que la sangre deje de circular por la zona. Tanto los cortes como las abrasiones podrían requerir un ligero vendaje para mantener el área limpia, si bien la exposición al aire favorece el proceso de curación.

Los cortes más profundos o lacerados (es decir, desgarrados, como los causados por el vidrio) requieren asistencia médica, ya que probablemente sea necesario aplicar puntos de sutura. Si la herida es profunda y encierra un cuerpo extraño, es preferible no intentar eliminarlo sin ayuda médica.

Tratamiento Reiki

Es importante que no apoyes las manos sobre la herida, sino que las sitúes por encima. En el caso de una quemadura muy leve, el Reiki puede bastar como tratamiento si se lo combina con los pasos propios de los primeros auxilios (véase página 328). Si una quemadura parece más que superficial, deberías consultar a un médico lo antes posible, aunque puedes enviar Reiki mientras esperas. También podrías aplicar el tratamiento para la conmoción (véase página 310) inmediatamente después de producido el accidente si la persona parece necesitarlo. El Reiki suele contribuir a detener la hemorragia muy rápidamente.

1 Limpia las heridas antes del tratamiento. En caso de quemaduras, cortes menores y abrasiones, trátalos manteniendo la mano sobre la zona afectada.

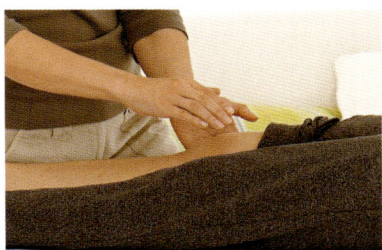

Tratamientos complementarios

- REMEDIOS DE FLORES DE BACH: deberías suministrar el remedio rescate por vía oral para aliviar el estrés y la conmoción. En general, cuatro gotas en agua bastarán. También puede ser utilizado para limpiar la herida.

- REMEDIOS DE HIERBAS: el gel de aloe vera puede ser aplicado a una quemadura menor o quemadura solar, pero siempre que la piel no esté desgarrada. La pomada de caléndula favorece la curación después de la limpieza.

- SUPLEMENTOS: el aceite de vitamina E también puede ser aplicado a las quemaduras menores después de haber limpiado la zona, ya que previene la cicatrización.

Eccema

El eccema es una forma de dermatitis que con frecuencia aparece en la infancia, aunque también puede desarrollarse en personas mayores. En los niños suele estar vinculado a causas hereditarias y a una disposición a las alergias. Por ejemplo, los niños que desarrollan eccema también sufren asma y/o fiebre del heno.

Los síntomas del eccema varían en gravedad según el individuo, pero se caracterizan por la inflamación de ciertos parches de piel, que también produce picor y descamación. En los peores casos, la piel se desgarra y sangra cuando la persona se rasca. En general, el eccema se trata con cremas calmantes y corticosteroides, a pesar de que es preferible evitar su uso a largo plazo porque provoca el adelgazamiento de la piel. Sin embargo, estos fármacos se convierten en algunos casos en el único alivio posible. Las personas con eccema suelen verse obligadas a evitar los productos cutáneos y de baño muy perfumados, así como la ropa confeccionada con lana y materiales sintéticos, ya que resultan irritantes.

Desde el punto de vista emocional, el eccema puede indicar que algo nos irrita —por ejemplo, una forma de pensar— y que necesitamos desesperadamente deshacernos de ello para reemplazarlo por algo nuevo con lo que nos sintamos más a gusto.

Tratamientos complementarios

- BAÑOS DE AVENA: bañarse en agua que contenga avena (se deben colocar los copos dentro de un saquito de muselina) resulta muy beneficioso para el eccema y otras enfermedades que resecan la piel. También existen productos dermatológicos y para el baño que contienen avena y alivian los síntomas.

- REMEDIOS DE HIERBAS: tanto en China como en Occidente contamos con una gran variedad de plantas que se utilizan para desintoxicar el organismo y fortalecer el hígado y los riñones. Consulta a un herbolario para que te recomiende el producto más adecuado para ti.

Tratamiento Reiki

Después de llevar a cabo los pasos 1 y 2, si lo deseas puedes también tratar partes específicas del cuerpo en las que se haya producido un brote de eccema. Cuando lo hagas, no apoyes las manos directamente sobre la zona: limítate a mantenerlas encima.

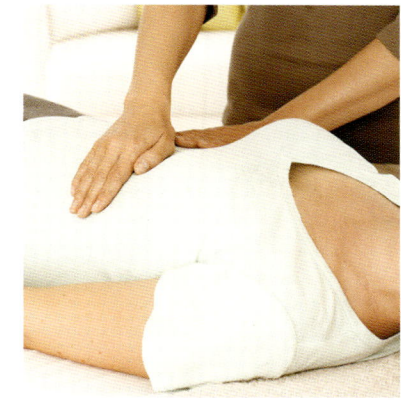

1 Primero trata el hígado aplicando la Posición 6.

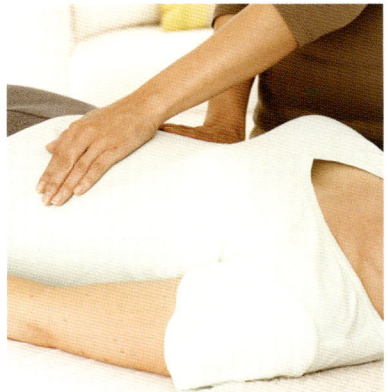

2 Continúa en la Posición 7 para continuar tratando el hígado.

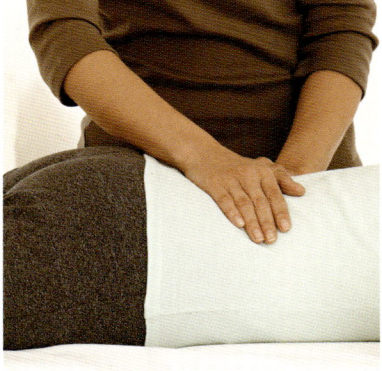

3 Trata las suprarrenales y los riñones aplicando la Posición 14.

Acné

El acné es una infección de las glándulas sebáceas de la piel, encargadas de controlar la producción de sebo, o aceite, para evitar que la piel se seque.

Las causas del acné son probablemente una combinación de sobreproducción hormonal y dieta. Los alimentos que tornan la piel excesivamente acídica son quizá los responsables. Se trata de los productos lácteos, el azúcar y los alimentos con alto contenido graso, que suelen ser los principales ingredientes de los alimentos favoritos de los adolescentes.

Los años de la adolescencia se caracterizan por los cambios emocionales y la lucha por la independencia, así que no resulta sorprendente que el acné surja como un reflejo de este empeño por descubrir la propia personalidad. Como en otras enfermedades surgidas por la represión de la ira, el hígado es el centro del tratamiento Reiki.

Tratamiento complementario

- EJERCICIO: cualquier tipo de ejercicio que libere el estrés, como la natación o la danza, resulta beneficioso. El Yoga y el Chi Kung también ayudan, ya que sosiegan la mente y contribuyen a mejorar la autoimagen.

Tratamiento Reiki

El acné mejora si te concentras en la cabeza y posteriormente en el hígado.

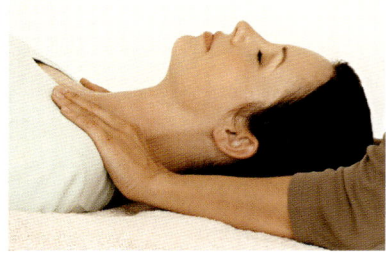

1 Para conectar con el flujo de energía del receptor, coloca las manos en la Posición 1a (véase página 221).

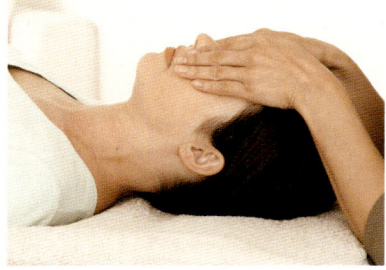

2 Mueve las manos para adoptar la Posición 1b (véase página 221), procurando que el contacto de las manos con la piel sea muy ligero.

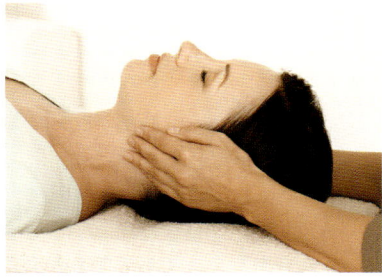

3 Coloca las manos en la Posición 2a o 2b (véase página 222).

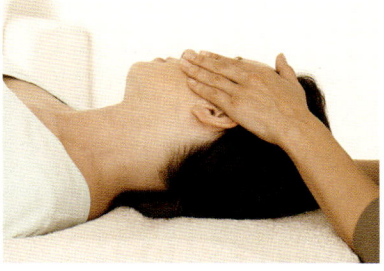

4 Coloca ambas manos en la Posición 3a. Intenta sujetar el máximo peso de la cabeza que te sea posible.

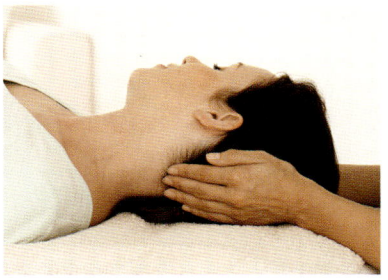

5 Desliza las manos hasta la Posición 3b (véase página 224).

6 Mantén las manos en la Posición 3c (véase página 224), nuevamente sujetando todo el peso posible.

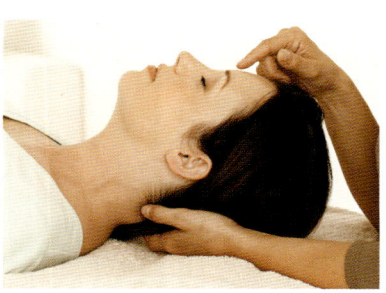

7 Si tienes el Segundo Grado de Reiki, traza los Símbolos 1 y 2, como en la Posición 4a (véase página 226).

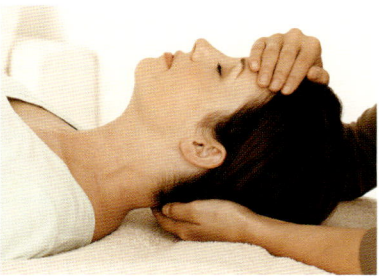

8 Coloca las manos en la Posición 4b (véase página 225).

9 Emplea la Posición 4c (véase página 226) para retirar las manos suavemente de debajo de la cabeza del receptor.

10 Trata la garganta adoptando la Posición 5 (véase página 227).

 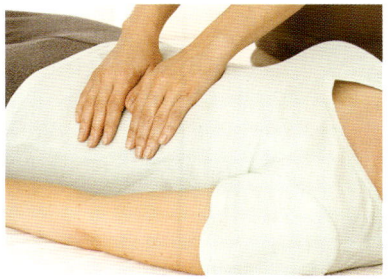

11 Aleja las manos formando un arco, utilizando la Posición 5b (véase página 227).

12 Coloca las manos en las Posiciones 6 y 7 alternativas (véase página 229).

13 Coloca las manos en la Posición 8 (véase página 230). Recuerda la posición alternativa para los hombres.

Picaduras de insectos

Cuando un insecto pica, atraviesa la piel para absorber sangre. Y como respuesta, nuestros organismos producen una reacción alérgica en el lugar donde se ha producido la picadura. En general, este procedimiento causa cierto enrojecimiento e hinchazón en la zona, pero algunos individuos pueden sufrir reacciones más extremas, dependiendo del tipo de insecto que les haya picado. Cuando una reacción resulta muy desagradable, la persona puede tener que tomar antihistamínicos; pero en la mayoría de los casos puede bastar con limpiar la zona y utilizar una crema que calme la piel. En los países tropicales, las picaduras de mosquito pueden provocar malaria (una enfermedad que necesita tratamiento médico), pero en las regiones no tropicales este tipo de picadura no causa más problema que picor, y resulta más molesta que peligrosa.

A pesar de que estas picaduras no constituyen una enfermedad, si molestan en exceso o pican demasiado puede suponer que reflejan una emoción subyacente de irritación y frustración de la que la persona no es consciente.

Las lesiones causadas por el contacto con ortigas o las picaduras de abejas o avispas pueden ser tratadas como las de los demás insectos, puesto que también producen una reacción alérgica que indica que el sistema inmunológico se está activando. El tratamiento Reiki que aparece en la próxima página tiene la finalidad de estimular el sistema inmunológico, así como fortalecer el hígado y los riñones, para ayudar al cuerpo a liberar toxinas, causantes del picor.

En un reducido número de personas, las picaduras provocan un shock anafiláctico. Se trata de una reacción alérgica extremadamente grave, con resultados fatales, si no se aplica un tratamiento inmediato con una inyección de antihistamínico. Enviar tratamientos regulares a quien sufre esta alergia tan grave resulta beneficioso y posiblemente reduzca los síntomas, pero incluso en dichos casos es importante recordar a la persona que siempre ha de llevar consigo su antihistamínico.

Tratamientos complementarios

- AROMATERAPIA: aplica aceite de árbol de té sobre la picadura.

- REMEDIOS DE FLORES DE BACH: el remedio rescate ayudará inmediatamente después de sufrir la picadura, o del contacto con una planta. También puedes aplicarlo en crema directamente sobre la piel, ya que contribuye a disminuir la sensación de irritación.

Tratamiento Reiki

El objetivo de este tratamiento es trabajar sobre el hígado y los riñones para acelerar la eliminación de toxinas, y sobre el timo para fortalecer el sistema inmunológico.

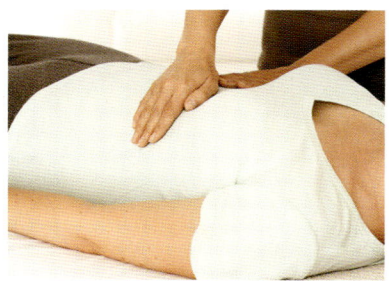

1 Primero trata el área del hígado para liberar las toxinas. Puedes utilizar la Posición 6 (véase página 228).

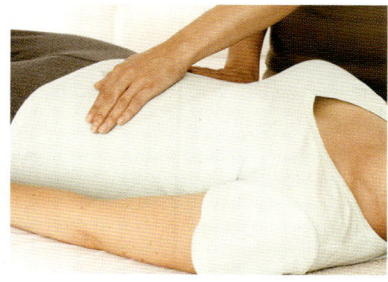

2 Continúa en la Posición 7 (véase página 229), tratando el lado derecho del cuerpo del receptor.

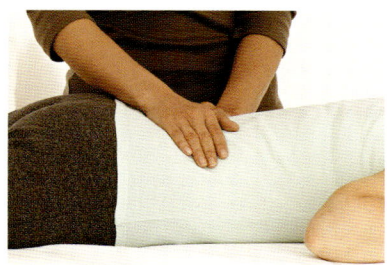

3 Trata los riñones y las suprarrenales aplicando la Posición 14 (véase página 236).

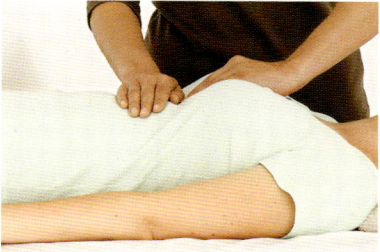

4 Trata el timo, que se encuentra encima del corazón, para estimular el sistema inmunológico.

Caspa

La caspa es definida como la caída de piel del cuero cabelludo, y se trata de una forma de dermatitis. Las personas que sufren eccema y psoriasis, y quienes tienen la piel seca en general, son quizá más proclives que otras a desarrollar caspa. Este cuadro también puede ser provocado por el estrés, y por una reacción alérgica a ciertos champús. El tratamiento ortodoxo se basa en el uso de champús anticaspa, a pesar de que los casos graves también pueden requerir el uso de corticosteroides y tratamientos antifúngicos.

La caspa puede, asimismo, representar el modo en que el organismo elimina el exceso de proteínas y grasas que el cuerpo no consigue digerir. Otras sugerencias indican que podría deberse a una ingesta excesiva de alimentos ácidos en la dieta y a desequilibrios en el hígado y los riñones. Desde el punto de vista emocional, la caspa podría indicar una cantidad excesiva de energía mental y el deseo de deshacerse de las viejas ideas.

Tratamientos complementarios

- AROMATERAPIA: el romero resulta excelente para mejorar la sequedad del cuero cabelludo. Puedes masajearte con un aceite base al que hayas añadido unas gotas de aceite esencial. Si no deseas prepararlo, puedes encontrar aceites ya listos en los herbolarios o en las tiendas que comercializan productos de aromaterapia.

- DIETA: sigue una dieta basada en productos animales no grasos, como el pescado blanco, las verduras crudas (que puedes consumir en forma de zumo) y los cereales integrales.

Tratamiento Reiki

El objetivo de este tratamiento es trabajar sobre el sistema de eliminación de toxinas del organismo: el hígado y los riñones. Las suprarrenales también reciben tratamiento para favorecer la reducción del estrés.

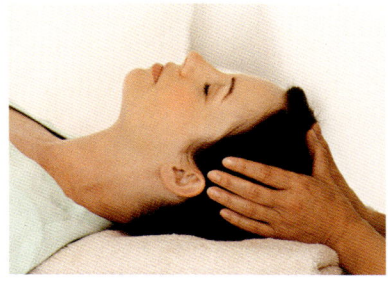

1 Coloca las muñecas sobre la coronilla, con los dedos dirigidos hacia abajo, a ambos lados de la cabeza

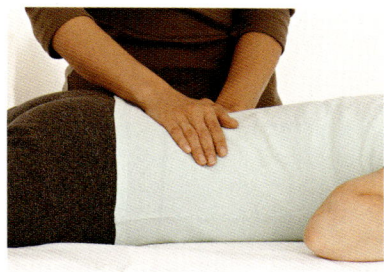

2 Trata las suprarrenales y los riñones mediante la Posición 14 (véase página 236).

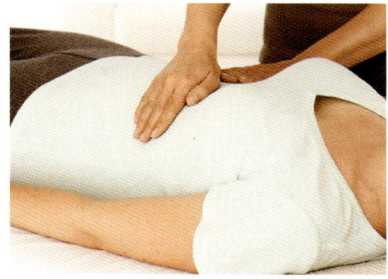

3 Coloca las manos sobre la zona del hígado para fortalecerlo mediante la Posición 6 (véase página 228) o las Posiciones 6 y 7 alternativas.

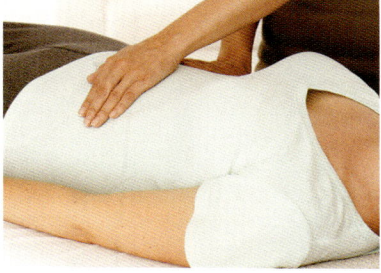

4 Continúa tratando el hígado adoptando la Posición 7 o las Posiciones 6 y 7 alternativas (véase página 229).

Alergias

Una reacción alérgica se produce cuando el sistema inmunológico responde de forma inapropiada a una sustancia inofensiva, como la hierba. Esta reacción puede desencadenarse por el contacto de la piel con un producto químico, la piel de algún animal, por inhalación (como en el caso del polen) o por consumo (como las alergias al huevo, los frutos secos o las fresas). Las causas de este cuadro pueden ser parcialmente hereditarias y tal vez se relacionan con otra enfermedad como el asma, o bien son el resultado del debilitamiento del hígado y el sistema inmunológico, que es incapaz de luchar contra la acumulación de antígenos (sustancias extrañas) en el organismo.

Para tratar algunas formas de alergia, como la fiebre del heno, se recurre a los antihistamínicos. En los casos graves, la persona podría necesitar someterse a una prueba de alergia a determinadas sustancias, y realizar tratamientos de desensibilización. En el caso de las alergias alimentarias, el procedimiento habitual consiste en eliminar varios alimentos de la dieta sistemáticamente y observar los resultados. Por lo general, esta acción debe ser supervisada por un nutricionista.

Desde el punto de vista emocional, las alergias suelen empeorar con el estrés de cualquier tipo. También pueden ser consideradas una negación a aceptar el poder personal.

Tratamiento Reiki

Este tratamiento fortalece el sistema inmunológico y el hígado.

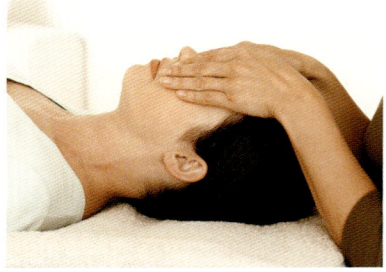

1 Apoya las manos sobre el rostro o colócalas por encima, adoptando la Posición 1 (véase página 221).

Tratamientos complementarios

- DIETA: consulta a un nutricionista para adaptar tu dieta e identificar los alimentos que provocan la alergia.

- EJERCICIO: algunos problemas cutáneos pueden mejorar con la práctica regular de Yoga.

2 Desplaza las manos hacia abajo para tratar la garganta mediante la Posición 5 (véase página 227).

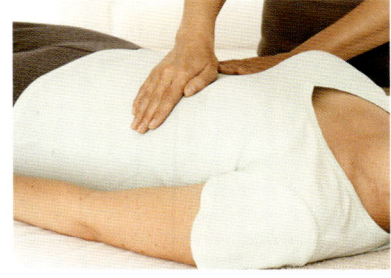

3 Apoya las manos horizontalmente debajo del esternón, utilizando la Posición 6 (véase página 228).

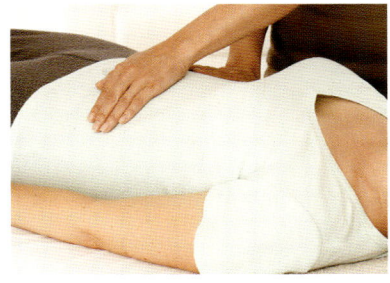

4 Adopta ahora la Posición 7 (véase página 229) y desciende por la cara anterior del cuerpo para tratar los pulmones, el hígado y el estómago.

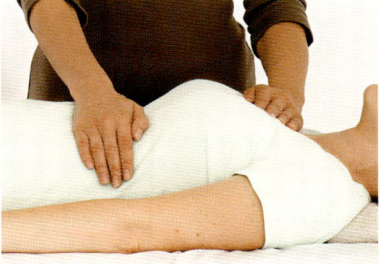

5 Coloca una mano sobre el timo y la otra sobre el bazo, que es la zona situada en la parte inferior izquierda de la caja torácica.

Trastornos autoinmunes

La inmunodeficiencia o trastornos autoinmunes son un grupo de enfermedades caracterizadas por el hecho de que el sistema inmunológico no logra funcionar con normalidad, por lo que la persona resulta susceptible de sufrir infecciones que un sistema inmunológico normal podría combatir con facilidad. Las enfermedades de este tipo pueden ser congénitas o adquiridas. Por ejemplo, una persona que nace con una inmunodeficiencia podría notar que sufre infecciones por hongos con mucha frecuencia. El VIH es un ejemplo de inmunodeficiencia adquirida a través de una infección vírica; o el sistema inmunológico puede quedar suprimido debido al uso de ciertos medicamentos. Muchas otras enfermedades, como el lupus, la artritis reumatoide, la esclerosis múltiple y la diabetes son también trastornos autoinmunes. Pero en estos casos no existen respuestas médicas definitivas sobre su causa.

Desde el punto de vista emocional, la enfermedad podría surgir a partir de un trauma, el estrés y la angustia, que debilitan incluso los sistemas inmunológicos sanos. Como el timo se encuentra tan próximo al corazón, la energía de este órgano está estrechamente vinculada a la enfermedad y podría indicar una falta de amor hacia uno mismo o ausencia de amor de otras personas.

Tratamientos complementarios

- EJERCICIO: apúntate a clases de Yoga, practica un ejercicio aeróbico ligero como andar y encuentra el equilibrio en tu vida asignándote tiempo para actividades de ocio.

- REMEDIOS DE HIERBAS: consulta a un herbolario sobre las sustancias que fortalecen el organismo y mejoran ciertas dolencias en particular.

- SUPLEMENTOS: las vitaminas B, C y E, así como el magnesio, el selenio y el cinc, fortalecen el sistema inmunológico.

Tratamiento Reiki

La prioridad del tratamiento es estimular el sistema inmunológico, centrándose en las áreas responsables de eliminar la infección del organismo.

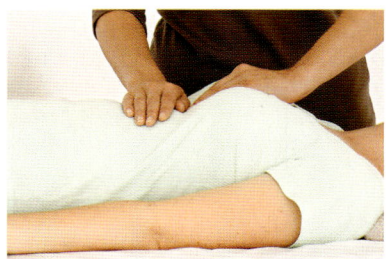

1 Coloca las manos sobre el timo y el corazón para estimular el sistema inmunológico.

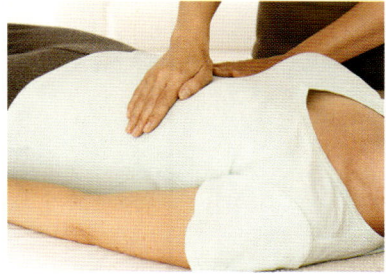

2 Trata el hígado, el bazo y el páncreas sobre la cara anterior del cuerpo. Comienza por la Posición 6.

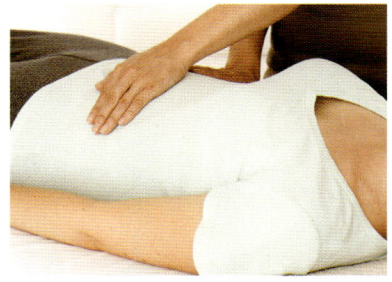

3 Adopta ahora la Posición 7 (véase página 229) descendiendo por el cuerpo.

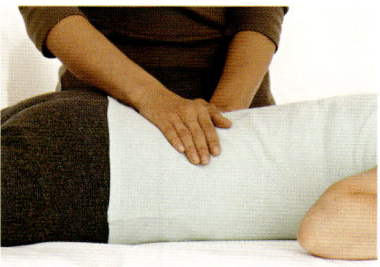

4 Trata las suprarrenales y los riñones mediante la Posición 14 (véase página 236).

Dolor de espalda

El dolor de espalda se presenta de diferentes formas y la mayoría de las personas lo sufre en algún momento de su vida. Por fortuna, la mayoría de los episodios pueden resolverse con un tratamiento mínimo; sin embargo, el dolor de espalda crónico necesita un tratamiento permanente o intensivo para aliviar sus recurrencias intermitentes.

El dolor de espalda crónico presenta diferentes causas: lesión del cóccix, presión sobre el nervio ciático, infección renal, degeneración discal y vertebral o dolor en los músculos de la espalda. El tratamiento ortodoxo suele incluir calmantes y antiinflamatorios, así como relajantes musculares y fisioterapia.

Las causas emocionales varían según el área de la espalda afectada. Por ejemplo, el dolor en la zona inferior está asociado a la sensación de falta de apoyo material y preocupaciones de tipo económico; la zona media está relacionada con sentimientos de culpa y la incapacidad de recibir ayuda de otras personas, y el área superior de la espalda y el cuello están conectados con la sensación de agobio causada por las responsabilidades de la vida y la falta de apoyo emocional.

Tratamientos complementarios

- AROMATERAPIA: el uso de aceites como el de camomila y eucalipto, aplicados en compresas calientes seguidas de compresas frías sobre el área inflamada, reduce el dolor y la hinchazón.

- MASAJE E HIDROTERAPIA: resultan excelentes para reducir la inflamación.

- PILATES: consulta a un monitor de Pilates sobre los ejercicios específicos para tu dolencia. El Pilates da muy buenos resultados en las personas que sufren dolor de espalda crónico.

Tratamiento Reiki

Trata toda la espalda, centrándote en la zona más dolorida. Tendrás que emplear varias posiciones de manos para tratar el cóccix (en la base de la columna) y el nervio ciático.

1 Para tratar el cóccix, apoya ambas manos sobre el extremo inferior de la columna. Puedes encimarlas o bien colocar una junto a la otra.

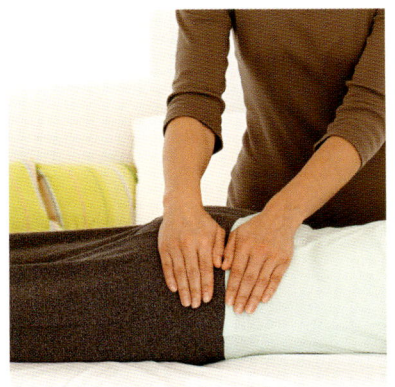

2 Para tratar el nervio ciático, apoya ambas manos sobre la cara externa de la nalga derecha. Repite sobre la parte externa de la nalga izquierda.

3 Mediante la Posición 15, tratar ambas piernas y hacer circular la energía desde las plantas de los pies hasta la columna, y viceversa.

Sinusitis

Los senos son huecos de aire que rodean la cavidad nasal. La sinusitis es una enfermedad muy común que en general es de carácter agudo, pero en algunas personas se convierte en crónica. Los métodos ortodoxos de tratamiento son los descongestivos nasales, los antibióticos y ocasionalmente, si la dolencia es grave, la extirpación quirúrgica de los senos. Los síntomas de sinusitis son dolor alrededor del área de la nariz y en el centro de la frente, además de la sensación de no poder respirar con normalidad.

Desde el punto de vista emocional, puede tratarse de un profundo conflicto mental que nos hace incapaces de comunicarnos con los demás, lo cual nos provoca un bloqueo que sólo conseguimos deshacer poco a poco.

Tratamiento Reiki

Céntrate en los senos para aliviar la congestión y en el hígado para eliminar las toxinas.

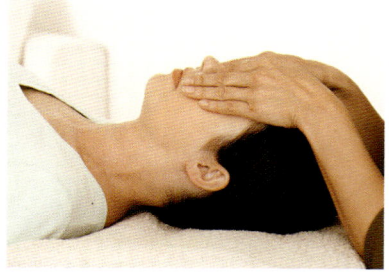

1 Apoya las manos sobre el rostro utilizando la Posición 1 (página 221).

Tratamientos complementarios

- ACUPRESIÓN Y ACUPUNTURA: pueden contribuir a eliminar bloqueos en el sistema linfático.

- DIETA: elimina todos los productos lácteos de tu dieta durante una semana. Así eliminarás la mucosidad del organismo.

- AROMATERAPIA: inhalar aceites como el de eucalipto en agua caliente ayudará a limpiar los conductos nasales. También podrías recurrir a los masajes de aromaterapia para tratar las causas emocionales.

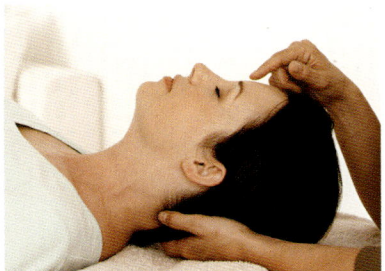#
2 Si tienes el Segundo Grado, traza los Símbolos 1 y 2 sobre la frente. Consulta la Posición 4a (página 225).

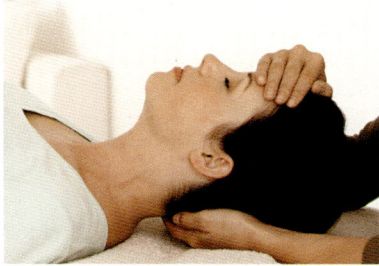
3 Apoya sobre la frente la mano que usaste para trazar los símbolos. Consulta la Posición 4b (página 226).

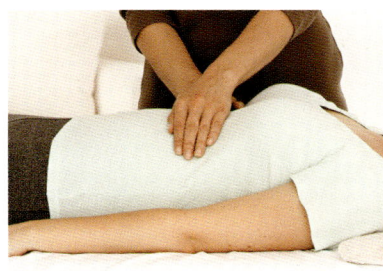
4 Trata el hígado y el bazo sobre la cara anterior del cuerpo para eliminar la acumulación de toxinas. Primero recurre a la Posición 6 (página 228).

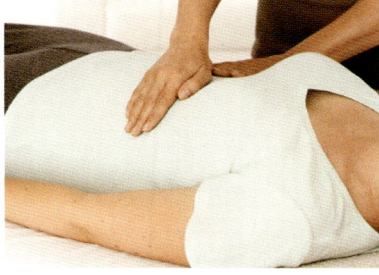
5 Continúa en la Posición 7 o la 7 alternativa (véase página 229), trabajando sobre el cuerpo en sentido descendente.

347

Problemas menstruales

La menstruación tiene dos objetivos: el desarrollo del revestimiento uterino y la regulación de la producción hormonal. Los problemas que surgen cuando este delicado mecanismo se desequilibra se manifiestan de distintas maneras, si bien las más comunes son las siguientes: la dismenorrea, o dolor durante los períodos; la ausencia de menstruación, que a pesar de que resulta normal durante el embarazo, en otros momentos aparece como resultado de la anorexia y el estrés, y un tercer tipo de alteración llamado menorragia, que se caracteriza por un sangrado excesivo y suele derivar de factores tales como un desequilibrio hormonal, el uso de dispositivos intrauterinos y la presencia de fibromas o pólipos en el útero.

Emocionalmente, los problemas menstruales apuntan a un conflicto con la naturaleza femenina de la mujer. Los síntomas suelen mejorar cuando la afectada se siente más a gusto con su cuerpo y su persona.

Tratamiento complementario

- AROMATERAPIA: vierte unas gotas de salvia sclarea en el agua del baño. De todas formas, siempre es preferible que consultes a un aromaterapeuta, ya que algunos aceites provocan efectos intensos.

Tratamiento Reiki

Los tratamientos se centran en el área pélvica y los chakras inferiores.

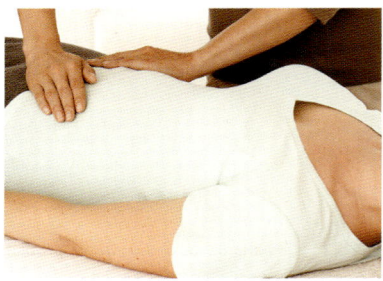

1 Trata la zona pélvica utilizando la Posición 8. Si te estás tratando tú, puedes trabajar sobre el área púbica.

2 Trata el tercio inferior de la espalda colocando las manos sobre el centro de la misma, cerca del extremo final de la columna.

Problemas de próstata

La glándula prostática se sitúa en la apertura de la uretra masculina, y es responsable de secretar el fluido que transporta semen al punto de eyaculación. La próstata puede inflamarse a través de una infección bacteriana, que en general se transmite por vía sexual, y en estos casos el tratamiento se basa en el uso de antibióticos. En los hombres de mayor edad, la tendencia es que la próstata se agrande. Esto causa bloqueos en la uretra y dificultades urinarias, por lo que suele ser necesario recurrir a la cirugía para rectificar el problema.

El estrés es una de las causas de los problemas de próstata, al igual que las dietas con elevado contenido de proteínas animales y grasas saturadas. Desde el punto de vista emocional, los problemas de próstata pueden indicar una sensación de impotencia y frustración en relación con la actividad sexual.

Tratamientos complementarios

- MEDITACIÓN: te ayudará a aliviar el estrés y aceptar el proceso de envejecimiento.

- YOGA: la rutina regular de Yoga relaja la mente, y ciertos ejercicios fortalecen la zona pélvica.

Tratamiento Reiki

Trata a los hombres de forma rutinaria para prevenir la enfermedad.

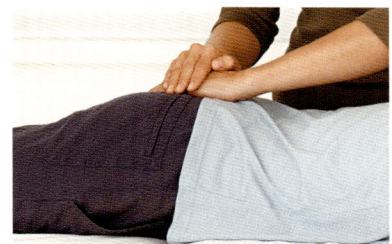

1 Con el receptor tumbado boca abajo, apoya una mano horizontalmente sobre el extremo inferior de su columna y la otra en ángulo recto, con los dedos dirigidos hacia el centro de las nalgas. También puedes colocar una mano sobre la otra para cubrir la misma zona.

Infertilidad

La infertilidad es la incapacidad de concebir y puede originarse en problemas en el sistema reproductor, tanto masculino como femenino. La infertilidad masculina puede estar causada por bloqueos en el sistema reproductor, enfermedades de transmisión sexual, trastornos genéticos o un bajo recuento de esperma causado por el estrés, el tabaco y ciertas drogas. La infertilidad femenina suele derivar del bloqueo de las trompas de Falopio, la incapacidad ovárica para producir óvulos, ciertos problemas uterinos que impiden la implantación y la presencia de mucosidad cervical que destruye el esperma.

Desde el punto de vista emocional, las parejas infértiles pueden tener dificultades para vivir el momento presente, por lo que se centran demasiado en el pasado o en el futuro.

Tratamientos complementarios

- DIETA: es preferible consultar a un nutricionista sobre una dieta que equilibre el cuerpo energético.

- EJERCICIO: cualquier ejercicio que disminuya el estrés y promueva el equilibrio mental y físico resulta beneficioso. Nadar, caminar y practicar yoga y Chi Kung se convierten en alternativas ideales.

Tratamiento de Reiki

El tratamiento se centra en los órganos reproductores y las áreas asociadas al estrés.

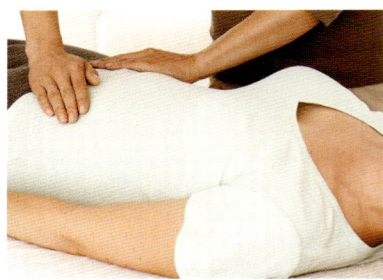

1 Para los órganos reproductores, utiliza la Posición 8 en las mujeres. Para el hombre, trabaja la zona de la ingle.

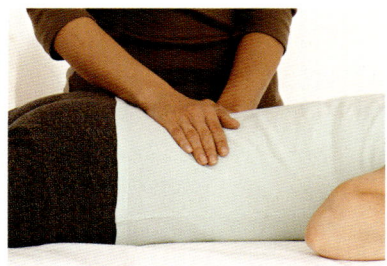

2 Trata las glándulas suprarrenales y los riñones mediante la Posición 14 (véase página 236).

Infecciones de oído

Las infecciones de oído tienden a ser más habituales entre los niños, pero también los adultos pueden experimentarlas. La otitis media, que es una infección del oído medio, es muy frecuente entre los niños y resulta sumamente dolorosa. Pero existen también otros tipos de infección: la otitis externa, que se produce en el canal auditivo; la mastoiditis, en la que el dolor se percibe en el hueso situado por detrás del oído, y la laberintitis, que es una infección del oído interno. Las molestias en el oído pueden también derivar de un dolor irradiado desde los dientes y la mandíbula.

Desde el punto de vista emocional, una infección de oído puede indicar que no nos gusta lo que estamos oyendo y queremos anularlo.

Tratamiento complementario

- DIETA: elimina los productos lácteos y compuestos de trigo, así como la carne y el azúcar. También cualquier alimento que forme mucosidad. Reemplázalos por zumos de fruta y verdura, y platos sencillos como arroz al vapor.

Tratamiento Reiki

El tratamiento se centra en los oídos y su conexión con la garganta.

1 Coloca las manos sobre los oídos con las palmas cubriendo los orificios, utilizando la Posición 2a (página 222).

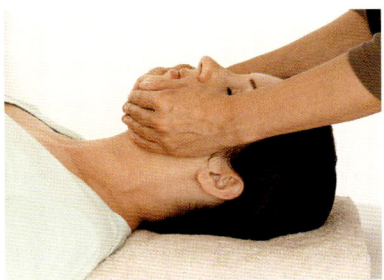

2 A continuación, apóyalas sobre la línea de la mandíbula, lo cual tratará la conexión entre los oídos y la garganta.

Asma

El número de personas que sufre esta enfermedad, potencialmente mortal, continúa creciendo en muchos países. Su origen es una inflamación de los bronquios y bronquiolos que provoca la constricción de los pulmones, sumada a un incremento en la producción de mucosidad, lo cual estrecha las vías aéreas. Los síntomas incluyen dificultades respiratorias, sonidos sibilantes y tos.

Un ataque de asma puede desencadenarse a partir de alérgenos como el polvo y el polen, o el ejercicio e incluso una intensa corriente de aire. El estrés es otro factor importante, y en las jovencitas y en las mujeres se suele apreciar un empeoramiento del cuadro asmático durante los días previos a la menstruación, lo que apunta a un factor hormonal. El asma suele desarrollarse durante la infancia, y por lo general es hereditario, pero con frecuencia desaparece, o al menos reduce su gravedad, una vez que la persona inicia su etapa de adultez. Sin embargo, puede aparecer repentinamente en adultos sin antecedentes de esta enfermedad.

Desde el punto de vista nutricional, se cree que el cuadro está relacionado con un exceso de productos lácteos y de trigo en la dieta. También se ha sugerido que es más prevalente en niños que no han sido amamantados o han dejado la lactancia materna demasiado pronto. Desde el punto de vista emocional, por su parte, el asma podría estar vinculado a una atención excesiva por parte de la madre, situación que provoca que el niño se sienta literalmente asfixiado y sea incapaz de encontrar su propio espacio.

Por favor, observa que el paso 3 de esta secuencia es más sencillo de llevar a cabo en hombres, ya que si tratas a mujeres tendrás que preguntarles si les molesta que apoyes tus manos sobre sus pechos o prefieren que te limites a situar tus manos por encima. Las mujeres pueden autotratarse sin problemas recurriendo a esta posición.

Tratamientos complementarios

- DIETA: elimina los lácteos y los productos de trigo, y limita la cantidad de refrescos con gas en la dieta de los niños, ya que promueven la formación de mucosidad. Algunos colorantes alimentarios también pueden exacerbar el asma.

- EJERCICIO: aprender técnicas respiratorias, tanto de Chi Kung como de Yoga, puede ayudar enormemente a aliviar un ataque o prevenir su manifestación.

Tratamiento Reiki

Al tratar a una persona durante un ataque es preferible elevarle la cabeza con almohadas mientras se tumba en un sofá, o bien sentarle en una silla de respaldo recto.

1 Sentado, apoya tus manos debajo de su garganta en forma de «V» con las palmas apoyadas sobre la clavícula.

2 Coloca una mano sobre el timo y la otra sobre el bazo, situado en el lado izquierdo del cuerpo.

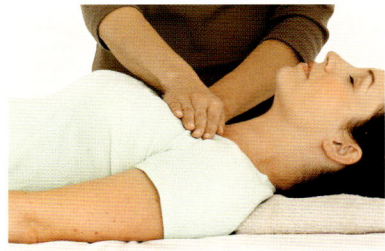

3 Apoya las manos horizontalmente sobre la parte superior del pecho. Manteniéndolas en esta posición, desciende por toda el área pectoral.

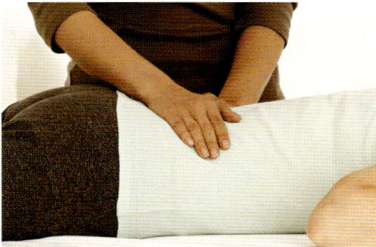

4 Adopta ahora la Posición 14 (véase página 236). En la medicina china se considera que el debilitamiento de la función renal provoca asma.

Resfriado común

Son pocas las personas que no han pillado un resfriado alguna vez en su vida. Y hay quienes son susceptibles a este proceso y se infectan varias veces al año. Un resfriado es una infección de los revestimientos de la nariz y la garganta, y sus síntomas son: congestión nasal, dolor de cabeza, dolor de garganta, mucosidad en la nariz y accesos de tos. Los resfriados están causados por un virus y el tratamiento depende de sus síntomas, razón por la cual en muchos hogares se cuenta con un arsenal de calmantes, descongestivos nasales, medicamentos para los resfriados y pastillas para la garganta. Estos productos, combinados con reposo y la ingesta de fluidos para eliminar la infección, suelen bastar para tratar el resfriado.

Emocionalmente, puede tratarse de un signo de que necesitas «desacelerarte» y descansar.

Tratamiento complementario

- SUPLEMENTOS: incrementa la ingesta de vitamina C y cinc cuando sufras un resfriado, y asegúrate de incluirlos en tu dieta regularmente para prevenir nuevos episodios. La equinácea también resulta beneficiosa tanto para tratar como para prevenir los resfriados.

Tratamiento Reiki

Se centra en el sistema inmunológico, las áreas infectadas y la eliminación de toxinas.

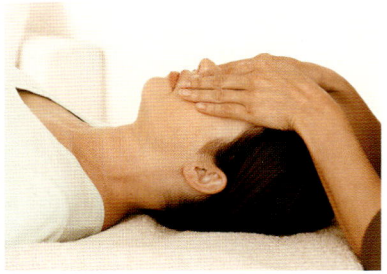

1 Coloca las manos sobre el rostro del receptor como en la Posición 1 (véase página 221).

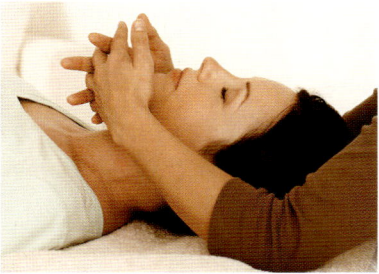

2 A continuación, apoya las manos sobre, o alrededor de, la garganta valiéndote de la Posición 5 (véase página 227).

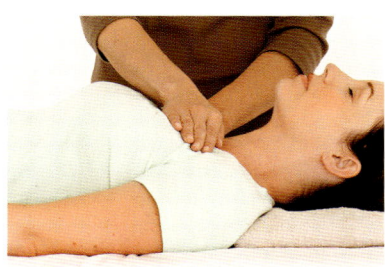
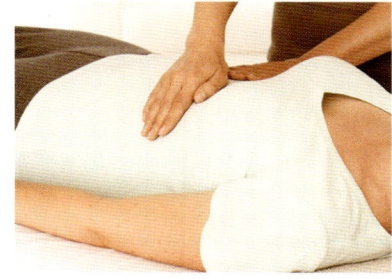

3 Coloca las manos sobre el pecho. En los autotratamientos, las manos deben quedar apoyadas sobre los senos.

4 Trata el hígado y el bazo. Comienza por la Posición 6 (véase página 228).

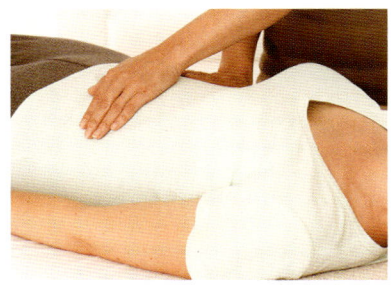
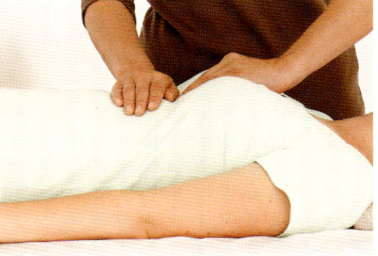

5 Adopta la Posición 7 (véase página 229) y desciende por la cara anterior del cuerpo.

6 Coloca las manos sobre el timo para fortalecer el sistema inmunológico.

Problemas visuales

Existen muchas formas de problemas visuales, que oscilan entre la ceguera en un extremo y el cansancio visual en el otro. En medio aparecen otras afecciones, como el astigmatismo, el estrabismo (ojo desviado), la miopía y la hipermetropía. Todos estos problemas están relacionados con la refracción de la luz a su paso por la lente ocular. Una persona miope, por ejemplo, puede ver los objetos que tiene cerca con bastante claridad, mientras que cualquier elemento situado a cierta distancia le aparece borroso. Una persona hipermétrope experimenta lo contrario. El astigmatismo es el resultado de una malformación de la córnea que provoca imágenes borrosas. El estrabismo está causado por el desarrollo excesivo o insuficiente de los músculos oculares, lo cual altera la visión. Y el cansancio visual suele ser experimentado por aquellas personas que utilizan ordenadores durante largos períodos sin descansar, o quienes deben leer atentamente textos y números por motivos profesionales.

El tratamiento habitual para los problemas visuales suele consistir en el uso de lentillas o gafas para corregir la visión. El tratamiento con láser también es posible para los casos más graves. La medicina ortodoxa no reconoce que los problemas visuales comunes estén relacionados con otras enfermedades, ni tengan otro origen que el desgaste natural de la visión, como parte del proceso de envejecimiento o el uso excesivo de la vista por motivos laborales. Pero la medicina china, sin embargo, indica que el debilitamiento de la función hepática es responsable del deterioro visual.

Desde el punto de vista emocional, cada tipo de problema oftalmológico parte de una causa diferente, pero en general se trata de la negación de ver algo. Por ejemplo, una persona miope posiblemente desee ver sólo lo que tiene enfrente, mientras que el hipermétrope prefiere no ver lo personal o relacionado con su propia vida y dedica su tiempo a visualizar el futuro.

Tratamientos complementarios

- ACUPUNTURA: estimula el hígado.

- EJERCICIO: existen varios ejercicios de Chi Kung específicamente creados para fortalecer la vista, así como ejercicios para el hígado.

Tratamiento Reiki

Concentra el tratamiento en los ojos y la cabeza, y en el hígado, para eliminar toxinas.

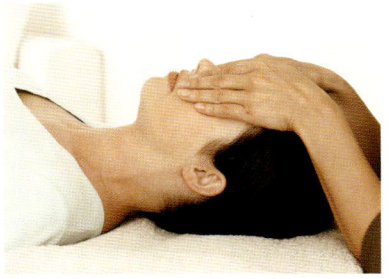

1 Coloca las manos sobre los ojos empleando la Posición 1b (véase página 221).

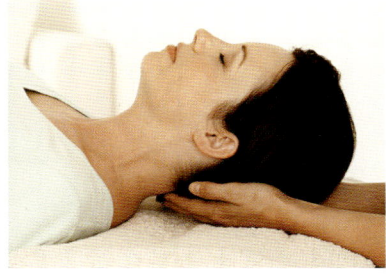

2 Sujeta la cabeza mediante la Posición 3c (véase página 224).

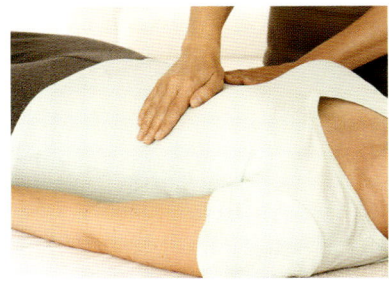

3 Trata el hígado con la Posición 6 (véase página 228).

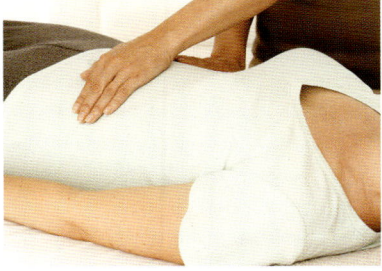

4 Mediante la Posición 7 (véase página 229) completa el tratamiento del hígado.

Ansiedad

Muchas personas experimentan cierto grado de ansiedad, pero cuando el cuadro se convierte en una respuesta dominante resulta perjudicial para la salud. La ansiedad es un término general que cubre diferentes emociones, desde el malestar leve al miedo intenso. Las causas de la ansiedad oscilan entre las respuestas aprendidas a situaciones específicas frente a conflictos internos inconscientes, y las respuestas psicológicas a determinados sucesos, provocadas por la sobreestimulación del sistema nervioso central.

La ansiedad provoca varios síntomas, que pueden ser de carácter leve o grave. Muchas personas que sufren un ataque de ansiedad experimentan palpitaciones, dolor en el pecho y dificultades respiratorias, y creen estar padeciendo un ataque cardíaco. Otros síntomas generales son las náuseas, el insomnio, la diarrea y la pérdida del apetito combinados con irritabilidad, miedos irracionales y pesimismo extremo. Los métodos ortodoxos para tratar este cuadro son la psicoterapia o el tratamiento psicológico, y la medicación para aliviar ciertos síntomas.

Desde el punto de vista emocional, la ansiedad representa la sensación de encontrarse solo en el mundo. La persona ansiosa no confía en el proceso de la vida y ha dejado de creer que el Universo siempre aporta soluciones a todas las situaciones.

Tratamientos complementarios

- REMEDIOS DE FLORES DE BACH: recurre al remedio rescate cuando sientas que la ansiedad comienza a agobiarte o cuando sufras un ataque de pánico.

- EJERCICIO: practica Yoga o Chi Kung con regularidad para reducir el estrés.

- MEDITACIÓN: la meditación regular o conexión con el Universo o Dios (o aquello que consideres la energía creativa del Universo) reducirá la sensación de separación.

Tratamiento Reiki

Esta secuencia equilibra las suprarrenales, que incrementan la producción de adrenalina cuando nos sentimos ansiosos y nos cansamos con facilidad.

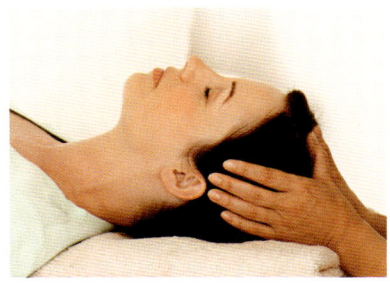

1 Apoya los «talones» de las manos sobre la coronilla, con los dedos dirigidos hacia las orejas.

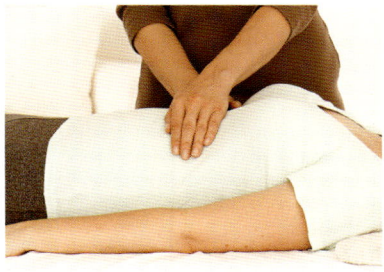

2 Trata la cara frontal del cuerpo, comenzando por la Posición 6 (véase página 228), centrada en el plexo solar.

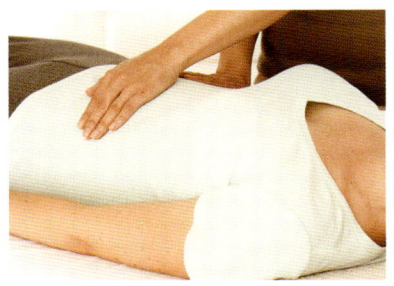

3 Desciende hasta llegar al hígado, el bazo, el páncreas y el estómago mediante la Posición 7 (página 229).

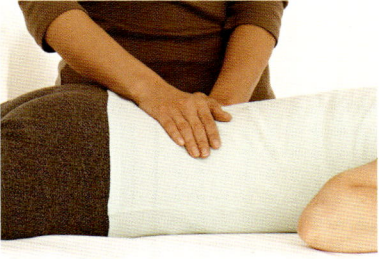

4 Sobre la espalda, trata las suprarrenales y los riñones mediante la Posición 14 (véase página 236).

Fatiga

La fatiga es un cuadro habitual en el mundo moderno que se caracteriza por algo más que una sensación de cansancio. Se trata de un conjunto de síntomas que incluye agotamiento, letargo y falta de motivación. La fatiga está causada por la falta de sueño, y por consiguiente puede acompañar al insomnio, pero también está causada por una dieta deficitaria. Otro posible origen puede ser un conjunto de trastornos subyacentes, como la anemia, la depresión, la ansiedad y el cáncer; por consiguiente, la fatiga persistente debe ser investigada por el médico.

El cuadro puede ser tratado mediante una modificación de la dieta y la incorporación de más alimentos ricos en hierro, ácido fólico y vitamina B$_{12}$, sustancias que también pueden ser tomadas en forma de suplementos. El reposo también es importante. La fatiga es un signo de que nos hemos esforzado mucho y como resultado nos encontramos desequilibrados. Es probable que hayamos dedicado demasiado tiempo a realizar actividades que consumen una gran cantidad de energía (como el trabajo) y no hayamos contado con la ocasión de recuperarnos a través de actividades enriquecedoras desde el punto de vista corporal, mental y espiritual, como la meditación, la pintura, la lectura y el cuidado de nuestro cuerpo. Como resultado, nuestra mente y nuestro cuerpo nunca han podido descansar por completo y nos hemos quedamos sin energía. La fatiga es un mensaje de la mente, el cuerpo y el espíritu que incita a cambiar la forma de vida y encontrar el equilibrio.

Tratamientos complementarios

- AROMATERAPIA: los masajes de aromaterapia, aplicados con regularidad, estimulan el cuerpo y lo relajan.

- EJERCICIO: el ejercicio suave como andar, practicar Yoga y Chi Kung nos ayudan a aliviar el estrés mental y físico.

- MEDITACIÓN: recurre a la meditación para aliviar el estrés mental.

Tratamiento Reiki

Como sucede con todas las enfermedades, en la medida de lo posible es preferible realizar un tratamiento completo, pero puedes centrarte en las áreas particularmente afectadas por el estrés para aliviar la fatiga.

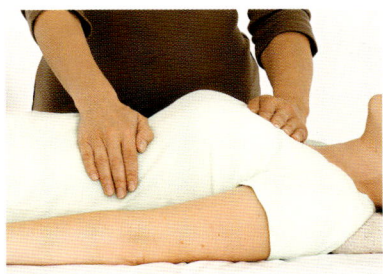

1 Apoya una mano sobre el timo y la otra sobre el bazo, situado sobre el lado izquierdo del cuerpo.

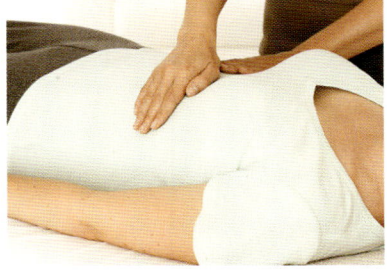

2 Coloca las manos sobre la cara frontal del cuerpo, cubriendo el plexo solar mediante la Posición 6 (página 228).

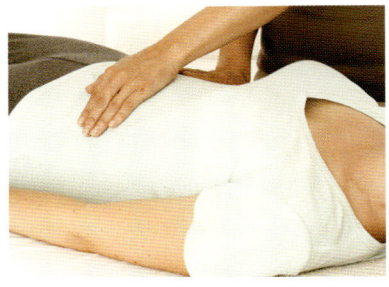

3 Desplaza las manos un palmo hacia abajo para adoptar la Posición 7 (véase página 229).

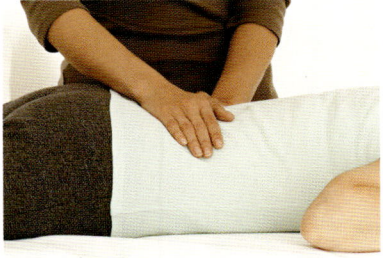

4 Trata las suprarrenales y los riñones sobre la espalda recurriendo a la Posición 14 (véase página 236).

Dolor de cabeza

Se produce por una constricción de los vasos sanguíneos del revestimiento cerebral, así como por la tensión del cuero cabelludo. Existen varios tipos de dolor, que oscilan entre una molestia sorda y palpitante y el dolor agudo. La principal causa del dolor de cabeza suele ser el estrés o la tensión provocada por factores emocionales, pero también puede derivar de factores medioambientales, como una mala iluminación o una dieta deficiente. Casi todos los dolores de cabeza se alivian y pueden ser tratados con analgésicos, pero los dolores persistentes pueden apuntar a una dolencia subyacente, por lo que deberías consultar a un médico.

Emocionalmente, un dolor de cabeza es un síntoma de sobrecarga mental.

Tratamiento Reiki

Trata la cabeza y continúa sobre las áreas afectadas por el estrés, como el plexo solar.

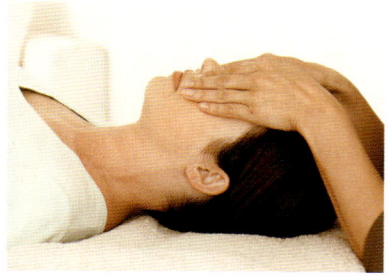

1 Trata la cabeza. Comienza por la Posición 1b (véase página 221).

Tratamientos complementarios

- AROMATERAPIA: frota lavanda sobre las sienes para reducir el dolor y favorecer la relajación.

- MASAJE: el masaje indio de cabeza o el masaje corporal completo ayuda a tratar el origen del dolor de cabeza.

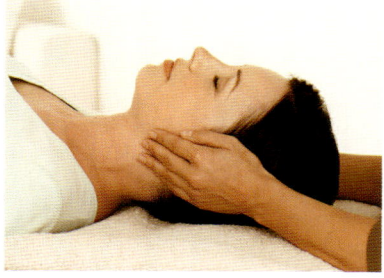

2 Continúa tratando la cabeza mediante la Posición 2a (página 222).

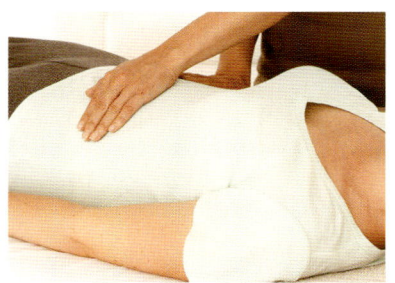 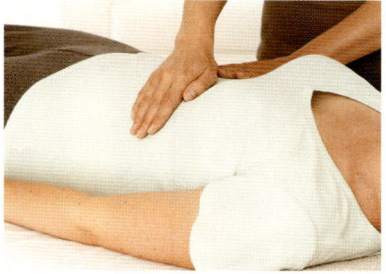

3 Trata el bazo, el hígado y el estómago. Comienza por la Posición 6 (véase página 228).

4 Continúa tratando el área adoptando la Posición 7 (véase página 220).

5 Trata las suprarrenales y los riñones sobre la espalda, utilizando la Posición 14 (véase página 236).

Insomnio

Los insomnes tienen dificultades para conciliar el sueño o mantenerlo. La mayoría de las personas experimenta insomnio alguna vez en su vida, en general en respuesta a situaciones estresantes. Sin embargo, en algunos individuos la falta de sueño se convierte en un cuadro crónico que puede durar años. Las causas de insomnio suelen ser ciertas afecciones subyacentes como la depresión y la ansiedad, si bien las personas que consumen drogas pueden experimentarlo durante los períodos de abstinencia. También puede estar vinculado a factores como un cambio de trabajo, la excesiva ingesta de cafeína y la falta de ejercicio.

El insomnio suele tratarse estableciendo un estilo de vida más regular que incluya un horario estricto para ir a la cama, pero el de origen depresivo puede resultar más difícil de tratar y requiere medicación o terapia psicológica.

La medicina china y otros métodos de curación consideran que el insomnio es una indicación de debilidad en el hígado y la vesícula biliar, por lo que el tratamiento se centra en estos órganos. Desde el punto de vista emocional, el insomne puede sentirse incapaz de rendirse o mostrarse vulnerable, que es lo que sucede cuando dormimos, y no consigue confiar en la vida. Asimismo, teme por su supervivencia.

Tratamientos complementarios

- AROMATERAPIA: además de los masajes de aromaterapia, puedes utilizar diversos aceites en casa, tanto para darte un baño como para perfumar la habitación. Consulta a un aromaterapeuta sobre los aceites que puedan darte mejores resultados. El aceite de lavanda es el más frecuentemente utilizado para inducir la relajación, pero también podrías probar con el pachulí y la benzoína.

- EJERCICIO: alguna forma de ejercicio cotidiano, como salir a andar, favorecerá la relajación.

- REMEDIOS DE HIERBAS: bebe infusiones de hierbas como camomila y escaramujo para calmar los nervios.

Tratamiento Reiki

Estas posiciones también resultan ideales para el autotratamiento del insomnio. Para conseguir el máximo beneficio, en la medida de lo posible aplica los tratamientos antes de la hora de dormir.

1 Coloca las manos en la Posición 1a (véase página 221) para conectar con el flujo energético del receptor.

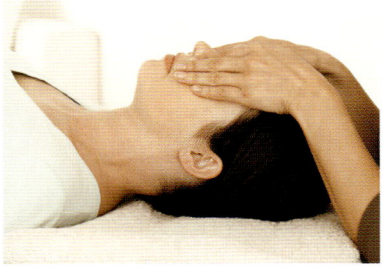

2 Pasa a la Posición 1b (véase página 221) desplazando las manos hasta el rostro del receptor.

3 Coloca las manos en la Posición 2a (véase página 222).

4 Suavemente adopta la Posición 3a (véase página 223), girando la cabeza hacia la derecha.

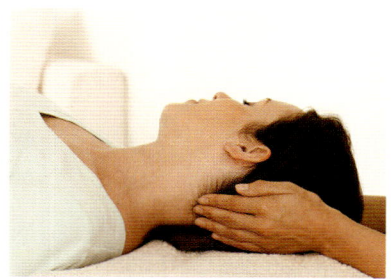

5 Ahora coloca las manos en la Posición 3b (véase página 224).

6 Lentamente gira la cabeza de nuevo hacia el centro, aplicando la Posición 3c (véase página 224).

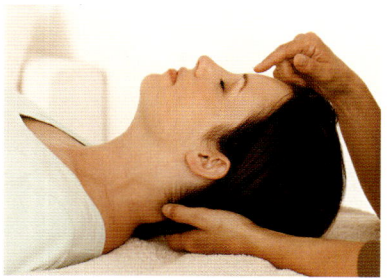

7 Si cuentas con el Segundo Grado de Reiki, adopta la Posición 4a (véase página 225) y traza los Símbolos 1 y 2 sobre la frente.

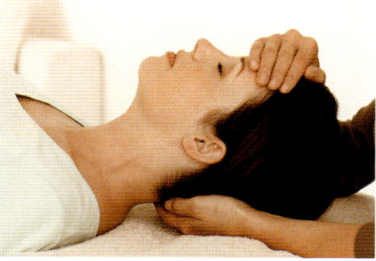

8 Manteniendo la mano izquierda en el lugar, mueve la derecha hasta cruzarla sobre la frente en la Posición 4b (véase página 226).

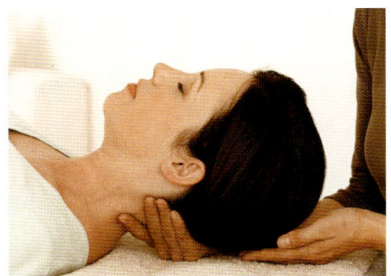 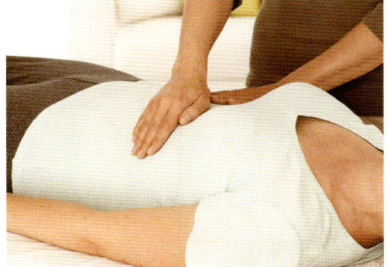

9 Con suavidad, desliza las manos para retirarlas de debajo de la cabeza, como en la Posición 4c (página 226).

10 Coloca una mano detrás de la otra bajo la zona del pecho, como en la Posición 6 (véase página 228).

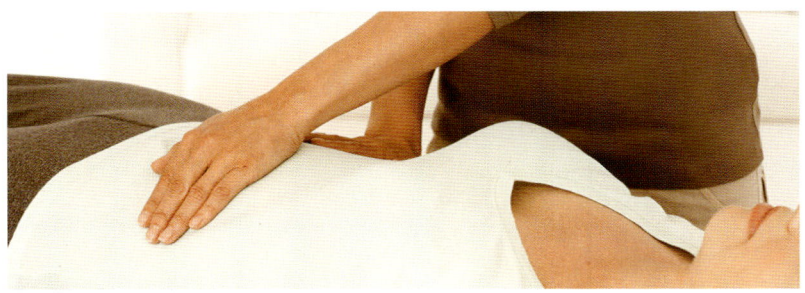

11 Para finalizar, desliza las manos hasta la Posición 7 (véase página 229). Es probable que la persona se relaje completamente, alcanzando un estado que le permitirá recuperarse.

PARTE 9
Reiki y otras terapias

Acupuntura

La acupuntura es uno de los métodos de curación más antiguos del mundo, y uno de los más conocidos componentes de la medicina tradicional china. Actúa estimulando puntos específicos de los meridianos mediante el empleo de agujas metálicas muy finas que atraviesan la piel. Pero no resulta tan doloroso como parece. Las agujas son manipuladas manualmente por el acupunturista, o bien es posible transmitir pequeñas corrientes eléctricas a través de ellas.

El objetivo de la acupuntura es equilibrar los elementos yin y yang. Yin se caracteriza por la energía fría y pasiva relacionada con lo femenino, en tanto que yang es la energía caliente y activa asociada a lo masculino. Cuando yin y yang no se encuentran en equilibrio se producen bloqueos en el flujo de *ki* alrededor de los meridianos, lo que posteriormente se manifiesta en forma de enfermedad. La inserción de las agujas elimina estos bloqueos.

En la actualidad, tanto los médicos ortodoxos, los especialistas en prácticas complementarias y un gran número de fisioterapeutas recurren masivamente a la acupuntura.

Esta disciplina trata un amplio abanico de dolencias, y ha demostrado resultar particularmente eficaz para calmar el dolor de espalda y controlar el dolor en general. En ciertos casos se utiliza para aliviar las náuseas provocadas por la quimioterapia, y también ayuda a algunas personas a liberarse de adicciones como el tabaco y las drogas.

Acupuntura y Reiki

Alternar tratamientos Reiki con acupuntura no reducirá la efectividad de ninguna de las dos disciplinas. De hecho, el Reiki mejorará los efectos de la acupuntura al facilitar la eliminación de bloqueos en los meridianos.

Advertencia

A pesar de que se han producido muy pocos casos de reacciones adversas a la acupuntura, existen ciertas pautas básicas que deberían ser respetadas.

Primero, asegúrate de que el acupunturista cuente con capacitación suficiente y con certificados que así lo demuestren. Cuanto más evidencia pueda enseñarte en cuanto a su experiencia, más probabilidades tendrás de recibir un tratamiento eficaz. En general, la recomendación personal se convierte en la mejor manera de encontrar un acupunturista, aunque también existen asociaciones profesionales que te ayudarán a encontrar un especialista en tu zona de residencia.

Asimismo, tendrías que asegurarte de que el acupunturista utiliza agujas desechables y abre el paquete frente a ti.

DERECHA. La acupuntura ayuda a eliminar los bloqueos de los meridianos, permitiendo que el *ki* vuelva a fluir.

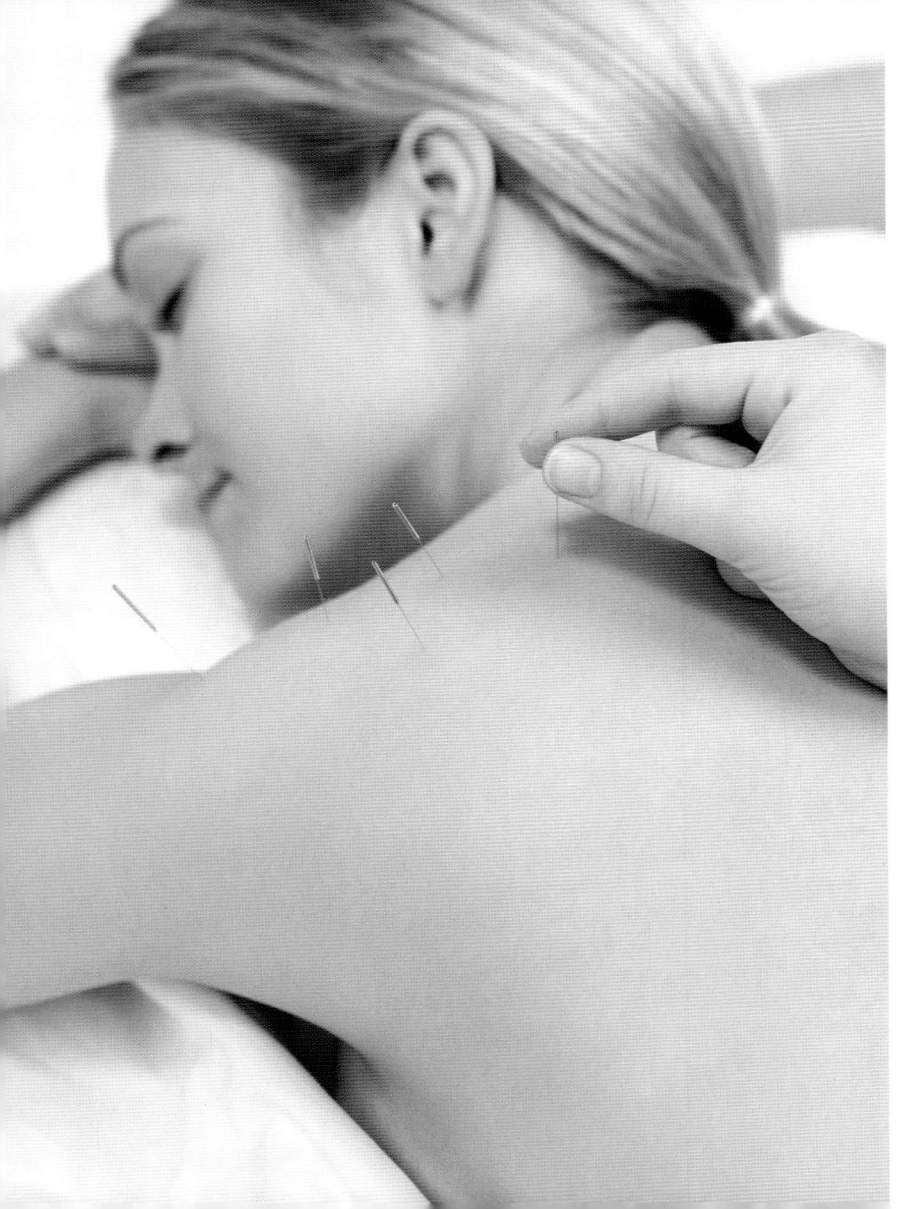

Aromaterapia

La aromaterapia es un arte antiguo, pero la moderna práctica de utilizar aceites destilados con fines curativos fue desarrollada en los años veinte por el químico francés René-Maurice Gattefossé. Un día, Gattefossé se quemó y sumergió el brazo en el líquido frío que más próximo encontró: aceite de lavanda. Entonces observó que el dolor disminuía, la quemadura se curaba con mayor rapidez de lo habitual y que la cicatrización era mínima o nula. Todos estos descubrimientos le impulsaron a investigar las propiedades curativas de otros aceites de plantas y frutos.

La aromaterapia tiene como finalidad tratar o prevenir la enfermedad con aceites esenciales. Puedes añadirlos al agua del baño o a un aceite base y dar un masaje. Ambos métodos se basan en la absorción del aceite a través de la piel. El otro procedimiento es la inhalación, ya sea mediante un quemador de aceite o directamente a través del vapor producido por agua caliente a la que se le ha añadido el aceite. De todas maneras, los métodos de utilización de los aceites a nivel doméstico son su incorporación al agua de la bañera o su inhalación. Los especialistas en aromaterapia, por su parte, tienden a combinar su uso con masaje.

La medicina ortodoxa no cree demasiado en la aromaterapia; sólo acepta que promueve la relajación. Esta actitud se basa en el hecho de que ha resultado difícil realizar estudios sobre esta disciplina en los que se aprecie un nivel aceptable de rigor científico

Aceites que interesa tener en casa

Si deseas comprar aceites para tener en casa, ten cuidado con las marcas económicas porque no te aportarán ningún beneficio y sólo te valdrán como ambientadores. Siempre deberías buscar aceites que ejerzan efectos terapéuticos. Sus precios varían considerablemente, pero a modo de guía tienes que saber que los aceites confeccionados a partir de plantas comunes, como lavanda o pino, son mucho más económicos que los más «exóticos», como el aceite puro de rosa.

- **Antibacteriano:** romero, árbol de té.
- **Antidepresivo:** lavanda, rosa.
- **Antifúngico:** lavanda, enebro.
- **Antiinflamatorio:** eucalipto.
- **Antiviral:** limoncillo, sándalo, tomillo.

ARRIBA. Los aceites esenciales estimulan partes del cerebro conectadas con las emociones, y cada uno de ellos favorece la consecución de cambios positivos.

para la comunidad médica. Desde el punto de vista fisiológico, existen dos explicaciones sobre el efecto de la aromaterapia y la razón por la que mejora las dolencias físicas y emocionales. La primera teoría asegura que los aromas estimulan el sistema límbico cerebral, que está vinculado al sistema olfativo y respalda las emociones. La otra explicación es que las esencias de plantas ejercen un efecto farmacológico. Si bien es necesario tomar ciertas precauciones durante el embarazo, la aromaterapia resulta segura.

Aromaterapia y Reiki

Los especialistas en aromaterapia suelen combinar Reiki con masaje porque ambas disciplinas se complementan intensificando sus respectivos efectos.

Masaje

El masaje es la manipulación de los tejidos blandos corporales, que puede aplicarse a todas las partes del cuerpo, y se centra en los músculos, los tendones, los tejidos conectivos y el sistema límbico. El masaje ha sido adoptado por la medicina ortodoxa para tratar una gran cantidad de dolencias físicas relacionadas con los músculos y las articulaciones; también es valorado por sus efectos sobre el estrés, la depresión y la ansiedad.

Tipos de masaje

En la actualidad existe una increíble cantidad de modalidades de masajes. Algunos de los más comunes son los siguientes:

Masaje sueco

Es una de las variedades más conocidas en el mundo, y se basa en cinco tipos de manipulación. Resulta eficaz en el tratamiento de la rigidez articular.

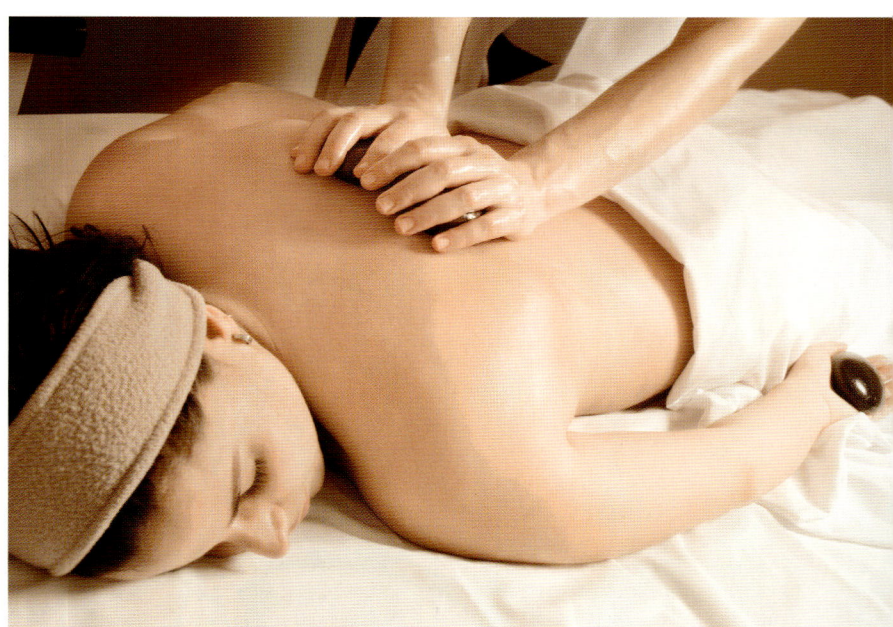

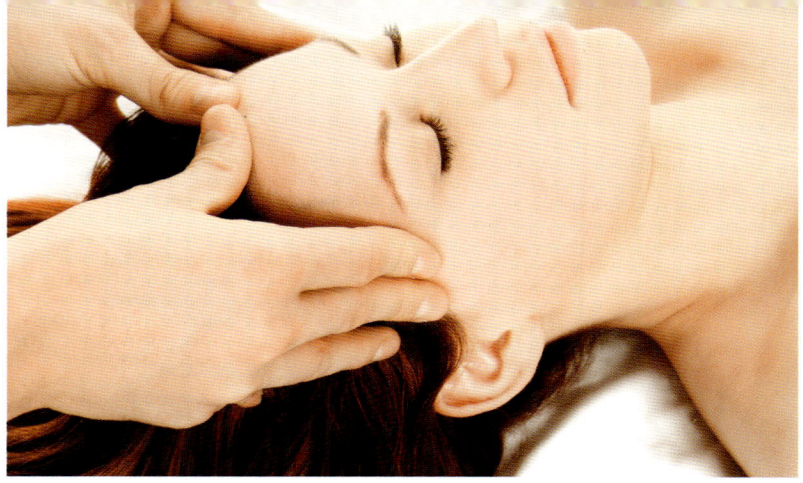

IZQUIERDA. El masaje es una forma muy reconocida y eficaz de tratar un gran número de dolencias físicas.

ARRIBA. El masaje indio de cabeza es muy popular y favorece el equilibrio de los chakras.

Shiatsu

Se trata de un método japonés de masaje que recurre a la presión del pulgar para trabajar sobre los meridianos. Parte del método incluye el estiramiento de las extremidades. Este método es muy adecuado para tratar las causas emocionales de las enfermedades físicas.

Masaje thai

Los tratamientos con masaje thai son en general más prolongados que los tratamientos habituales. Se basan en el Yoga, y durante el proceso el cuerpo es manipulado en posturas similares a las del Yoga. Al igual que en el caso del Shiatsu, también se aplica presión con los pulgares sobre puntos específicos. Resulta muy beneficioso para deshacer bloqueos energéticos y restablecer el equilibrio.

Terapia Bowen

Desarrollada por Tom Bowen, se trata de una técnica que consiste en practicar movimientos de rodamiento sobre los músculos, tendones y articulaciones. Resulta beneficiosa para liberar la tensión muscular y mejorar el flujo linfático.

Masaje indio de cabeza *(champissage)*

Esta modalidad se centra en la cabeza, el rostro y los hombros, y libera la tensión en todos los músculos de la zona. Su principal objetivo es equilibrar los chakras.

Masaje y Reiki

Tal como sucede con la aromaterapia, el Reiki se combina con mucha efectividad con el masaje. Las manos pueden canalizar la energía al tiempo que dan el masaje.

Remedios de flores de Bach

Este tipo de remedios fue desarrollado por Edward Bach, un médico que alcanzó gran renombre en su época. Su interés por la homeopatía y sus dotes naturales de sanador le empujaron a buscar alternativas más puras a las medicinas homeopáticas tradicionales que se basan en el tratamiento de la enfermedad mediante productos de dicha dolencia, lo que se conoce como «tratar lo similar con lo similar». La filosofía de este sistema es la de tratar los estados mentales y emocionales del paciente para desbloquearlos, ya que una vez conseguido este objetivo los síntomas físicos que se manifiestan como resultado de las emociones acaban por curarse.

Valiéndose de su intuición, se pasaba las primaveras y los veranos buscando plantas y preparando remedios con los que pudiese afectar cada estado emocional, y así consiguió un grupo de 38 sustancias que los trataba de forma individual. Los remedios están confeccionados a partir de dos métodos, que consisten bien en sumergir las flores en agua pura durante varias horas, o en hacerlas hervir durante treinta minutos. Posteriormente se las combina con brandy puro para preservarlas, en una proporción de 50/50.

Un especialista en este tipo de terapia sabrá aconsejarte qué remedio, o combinación de remedios, resultará más adecuado para tu estado emocional específico. Un método que yo he utilizado con buenos resultados es el de dejar actuar un péndulo sobre un listado de remedios con la intención de seleccionar el más apropiado, ya fuera para mí o para otra persona a la que también estuviera tratando con Reiki. Los remedios de Bach resultan de suma utilidad para tratar tanto a niños como a adultos, y no se les conocen efectos adversos.

Cómo tomar los remedios

Puedes verter algunas gotas sobre tu lengua o bien diluir cuatro gotas en 30 ml de agua y beber el líquido, cuatro veces al día.

> **Remedios que interesa tener en casa**
> - **Olmo:** cuando los sentimientos de responsabilidad resultan abrumadores.
> - **Aulaga:** cuando predomina la sensación de desesperanza o desesperación.
> - **Olivo:** para el cansancio derivado de un esfuerzo físico o mental.
> - **Remedio rescate:** es el más famoso de los productos desarrollados por el Dr. Bach como un recurso de primeros auxilios emocional. Para ello se basó en su observación de las típicas reacciones emocionales frente a las crisis.
> - **Estrella de Belén:** se emplea para tratar las conmociones.

DERECHA. Estos remedios no presentan ningún efecto adverso, por lo que resultan adecuados para tratar a niños.

REMEDIOS DE FLORES DE BACH

REIKI Y OTRAS TERAPIAS

Ayurveda

La medicina ayurvédica es un antiguo sistema proveniente de India que aún hoy se utiliza. En los últimos años ha alcanzado una gran popularidad en Occidente, por lo cual resulta sencillo encontrar especialistas y cursos de capacitación. Originada en la filosofía de los Vedas, Ayurveda enfoca el tratamiento de forma holística. Incluye ocho ramas, similares a las divisiones de la medicina occidental.

El sistema se basa en el concepto de que la salud óptima depende del equilibrio de los tres *Doshas,* llamados Vata, Pitta y Kapha. Si bien cada persona muestra un *Dosha* dominante, los tres deben mantener el equilibrio. El médico ayurvédico examina al paciente tanto desde el punto de vista físico como emocional, y le toma el pulso para determinar su *Dosha* dominante y aquello que no se encuentre en equilibrio. A continuación trata el desequilibrio con diferentes remedios de hierbas y puede recomendar una dieta basada en el principio de que ciertos alimentos calman o irritan cada uno de los *Doshas*. También puede recurrir al tratamiento mediante masajes.

Ayurveda y Reiki

Los tratamientos ayurvédico y de Reiki combinados pueden curar enfermedades con rapidez y evitar su recurrencia en muchas personas.

IZQUIERDA. Ayurveda es un completo sistema de medicina que incluye una gran variedad de tratamientos, desde asesoramiento dietético hasta masaje.

Los tres *Doshas*

Los *Doshas* se asemejan al concepto de los «humores corporales», que formaban parte de la primera medicina occidental.

Vata

Asociado al elemento aire y al éter, Vata rige la respiración, el movimiento muscular y el ritmo cardíaco. Las personas con un Vata dominante son creativas, delgadas, excitables, impulsivas y proclives a sufrir jaquecas, hipertensión y problemas con el sistema nervioso cuando Vata se encuentra desequilibrado.

Pitta

Asociado al agua y el fuego, Pitta rige la digestión, el metabolismo y la inteligencia, entre otras cosas. Las personas con un Pitta dominante poseen intelectos agudos y una constitución mediana y fuerte; son competitivas y enfurecen con facilidad, y tienden a sufrir úlceras, erupciones cutáneas, insomnio y anemia cuando Pitta se encuentra desequilibrado.

Kapha

Asociado al agua y a la tierra, Kapha rige la estructura física del cuerpo y la lubricación de las articulaciones. Las personas con un Kapha dominante son lentas para hablar y moverse, presentan una contextura física gruesa, son tranquilas y suelen padecer sinusitis y problemas respiratorios cuando Kapha se encuentra desequilibrado.

Yoga

Una de las ventajas del Yoga es que, junto con el Reiki, es una práctica que puedes llevar a cabo por tu cuenta. Además de ello, sus posturas no sólo actúan sobre el cuerpo energético, sino que también estiran el cuerpo físico, asegurando que la movilidad se mantenga durante más años. A pesar de que el Yoga pueda parecer demasiado intenso para quienes sufren problemas musculoesqueléticos, un profesor experimentado es capaz de adaptar las posturas para incluir a estas personas en sus clases, o bien impartir clases especiales para quienes necesitan una forma de actividad mucho más suave. El Yoga se origina en antiguos textos indios que describen la filosofía que sustenta la práctica y las posturas *(asanas)*, así como los ejercicios respiratorios y las diferentes formas de meditación.

El Yoga equilibra los chakras, y las posturas apuntan a impulsar el movimiento del *ki* por el cuerpo. A esto se lo conoce como *prana* en la tradición yogui. A través de una serie de posturas que trabajan sobre todo el cuerpo, la energía *kundalini* almacenada en el extremo final de la columna asciende por cada chakra hasta alcanzar el de la corona. Conseguir transportar la energía hasta la corona produce lo que se conoce como *samadhi*, un estado en el que experimentamos la unidad con el espíritu universal.

Hatha yoga

La forma de Yoga más comúnmente practicada en Occidente es el hatha yoga, que se basa en adoptar posturas físicas. Existen varias formas, y tres de las más conocidas reciben el nombre de Iyengar, Ashtanga y Sivananda. En la actualidad, existe una nueva forma llamada Bikram, que es muy física y se lleva a cabo en salas como saunas para favorecer la sudoración.

Iyengar

Esta forma de Yoga se centra en la correcta alineación del cuerpo para cada postura, y utiliza una variedad de elementos, como correas y mantas, que permiten al alumno adoptar posturas avanzadas.

Ashtanga

Se trata de una forma de Yoga muy activa que resulta difícil para el principiante. Se centra en la fuerza y la flexibilidad del alumno y en sincronizar todos los movimientos con la respiración.

Sivananda

Este tipo de Yoga se centra en el trabajo de la zona del plexo solar. Combina la aplicación de posturas con técnicas respiratorias, dieta y meditación.

DERECHA. El yoga equilibra los chakras y mejora el flujo de *ki* por el cuerpo.

Chi Kung

Al igual que la acupuntura, el Chi Kung es uno de los pilares de la medicina tradicional china. Significa «cultivo de energía», y se asemeja al Yoga en que recurre a movimientos corporales y a la respiración para mejorar el flujo energético por el cuerpo, pero es menos extremo en las posturas y puede resultar más adecuado para quienes tienen una movilidad reducida o prefieren realizar movimientos más lentos y meditativos.

Los orígenes, teoría y práctica del Chi Kung aparecen en el *Clásico de Medicina Interna del Emperador Amarillo*, un texto médico escrito alrededor del siglo III aC. que aún sigue siendo consultado por los especialistas en medicina china. En los últimos veinte o treinta años, el Chi Kung ha resurgido en China, y millones de personas de todas las edades lo practican a diario en ese país. Por este motivo, sólo se dio a conocer más recientemente en Occidente, si bien en la actualidad está incrementando su popularidad tanto como el Tai Chi, una práctica relacionada a la anterior pero que en sus ejercicios recurre a series de pasos más prolongadas.

Gracias a sus suaves ejercicios de estiramiento, combinados con técnicas de respiración y visualización, el Chi Kung equilibra el *chi* con el principal objetivo de prevenir la enfermedad y promover la longevidad.

IZQUIERDA. El Chi Kung mejora el flujo energético y resulta adecuado para las personas con movilidad reducida.

La tradición taoísta

Existen diversos estilos de Chi Kung que parten de cinco tradiciones: taoísta, budista, confucianista, médica y artes marciales. Entre ellas, la taoísta es la que forma las raíces del Chi Kung. Esta línea de pensamiento se basa en una visión orgánica del mundo centrada en la necesidad de mantener la armonía con el Tao. El Tao es algo que no puede ser explicado: simplemente es. El Chi Kung es una vía hacia ese estado de armonía que se conoce como «alcanzar el Tao».

Chi Kung y Reiki

Los especialistas en Reiki notarán que el Chi Kung les resulta fácil de practicar debido a sus conocimientos sobre el trabajo energético. Pracitcar Chi Kung ayuda a comprender el Reiki desde otra perspectiva, y por eso mejora la capacidad de trabajo con la energía. También es posible realizar sanación a distancia con el Chi Kung si llevas tiempo practicándolo. Entre mi maestra de Chi Kung y yo nos intercambiábamos sanaciones a distancia: yo me valía del Reiki y ella de su disciplina, y me hacía sentir la energía tan intensamente como si me hubiese estado enviando Reiki. Es probable que lleve más tiempo conseguir esta habilidad con el Chi Kung, pero también refleja el hecho de que los símbolos son simples herramientas: según lo que sabemos en la actualidad, Usui los incluyó en la práctica precisamente con ese fin.

Terapia con cristales

Los cristales han sido utilizados con fines terapéuticos. En la actualidad han recuperado su popularidad, y muchas personas los compran no sólo por sus poderes curativos, sino también por su belleza. Tal como sucede con las plantas, los alimentos y los colores, cada cristal presenta una vibración energética única en su tipo que puede ser aplicada para equilibrar la energía.

Los cristales deben ser sometidos a un proceso de limpieza antes de su uso. Si necesitas más información, deberías consultar un libro como *La biblia de los cristales*, que te aportará datos sobre las propiedades de los distintos tipos de cristales. No importa si compras los cristales en su estado original o pulidos y cortados: su poder no varía. Se trata, en última instancia, de una cuestión de gustos personales.

Los cristales pueden ser utilizados de distintas maneas. Los terapeutas de chakras suelen colocarlos sobre el cuerpo, empleando una variedad diferente para cada chakra. En *La biblia de los chakras*, Patricia Mercier ofrece información detallada sobre los cristales adecuados para activar, calmar o equilibrar cada chakra.

Cristales populares

Los cristales más populares son los que pertenecen a la familia del cuarzo, puesto que su estructura les permite encerrar más energías sanadoras. La amatista y el cuarzo rosa resultan, además, fáciles de conseguir.

Amatista
Se considera que este cristal es un poderoso aliado del progreso espiritual que promueve sentimientos de amor divino, intuición e inspiración creativa, debido a que actúa tanto sobre las glándulas pineal y pituitaria como sobre las actividades del cerebro derecho. Desde el punto de vista físico, refuerza los sistemas endocrino e inmunitario.

Cuarzo rosa
Conocido como «la piedra del amor», este delicado cristal rosa promueve el perdón y la compasión y restablece el equilibrio emocional ayudándonos a liberar la ira y el miedo. Desde el punto de vista físico, actúa sobre el bazo, los riñones, el corazón, la circulación y el sistema reproductor.

Cristales y Reiki

A pesar de que el uso de cristales no forma parte del sistema Reiki original, muchos maestros y practicantes los emplean en la actualidad como un complemento del tratamiento. Los especialistas en Reiki que utilizan cristales suelen colocar las piedras en la habitación que utilizan para ofrecer tratamientos. Los cristales se cargan con Reiki y, al parecer, amplifican dicha energía. Puedes encontrar más detalles sobre este tema en el libro de Penélope Quest titulado *Reiki para la vida*.

DERECHA. La popularidad de los cristales se basa tanto en su belleza como en su capacidad para aliviar dolencias.

Terapia con color

En textos antiguos de India, China y Egipto se ha encontrado evidencia del uso del color como una forma de terapia holística. La práctica se basa en el principio de que el color se forma a partir de luz de diferentes longitudes de onda, y esta forma de energía afecta a las células vivas. Utilizadas correctamente, las distintas longitudes de onda (es decir, los diferentes colores) pueden ser aplicadas para sanar cualquier dolencia del cuerpo, la mente o el espíritu, y es posible combinarlos sin riesgo con la medicina ortodoxa o bien con terapias alternativas como el Reiki. No obstante, la terapia con color no trata directamente la enfermedad, sino el bloqueo energético o desequilibrio que se manifiesta como un malestar físico.

Los métodos más comunes que utilizan los especialistas en esta terapia consisten en aplicar sedas de colores sobre el cuerpo, dirigir luces coloreadas sobre el mismo y meditar sobre los colores. También analizan las preferencias de colores de cada persona, ya que se supone que revelan desequilibrios en ciertas áreas, y a partir de entonces recomiendan maneras de incorporar dichos tonos a la vida personal para restablecer el equilibrio.

ABAJO. Los tratamientos de Aura Soma han demostrado ser especialmente eficaces para la liberación de bloqueos emocionales.

Color	Cualidades
Rojo	Energiza e incrementa la circulación sanguínea. Si la persona se encuentra agitada, debería evitar este color.
Anaranjado	Respalda al chakra sacro, que está asociado a las relaciones, la sexualidad y la creatividad. Resulta de gran ayuda en el tratamiento del bazo y los riñones.
Amarillo	Este color, que está conectado con el plexo solar, activa el sistema nervioso y resulta beneficioso para los problemas cutáneos.
Verde	Está asociado al corazón; resulta calmante y actúa como purificador de todo el cuerpo físico.
Turquesa	Mejora las dolencias asociadas al chakra garganta; también se utiliza para curar infecciones agudas. Emocionalmente, fomenta la comunicación con otras personas.
Azul	Este color tranquilizante suele ser utilizado para aliviar el dolor y los problemas de sueño. También se cree que favorece el crecimiento espiritual.
Violeta	Este tono resulta muy beneficioso para los ojos, y favorece las actividades mentales y emocionales como la inspiración y las revelaciones de naturaleza espiritual.

Índice alfabético

A

abrasiones 328, 329
aceite de romero 338
acné 272, 332-5
acupresión
    enfermedad de la vesícula biliar 322
    sinusitis 346
acupuntura 258, 370-1
    diabetes 320
    enfermedad de la vesícula biliar 322
    pautas 370
    problemas de circulación 314
    problemas visuales 356
    sinusitis 346
ADN humano 92
adolescencia 272-5
afirmaciones 73
agua 288
Aiki Jujutsu 30
Aikido 30
alergias 340-1
    y eccema 330
Alianza de Reiki 51, 197
alimentos 268-91
    alergia 340
    enviar Reiki a 288
    véase también dieta
    y energía 288-9
    y los chakras 290-1
alimentos crudos 288
alimentos procesados 288
alma
    y muerte 284
    y sanación 54, 55
aloe vera, gel 329
alumnos convertidos en maestros de Reiki 186-9
Amaterasu Omikami 21
amatista 384
amor
    y compasión 72
    y sanación 54
amputación 182
amputaciones 182
ancianos 258-9
    vida y longevidad 268
anemia 308, 316-17
anemia aplástica 316
anestesia 261
animales 258, 262-3
ankh egipcio 92, 93
anorexia 348
ansiedad 120, 358-9
    y masaje 374
    y respiración 74
años de adolescencia 271, 272
árbol de té, aceite 336
área de la cabeza, posiciones de manos para tratar a otras personas 220-7
área pélvica
    autotratamiento 214
    tratar a otras personas 230
aromaterapia 372-3
    aceite de lavanda 178, 364, 372
    aceites beneficiosos 372
    dolor de cabeza 362
    dolor de espalda 344
    fatiga 360
    hipertensión 312
    insomnio 364
        masaje 373
        anemia 316
        hipercolesterolemia 318
    picaduras de insectos 336
    problemas dentales 324
    problemas menstruales 348
    shock 310
    sinusitis 346
artes marciales 15, 29, 30-1, 57
artritis 217, 242, 258, 342
    tratamiento Reiki 327
    tratamientos complementarios 327
artritis reumatoide 327, 342
ashtanga yoga 380
asma 242, 352-3
aumento de peso 280, 281
    y la menopausia 281
auras 100, 101, 122-5
    percibir 124
    purificación 125, 155
    ver 123
    y sanación a distancia 176
autosanación/tratamiento 132, 148, 148-9, 189, 206-15
    posiciones de manos 148, 206-215
        área de la garganta 212
        conectar contigo mismo 300-3
        dolor de cabeza 293

espalda 215
estómago 213
hombros 216
migrañas 293
para ira 296-7
pies 217
rodillas 217
suprarrenales 215
tobillos 217
Ayurveda 10, 16, 18, 378-9
Doshas 379

B

Baihui, puntos 192
Bailey, Alice 156, 157
baños de avena, eccema 330
bazo, autotratamiento 212, 213
bebés 250-1, 256-7
  conciliar el sueño 256
  en incubadoras 261
  equilibrio energético total 257
bebidas 288
beneficios del Reiki 129
beneficios emocionales del Reiki 129
bilis 322
Bodhisattva (seres iluminados) 27
Bowen, terapia 375
budismo 12, 15, 16, 39
  japonés 18-19, 24
  mantra tibetano 88
  nichiren shoshu 88
  shugendô 16, 18, 21, 28
  véase también budismo tendai
  y cinco principios espirituales del Reiki 60
  y shinto 21
  y símbolo DKM 190
  y símbolos de Reiki 190
budismo mahayana 18
budismo nichiren shoshu 18, 88
budismo tendai 18-19, 21
  tradición *Mikkyô* 18, 26, 30, 56, 190
  y Mikao Usui 24, 25, 26-7
  y ritual de iniciación 173
  y símbolos de Reiki 190
budismo theravada 18
budismo tibetano 88

C

caballos 262
café 288
cálculos 322
caligrafía 90
cambio y transición 270-1
camilla para masaje 178
cánticos 132
  mantras 88-9
  poemas *waka* japoneses 90
casas
  cubrir con símbolo CKR 166
  sanación 154-5
caspa 338-9
chakra corazón 106, 107, 111
  eccema 330
  insomnio 364
  meditación 298-9
  posiciones de manos para tratar a otras personas 231
  quemaduras 329
  trastornos autoinmunes 342
  y alimentación 291
  y sistema endocrino 118, 119
chakra corona 106, 107, 114
  y alimentación 291
  y sistema endocrino 118, 119
chakra garganta 106, 107, 112, 115
  y alimentación 291
  y sistema endocrino 118, 119
  y terapia con color 387
chakra plexo solar 106, 107, 110
  y alimentación 291
  y sistema endocrino 118, 119
  y terapia con color 387
chakra raíz 106, 107, 108
  y alimentación 290, 291
  y sistema endocrino 118, 119
  y trastornos tiroideos 326
chakra sacro 106, 107, 109
  posiciones de manos, tratar a otras personas 231
  y alimentos 291
  y sistema endocrino 118, 119
  y terapia con color 387
chakra tercer ojo 106, 107, 113
  y alimentos 291
  y símbolo SHK 169
  y sistema endocrino 118, 119
chakras 100, 106-13
  caso de estudio 115
  colores 106
chamanismo 20, 21
Charaka Samhita 18
Chia, Mantak, *Despierta a la Luz curativa del Tao* 10
chi 10, 16, 105
  véase también ki
Chi Kung 12, 58, 312, 382-3
  acné 332
  anemia 316
  ansiedad 358
  asma 352
  cuerpo energético 100
  Dantian 105

diabetes 320
ejercicio respiratorio 74, 76-7
ejercicios para equilibrar *ki* 192-5
enfermedad de la vesicular biliar 322
fatiga 360
Lluvia de Luz 134-5
masaje sobre meridianos 180-1
problemas visuales 356
tradición taoísta 383
y longevidad 268
y maestros de Reiki 189
y sistema nervioso 120
ciclo lunar, y meridianos 102
ciclo solar, y meridianos 102
ciencia, y fuerza vital universal 10
cinco elementos del Reiki 58-9
cinco principios espirituales (Gokai) 33, 58, 60-73
   compasión 72-3
   evitar la ira 64-5
   evitar preocupación 66-7
   humildad 68-9
   importancia de 60-1
   meditación sobre 60, 61, 62-3
   sinceridad 70-1
colores
   aura 122-3
   chakras 106
      y alimentación 290, 291
   símbolos Reiki 164, 190
   terapia con color 386-7
compasión
   como principio espiritual 72-3
   y sanación 54
conmoción 310-11
   tratamiento para 182

corona 106, 107, 114, 118, 119
   elementos 106
   y alimentación 290-1
   y autotratamiento 214
   y cristales 384
   y el aura 122, 123
   y posiciones de manos 229, 231
   y sanación mediante las palmas 86
   y sistema endocrino 116-19
   y yoga 380
cirugía 258, 260-1
clases «rápidas» de Reiki 58
Clásico de Medicina Interna del Emperador Amarillo 18, 383
cobrar por el Reiki 200-1
colesterol 318-19
colesterol en sangre 318-19
concentración, incremento en niños 254-5
corazón
   posiciones de manos para tratar a otras personas 235
   y trastornos autoinmunes 342
cortes 328, 329
crecimiento espiritual, y terapia con color 387
cristianismo 28, 38
   fuerza vital universal 10
   y la cruz 92
   y las experiencias sanadoras 147
   y Mikao Usui 39, 40, 60
cruces como símbolos 93, 94
cruz celta 92, 93
cruz latina 93
cuarzo rosa 384

cuello, tratamiento para estrés 205
cuerpo causal 122
cuerpo emocional 122
cuerpo energético 98-125
   chakras 100, 106-13
   Dantian 104, 105
   el aura 100, 101, 122-5
   los tres tesoros 105
   meridianos 100, 102-3
   órbita microcósmica 104, 105
   y cuerpo físico 100, 116-21
   respiración 74, 76-7, 81, 82
   Yoga 58, 74, 82
   para el *ki*
      abrir y cerrar 192-3
      equilibrar el *ki* 192-5
      menopausia 282-3
      órbita microcósmica 194-5
   véase también Chi Kung
cuerpo espiritual 122
cuerpo etérico 122
cuerpo ketérico 122
cuerpo mental 122
cuerpo mental superior 122
cuerpo y sanación 54

D

Dantian 104, 105
darte a conocer 201
deficiencia de hierro 316
depresión 120
   e insomnio 364
   y masaje 374
dermatitis 330, 338
desarrollo espiritual 129, 130, 162
desastre medioambiental 156
descubrir el Reiki 52-137

energía y sistemas corporales 98-125
espiritualidad 56-73
iniciaciones 96-7
mantras 88-9
poemas *waka* japoneses 33, 90-1
sanación 54-5
sanación mediante palmas o imposición de manos 84-5
símbolos 43, 58, 92-5
técnicas respiratorias 58, 74-83
desgaste auditivo 268
diabetes 118, 136, 182, 320-2, 342
 tipos 320
 tratamiento Reiki 321
 tratamientos complementarios 320
diagnóstico médico 308
diario 90
dieta
 acné 332
 anemia 316
 artritis 327
 asma 352
 diabetes 320
 enfermedad de la vesícula biliar 322
 fatiga 360
 hipercolesterolemia 318
 hipertensión 312
 infertilidad 350
 problemas circulatorios 314
 problemas de próstata 349
 sinusitis 346
 trastornos tiroideos 326
 y alergias 340

dinero, cobrar por Reiki 200-1
Dios
 y energía 10, 12
 y espiritualidad 57
Doi, Hiroshi 46
 Iyashino Gendai Reiki-ho 24
dolor de cabeza 242, 362-3
 alivio 293
 primeros auxilios 308
 tratamiento Reiki 362-3
 tratamientos complementarios 362
dolor de espalda 344-5
dolor dental 209, 324-5
dolores del período 272
Doshas 379

E

eccema 242, 330-1, 338
ejercicio
 básico de energía 13
 conecta contigo mismo 300-3
 del árbol 304
 niños y relajación 252
ejercicio del árbol 304
ejercicio para
 acné 332
 alergia 340
 alivio del estrés 292
 anemia 316
 ansiedad 358
 artritis 327
 asma 352
 diabetes 320
 enfermedad de la vesícula biliar 322
 fatiga 360
 hipertensión 312
 infertilidad 350

 insomnio 364
 problemas circulatorios 314
 trastornos autoimmunes 342
El arte japonés del Reiki (Steine y Steine) 33, 58-9, 60, 86
El espíritu del Reiki (Lubeck) 90
e-mail 292
embarazo 276-7
emociones
 acné 332
 alergias 340
 ansiedad 358
 diabetes 320
 dientes y encías 324
 dolor de cabeza 362
 dolor de espalda 344
 eccema 330
 enfermedad de la vesícula biliar 322
 equilibrio 273-5
 fatiga 360
 hipercolesterolemia 318
 hipertensión 312
 problemas circulatorios 314
 problemas de próstata 349
 resfriados 354
 trastornos tiroideos 326
En no Gyôja 21
energía 10-13
 asentar 152-3, 242, 243
 ejercicio básico de energía 13
 en niños 250, 252, 257
 espirales como símbolos de 92
 percibir la energía de los símbolos 164-5
 trabajar con 12
 y alimentación 288-9
 y fuerza vital universal 10-11

y respiración 74
y sanación mediante palmas o imposición de manos 85
y símbolos de Reiki 43
energía, asentar 152-3, 242, 243
energía de la tierra y símbolo CKR 166
energía femenina, respuestas de sanación 144
energía masculina, respuestas de sanación 144
enfermedad crónica 136
enfermedad de la vesícula biliar 322-3
enfermedad de las encías 324-5
enfermedad terminal 136, 258
enfermedades agudas 242, 244
enfermedades crónicas 242, 244, 308
  ancianos 258
epilepsia 114
escaldaduras 328, 329
espalda
  autotratamiento 215
  tratamiento sobre otra persona 235
espiral celta de nudos 93
espirales como símbolos 93, 94
espirales prehistóricas 93
espiritualidad y Reiki 56-73
  cinco elementos del Reiki 58-9
  cinco principios espirituales 60-73
  y religión 56
espondilitis 327
estómago, autotratamiento 213
estrés 128, 292-3
  problemas de próstata 349
  problemas menstruales 348

y asma 52
y masaje 374
estrés laboral 292, 294-5
estrógeno 118
etapas de la vida 266-85
  adolescencia 272-5
  cambio y transición 270-1
  menopausia 270, 280-3
  muerte y sufrimiento 70, 284-5
  parto 276, 278-9
  proceso de envejecimiento 268-269
exámenes, incremento de concentración 254-5

F
fatiga 360-1
felicidad y los cinco principios espirituales 60, 61
fiebre del heno 340
flexibilidad del Reiki 132
flores 265
fortalecimiento a través del Reiki (Horan) 142
fortalecimiento espiritual 96-7
fractura de huesos 182
fruta 288, 291
fuerza vital 7
  universal 10-11
Furumoto, Phyllis Lei 51

G
garganta
  posiciones de manos 220-7
    autotratamiento 212
Gasshô, posición 60, 61, 62, 63
  ejercicios respiratorios 81, 82
gatos 262, 263
Gattefossé, René-Maurice 372

glándulas suprarrenales 116, 117, 118, 119
  e hipertensión 313
  equilibrar las emociones 273
  posiciones de manos
    autotratamiento 215
    tratamiento sobre otra persona 235-6
glándula tiroides 116, 117, 118, 119
Gokai, véase cinco principios espirituales
gónadas 116, 117
gota 327
gratitud, y humildad 69
gripe 245

H
hara 62, 100
  abrir y cerra el *ki* 193
  técnicas respiratorias 81, 82
  y autotratamiento 214
  y chakra sacro 109
  y el cuerpo energético 105
  y meditación con sonido 89
  y sanación con palmas 86
  y símbolos del Reiki 164, 166
Hatamoto Samurai 24
hatha yoga 380
Hay, Louise 65
Hayashi Reiki Kenkyu Kai 36
Hayashi, Chujiro 36-7, 39, 48, 51, 173, 204
hemorragia cerebral 120
heridas 328-9
  en animales 262
  sanación 155
  tratamiento Reiki 329

tratamientos complementarios 329
hígado, autotratamiento 213
higiene personal 180-1
hinduismo 12, 18
    y chakras 109
hipercolesterolemia 318-19
hipertensión 308, 312-13
hiperventilación 74
hipoglucemia 118
Hiroshi Doi 46
hombres
    conectar contigo mismo 302
    infertilidad 350
    posiciones de manos para área pélvica 230
    problemas de próstata 349
    sanación, respuestas 144
hombros
    autotratamiento 216
    tratamiento para estrés 205
    tratar a otras personas 234
homeopatía 376
Horan, Paula 142
hospitales 136
    tratamientos antes y después de la cirugía 261
HRT (terapia de sustitución hormonal) 280
huesos fracturados 182
Huiyin, puntos 192
humildad 68-9
Hyakuten, Inamoto 90, 91

I

iguanas 262
imagen corporal en adolescencia 272
imposición de manos/palmas, sanación 58, 84-6
    véase también posiciones de manos
    y Usui Reiki Ryôhô Gakkai 33
Inamoto, Hyakuten 24
incubadoras, bebés en 261
India 10, 16, 18, 378-9
    Ayurveda 10, 16, 18
infecciones de oído 351
infertilidad 350
iniciaciones 58, 96-7, 189
    ejercicio para equilibrar el *ki* 194
    rituales 173
insomnio 120, 241, 268, 364-7
Internet, darte a conocer 201
ira
    autotratamiento 296-7
    cómo evitarla 64-5
islam 88
isletas de Langerhans 116, 117, 118, 119
iyengar 380

J

Japón
    barrio de Mendigos de Kioto 43, 60
    budismo 18-19
    Kokyu Ho 74
    poemas *waka* 33, 90-1
    shinto 16, 18, 20-1
    siglo XIX 22
    Usui Reiki Ryôhô Gakkai 32-3, 36, 46
    y Mikao Usui 16, 22-9
    y símbolos de Reiki, CKR 166
Jesús 12, 147
Jing 105
Jumon 58, 88

K

kami 20, 21, 28
kanji 16, 17
    y símbolos del Reiki 170, 190
Kanjo 18
ki 10, 16, 30, 105
    ejercicios
        equilibrio 192-5
        menopausia 282-3
        órbita microcósmica 194-5
    meridianos 102
    purificación de bloqueo y *ki* negativo 180-1
    respiración 74, 75, 78-9
    y longevidad 268
    y sanación 85
    y Yoga 380, 381
Kokyû Hô 58
Kotodama 88
kundalini, energía 92, 380
Kurama, monte 26, 28, 29, 43

L

La Gran Invocación 156-7
lado sombrío 73
lavanda, aceite de 178, 364, 372
lesión por esfuerzo repetitivo (RSI) 294
lluvia de energía 134-5
loto de mil pétalos 114
Lubeck, Walter 90
Luz
    santuario de sanación 285
    y el símbolo DKM 191

M

Maestros

cómo llegar a ser un maestro de Reiki 186-9
e historia de Takata sobre Mikao Usui 40
elegir a un maestro de Reiki 142-3
símbolo (DKM) 190
y posiciones de manos 222
maestros de Reiki
e iniciaciones 96-7, 196-7
ejercicios para equilibrar el *ki* 192-5
elección 142-3
independientes 160
mal de Parkinson 114
mal-estar y sanación 54
manos, posiciones 86, 202-47
autosanación/tratamiento 148, 206-15
conecta contigo mismo 300-303
dolor de cabeza y migraña 293
palmadas 204
rituales 173
tratamientos grupales 246
véase también tratamiento sobre otras personas
mantras 26, 28, 33, 58, 88-9
cánticos 88
ejercicio 89
rituales 173
y sanación a distancia 174
y símbolos Reiki 162, 164, 169
CKR 166
DKM 191
HSZSN 170
marcapasos 182
mareo 268

masaje 374-5
anemia 316
aromaterapia 316, 318, 338, 373
dolor de cabeza 362
dolor de espalda 344
hipercolesterolemia 318
masaje indio de cabeza 258, 362, 375
masaje sobre meridianos 180-1
y los ancianos 258
masaje indio de cabeza 258, 362, 375
masaje sueco 374
masaje tailandés 375
mascotas 258, 262-3
mascotas exóticas 262
Matthew Perry, comodoro 22
medicación 136
medicina
occidental 54, 136-7
véase también TCM
y sanación 54
medicina china, *véase* MTC (medicina tradicional china)
medicina occidental 54, 136-7
meditación 32, 56, 57, 132
artritis 327
chakras 106
corazón, meditación 298-9
diario 90
fatiga 360
Gasshô, posición 62
hipercolesterolemia 318
hipertensión 312
mantras 88
percibir la energía de los símbolos 164-5
poemas *waka* japoneses 90

practicar 188
problemas de próstata 349
rituales 173
Seiza, postura 62, 89
sobre preceptos espirituales 60, 61, 62-3
humildad 68-9
ira 64-5
preocupación 66-7
sinceridad 70-1
y el sistema nervioso 120
y símbolos de Reiki 94, 164-5, 190
y vida familiar 296
meditación con sonido 88-9
Meditación trascendental 88
conmoción 310-11
cuadros médicos y Reiki 182-3
dolor de cabeza 362-3
dolor dental 324-5
embarazadas 276-7
estrés laboral 295
heridas 329
hipertensión 313
infertilidad 350
insomnio 365-6
número de tratamientos 242
picaduras de insectos 337
práctica profesional 198-201
preparaciones para 180-1
problemas de movilidad 258
problemas menstruales 348
sanación, patrones 242-3, 245
síntomas menopáusicos 281
sinusitis 347
trastornos tiroideos 326
tratamiento postoperatorio 261
tratamiento preoperatorio 261

véase también sanación a distancia
megablástica, anemia 316
meningitis 120
menopausia 270, 280-3
menstruación 116
mente y sanación 54
Mercier, Patricia 384
meridianos 100, 102-3, 122
 masaje shiatsu 375
 y acupuntura 370
meridianos, masaje 180-1
migraña 120, 293
Mikao Usui, *véase* Usui, Mikao
Mitsui, Mieko 48
Morihei, Ueshiba 30
mudras 26
muerte 284-5
mujeres
 conectar contigo misma 302
 embarazo 276-7
 infertilidad 350
 menopausia 270, 280-3
 menstruación 116, 348
 posiciones de manos para área pélvica 230
 respuestas a la sanación 144
mundo, sanación con Reiki 156-7
música 179
MTC (medicina tradicional china) 10, 18
 acupuntura 258, 370-1
 e insomnio 364
 meridianos 102-3
 véase también Chi Kung
 y problemas visuales 356

N

nacimientos por cesárea 279
naturaleza
 conectar con 304
 shinto y adoración a la naturaleza 20
ninja 30
niños 250-4
 edad 250
 incremento de concentración 254-5
 iniciaciones para padres 250
 primeros auxilios 309
 tratamiento calmante 252-3
 y alimentación 288

O

objetos inanimados 150
okuden 33
operaciones 258, 260-1
órbita microcósmica 104, 105
 ejercicio para equilibrar el *ki* 194-5
ordenadores, y estrés 295
órganos reproductores, autotratamiento 214
orígenes del Reiki 8-51
 influencias contemporáneas japonesas 48-9
 occidentales 46-7
 siglo XXI 50-1
osteoporosis, prevención 282

P

pacientes de cuidados intensivos 261
padres e hijos 250
pájaros 262
palmadas 204
páncreas 116, 117
paratiroides 116

parto 276, 278-9
perdón 72
Petter, Frank Arjava 46, 90
picaduras de insectos 336-7
pies
 autotratamiento 217
 tratamiento sobre otras personas 233, 237
Pilates 344
pineal, glándula 116, 117, 118, 119, 220, 281
pituitaria, glándula 116, 117, 118, 119, 220, 281
plantas 264-5
plantas de interior 265
plantas de jardín 265
Platón 55
plegarias, Gran Invocación 156-7
pomada de caléndula 329
postura, técnicas respiratorias 78-9
práctica profesional 198-201
 buscar un lugar donde tratar a clientes 198-9
 costes 201
 cuadros médicos y Reiki 182-3
 darse a conocer 201
 precios 200-1
 preparación para tratar a otras personas 180-1
 preparar un espacio 178-9
 seguro 201
 ser maestro de Reiki 186-9
 trabajo administrativo 201
 tratamientos grupales 246-7
prana 10, 16, 380
pranayama, técnicas 12, 82
preocupación, cómo evitarla 66-7
Primer Grado 140-55
 asentar energía 152-3

autotratamiento 148-9
elegir un maestro de Reiki 142-143
experiencias de sanación y respuestas 144-7
objetos inanimados 150
problemas personales 150-1
sanar el mundo 156-7
sanar tu hogar 154-5
primeros auxilios 308-9
problemas de circulación 314-15
problemas de memoria 268, 280
problemas de movilidad 258, 268
problemas menstruales 348
problemas personales 150-1
problemas visuales 356-7
proceso de envejecimiento 268-9
progesterona 118
próstata, problemas 349
pulmones, tratar a otras personas 235
purificación
el aura 125, 155
masaje sobre los meridianos 180-1
purificación emocional y símbolos del Reiki 169

Q
qi 10
Qigong 12
quemadores de aceite 178
quemaduras 328, 329
quemar incienso 178
Quest, Penelope 384
quimioterapia y acupuntura 370

R
Rand, William 90
razones para practicar Reiki 128-9
reflexología 217, 258
Reiju 58
Reiki
referencias 46
significado del término 16
Reiki en siglo XXI 50-1
Reiki esencial (Stein) 50-1, 94
Reiki japonés 16, 17, 46, 48-9
iniciaciones 96
símbolo CKR 166
símbolo DKM 190
símbolo HSZSN 170
Reiki occidental 33-43, 46-7
iniciaciones 97
símbolo DKM 190
símbolo HSZSN 170
símbolos en 51, 94
Reiki para la vida (Quest) 384
relaciones 298-9
religión 56, 130, 272
véase también budismo, cristianismo
remedios de flores de Bach 376-7
ansiedad 358
aulaga 376
estrella de Belén 376
hipertensión 312
oliva 376
olmo 376
picaduras de insectos 336
problemas dentales 324
quemaduras y escaldaduras 329
remedio rescate 376
shock 310
renacimiento, y trastornos tiroideos 326
resfriado común 354-5

resfriados 354-5
reumatismo 217
riñones
autotratamiento 215
tratamiento sobre otras personas 235-6
ritual 172-3
rodillas
autotratamiento 217
tratar a otras personas 232
RSI (lesión por esfuerzo repetitivo) 294

S
SAD (trastorno afectivo estacional) 113
sal marina, sanar tu hogar con 155
sala de tratamiento 178-9
salones de belleza y práctica profesional 198
salud y bienestar 286-305
alimentación 268-91
estrés 292-3
relaciones 298-9
trabajo 294-5
vida familiar 296-7
Samdahl, Virginia 39
sanación 54-5, 56, 128
casas 154-5
el mundo 156-7
experiencias y respuestas 144-177
patrones 242-3, 245
sanación mediante imposición de manos/palmas 33, 58, 84-6
véase también sanación a distancia; autosanación/

tratamiento, tratar a otras personas
y sistemas del cuerpo físico 100
sanación a distancia 148, 174-7
   Chi Kung 383
   jardines 265
   mujeres embarazadas 276
   y cirugía 261
   y los ancianos 258
   y símbolo SHK 169
sanación con palmas (imposición de manos) 33, 58, 84-6
   véase también posiciones de manos
Segundo Grado 158-83
   autotratamiento 211
   cuadros medicos y Reiki 182-3
   desarrollar la práctica 160-1
   llegar al 160
   preparar un espacio para tratar a otras personas 178-9
   prepararte para tratar a otras personas 180-1
   ritual 172-3
   sanación a distancia 174-7
seguro para práctica profesional 201
Seichem 51
Seiza, postura
   ejercicios respiratorios 76, 78, 82
   meditación 62, 89
serpiente 262
Shen 105
shiatsu, masaje 375
shinpoden 33
shinto 16, 18, 20-1
   y Mikao Usui 26, 28
Shirushi 58

SHK, símbolo 168-9
shock anafiláctico 336
shoden 33
shugendô 16, 18, 21, 28, 56
símbolo CKR 166-7
   sanación a distancia 174, 176
   sanar el mundo 156
   sanar tu hogar 155
símbolo DKM 190-1
símbolo HSZSN 170-1, 174
símbolos 43, 58, 92-5, 162-71
   CKR 155, 156, 166-7, 174, 176
   cruz 92, 93
   DKM 190-1
   en Reiki occidental 94
   HSZSN 170-1, 174
   la espiral 92, 93
   percepción de la energía de 164-5
   publicación de 50-1
   sanación a distancia 174-7, 265
   secretismo 94, 162
   SHK 168-9
   significado de 162
   uso 162
   y Hawayo Takata 51
   y posiciones de manos
      autotratamiento 211
      tratar a otras personas 225
simpático, sistema nervioso 120
sinusitis 346-7
sistema endocrino 100, 116-19, 281
sistema inmune 129
   debilitado 294
sistema nervioso 100, 120-1
   equilibrar las emociones 273
   y respiración 74

sistema nervioso periférico 120
sistema nervioso autónomo 120-1
sistema nervioso central 120
sistema nervioso parasimpático 120
sivananda yoga 380
Sokaku, Takeda 30
SPM (syndrome premenstrual) 116
Stein, Diane 6, 50-1, 94
Stiene, Bronwen 33, 46, 58-9, 86
Stiene, Frans 33, 46, 58-9, 86
sueño
   bebés 256
   insomnio 120, 241, 364-7
   problemas 256, 281
   y fatiga 360
sufismo 88
suplementos
   resfriados comunes 354
   trastornos autoinmunes 342
Sushruta Samhita 18
Sutra del Loto 18, 21, 40, 42
Suzuki san 33

T
Tai Chi 10
   y alivio del estrés 292
Takata, Hawayo 28, 35, 36, 38-9, 58, 173
   historia de Mikao Usui 39, 40-3, 760
   posiciones de manos 222, 232
   y el cuerpo energético 100
   y sanación a través de las palmas 86
   y símbolos del Reiki 51, 94
taoísmo 10, 12, 18
   y chakras 109
   y Chi Kung 383

té 288
técnica con palmadas 204
técnicas respiratorias 58, 74-83
    Chi Kung 74, 76-7
    hara 81, 82
    postura 78-9
    y asma 352
    y principios de preparación 60
    Yoga 58, 74, 82
teléfonos móviles 292
Tenohira 58, 85
terapia con cristales 384-5
terapia de sustitución hormonal (HRT) 280
terapias alternativas 198
terapias complementarias 308
    acné 332
    alergias 340
    anemia 316
    ansiedad 358
    artritis 327
    diabetes 320
    dolor de cabeza 362
    dolor de espalda 344
    eccema 330
    enfermedad de la vesicular biliar 322
    escaldaduras 329
    fatiga 360
    hipercolesterolemia 318
    hipertensión 312
    infertilidad 350
    insomnio 364
    picaduras de insectos 336
    problemas circulatorios 314
    problemas dentales 324
    problemas menstruales 348
    problemas visuales 356
    quemaduras 329
    resfriados comunes 354
    shock 310
    sinusitis 346
    trastornos autoinmunes 342
    trastornos tiroideos 326
Tercer Grado 6, 184-201
    ejercicios para equilibrar *ki* 192-3
    llegar a 160
    práctica profesional 198-201
    ser maestro de Reiki 186-9
    símbolo DKM 190-1
testosterona 118
timo 116, 117, 118
tobillos
    autotratamiento 217
    tratamiento sobre otra persona 233
trabajo con espejo, trabajo con sinceridad 70
tradición *Mikkyô* en budismo tendai 18, 26, 30, 56, 190
tradicionalistas frente a independientes 50-1
tradiciones orientales 14-33
trastorno afectivo estacional (SAD) 113
trastornos autoinmunes 342-4
trastornos tiroideos 326
tratamiento calmante para niños 252-3
tratamiento postoperatorio 261
tratamientos grupales 246-7
tratamientos preoperatorios 261
tratar a otras personas
    acné 332-5
    ancianos 258-9
    anemia 317
    animales 262-3
    ansiedad 359
    asma 353
    bebés 250-1, 256-7
    colesterol en sangre 319
    diabetes 321
    dolor de espalda 345
    eccema 331
    enfermedad de la vesícula biliar 323
    enfermedad de las encías 324-325
    enfermedades agudas 242, 244
    enfermedades crónicas 242, 244, 258
    equilibrar las emociones 273-5
    niños 250-4
    posiciones de manos 218-47
        cara frontal del cuerpo 228-231
        espalda 235-6
        hombros 234
        piernas 237
        zonas de cabeza y garganta 220-7
    problemas circulatorios 314-15
    problemas visuales 357
    purificar el aura 238-9
    quemaduras 329
    resfriados comunes 354-5
    trastornos autoinmunes 343
    tratamientos grupales 246-7
tres grados del Reiki 138-201
    Primer Grado 140-55
    Segundo Grado 158-83
    Tercer Grado 184-201
Tú puedes sanar tu vida (Hay) 65